WÖRTERBUCH

LINGUISTISCHE GRUNDBEGRIFFE

von

Winfried Ulrich

4., erneut bearbeitete und erweiterte Auflage

Seit 1832 hirt Cum Deo et Die

VERLAG FERDINAND HIRT

Über den Verfasser

Prof. Dr. WINFRIED ULRICH, geb. 1941; Studium der Germanistik und Theologie in Hamburg und Tübingen, Tätigkeit als Wissenschaftlicher Assistent an der Universität Kiel und als Studienassessor im Hamburger Schuldienst; seit 1970 Professor für Deutsche Sprache und Literatur und ihre Didaktik an der Pädagogischen Hochschule Reutlingen, seit 1980 o. Professor an der Pädagogischen Hochschule Kiel, Direktor des Seminars für Deutsche Sprache und Literatur und ihre Didaktik, seit 1987 Vizepräsident der Pädagogischen Hochschule Kiel.

Weitere Buchveröffentlichungen: Semantische Untersuchungen zum Wortschatz des Kirchenliedes im 16. Jahrhundert. Lübeck und Hamburg 1969. – Das Bild als Sprech- und Schreibimpuls. Frankfurt/M. 1976. – Linguistik für den Deutschunterricht. Braunschweig 1977, 3. Auflage 1987 (Westermann Taschenbuch 164). – Wörterbuch. Grundbegriffe des Deutschunterrichts. Kiel 1979 – Der Witz im Deutschunterricht. Braunschweig 1980 (Westermann Taschenbuch 199).

Außerdem zahlreiche Aufsätze und Sammelbeiträge zur Sprachwissenschaft und Sprachdidaktik sowie Herausgabe von Sprachbüchern, Lesebüchern, Textsammlungen.

4. Auflage 1987

Printed in Western Germany
ISBN 3-266-**03035**-4

Redaktion: Verlag Ferdinand Hirt
Herstellung: Universitätsdruckerei H. STÜRTZ AG, Würzburg

Vorwort und methodische Hinweise

Das vorliegende Buch verdankt seine Entstehung den praktischen Erfordernissen des gegenwärtigen Lehrbetriebs an Hochschulen mit sprachwissenschaftlich orientierten Fächern. Der Verfasser hat in den vergangenen Semestern in Seminaren und Übungen, im Gespräch mit angehenden und bereits tätigen Deutschlehrern mehrfach feststellen müssen, daß die vorhandenen Arbeitsmittel zur Einführung in die Grundbegriffe und Arbeitsweisen der modernen Linguistik eine erhebliche Lücke aufweisen: Zwar gibt es seit kurzem eine Reihe brauchbarer Einführungsschriften und Übungshefte, doch die Lektüre weiterführender Literatur wird dadurch erschwert, daß man beim Erscheinen neuer oder in den einzelnen Richtungen inhaltlich unterschiedlich verwendeter Begriffe immer noch vergeblich nach einem rasch informierenden Lexikon suchen muß. Selbst ein knapp gehaltenes Wörterbuch der Terminologie traditioneller oder inhaltbezogener Sprachwissenschaft für die Hand des Studenten oder Lehrers ist nach wie vor ein Desiderat auf dem deutschen Buchmarkt. Dem mußte so schnell wie möglich abgeholfen werden, auch auf die Gefahr hin, daß bei der gegenwärtigen stürmischen Entwicklung der Linguistik, in der sich vieles laufend verändert, mancher Terminus nur sehr vorläufig eingegrenzt, manche Methode nur sehr grob skizziert werden konnte.

In erster Linie ist das Lexikon also für den *Studenten der Linguistik*, speziell der *Germanistik* geschrieben. Seinem dringenden Bedürfnis nach rascher Orientierung in der Fachterminologie gleich zu Beginn seines Studiums soll es entgegenkommen. Zugleich aber ist mit ihm die wachsende Zahl bereits praktizierender *Deutschlehrer* angesprochen, die schon vor Jahren die Hochschulen verlassen haben, ohne damals mit den Theorien neuerer Sprachwissenschaft vertraut gemacht worden zu sein, die heute auf die Bedeutung der Linguistik für eine Reform des Deutsch-Curriculums in allen Schularten und Schulstufen aufmerksam werden und sich nun selbständig im Privatstudium um Einsicht in linguistische Konzeptionen und Forschungsergebnisse bemühen. Von der Linguistik provozierte sprachdidaktische Neuansätze – speziell des muttersprachlichen Unterrichts – führen zu neu konzipierten Sprachbüchern, in deren sinnvollen Gebrauch die Lehrer eingeführt werden müssen. Hier ist im Rahmen der Lehrerfortbildung eine Menge zu tun. Das seit September 1971 laufende Quadriga-Funkkolleg „Sprache. Eine Einführung in die moderne Linguistik“ mit Begleitzirkeln in den Ländern Baden-Württemberg, Hessen, Rheinland-Pfalz, Saarland und Bremen ist ein Anfang, der aber besonders im Hinblick auf die didaktische Relevanz des Dargebotenen und die methodischen Möglichkeiten der Vermittlung in allgemeinbildenden Schulen fortgesetzt werden müßte.

Damit sind wir bei der 3. Zielgruppe: Der *Schüler* einer reformierten gymnasialen Oberstufe wird wahrscheinlich auch Kurse mit der Thematik „Sprachbetrachtung, Sprachanalyse, Sprachkommunikation“ besuchen. Gerade er braucht Anleitung, knappe Hinweise auf Zusammenhänge und Unterschiede zwischen traditionellen und modernen sprachwissenschaftlichen Sichtweisen, Operationen und Resultaten, die sich in der jeweiligen Begrifflichkeit spiegeln.

Von den genannten Zielsetzungen her sind die *Auswahl* des vorgelegten Materials und die Anlage des Buches zu verstehen.

Die wichtigsten *Termini der traditionellen und der inhaltbezogenen Grammatik* waren mit aufzunehmen, damit dem Neuling in der modernen Linguistik durch Nachschlage- und Rückversicherungsmöglichkeit der Übergang aus der Welt seiner bisherigen grammatischen Kategorien in die der neuen geebnet wird. Über solche Hilfsfunktion hinaus haben die aufgenommenen Begriffe aber auch Eigenwert, da sie weiter in der Diskussion bleiben, wenn die mehr intuitiv gewonnenen Ergebnisse „traditioneller" Sprachbetrachtung von der heutigen Linguistik oftmals bestätigt, nun aber exakt, explizit und jederzeit nachprüfbar dargestellt werden.

Das Hauptkontingent der Stichwörter stellen diejenigen *Strömungen* in der Linguistik, welche die *Strukturen der Sprache* als die eines Systems von Zeichen untersuchen; unter ihnen dominieren – neben dem grundlegenden taxonomischen Strukturalismus – eindeutig die *Generative Grammatik* und die *Dependenzgrammatik*. Sie sind die – zumal im deutschsprachigen Raum – am weitesten ausgearbeiteten und am meisten diskutierten Neukonzeptionen. Sie bilden die Grundlage für sämtliche bei uns gebräuchliche Einführungsschriften in die Linguistik und für die Reformvorschläge einer neuen Sprachdidaktik.

Mehr am Rande erwähnt werden andere *strukturalistische Ansätze* wie z.B. die Stratifikationsgrammatik, soweit ihre Begriffe in deutschsprachige Publikationen Eingang gefunden haben.

Nicht ganz unberücksichtigt sollte neben dem vorwiegend *synchronisch-deskriptiven Aspekt* die Tatsache bleiben, daß Sprache nicht nur ein soziales, sondern auch ein *historisches Phänomen* ist, das sich ständig wandelt: Die diachronische Betrachtungsweise ist durch einige Grundbegriffe aus der Geschichte der deutschen Sprache vertreten. Sie repräsentieren noch weitgehend traditionelle Untersuchungsmethoden. Eine strukturelle Diachronie muß erst noch entstehen.

Zur Anlage der einzelnen Artikel: Sie ist ganz auf einen optimalen Gebrauchswert des Buches als Nachschlagewerk hin ausgerichtet. Die Stichwörter sind alphabetisch geordnet. Sie werden, soweit sie einer Fremdsprache entstammen, durch Artikel einem Genus zugeordnet, durch Übersetzung des Grundwortes oder eines etymologisch verwandten Wortes inhaltlich motiviert und durch Parallelbegriffe ergänzt (beides in runden Klammern; wenn beides zugleich erforderlich: zunächst runde, dann eckige Klammer).

Es folgen *Definitionen* und *Beschreibungen* verschiedener Dichte und aus verschiedenen Perspektiven nach dem Grundsatz: Eine Erscheinung wird dann am anschaulichsten, wenn sie von mehreren Seiten her betrachtet wird. Auf einen durchgehaltenen einheitlichen Aufbau der Artikel wird bewußt verzichtet. Die Gefahr des Eklektizismus wird ebenso gesehen, aber in Kauf genommen, wie die Gefahr, daß feine Einzelheiten und Unterschiede durch das subsumierende Verfahren gar nicht in das Blickfeld geraten, und die Gefahr, daß Begriffe nicht genügend in ihrem Stellenwert im Rahmen einer bestimmten Theorie gesehen werden. Ein Kurzinformationen lieferndes Handwörterbuch kann in dieser Hinsicht nicht alle Wünsche befriedigen. Im übrigen sollen die vielen *Verweise* (↑) auf andere Stichwörter bereits im Rahmen des vorliegenden Buches weitere Zusammenhänge aufzeigen und auf weiterführende Literatur aufmerksam machen.

Manche Doppelungen und Wiederholungen in inhaltlich benachbarten Artikeln lassen sich nicht vermeiden, wenn der Leser davor bewahrt werden soll, zur Information über ein Stichwort in jedem Fall noch zehn weitere Stichwörter nachschlagen zu müssen. Die Möglichkeit solchen Schritt-für-Schritt-Lesens sollte jedoch gegeben sein. Sie darf nur nicht zum einzig möglichen Umgang mit dem Lexikon werden. Informations-Redundanz als Eigenschaft sprachlicher Äußerungen ist zugleich Eigenschaft der Lexikonartikel.

Großen Wert hat der Verfasser darauf gelegt, die theoretischen, metasprachlichen Aussagen mit Hilfe zahlreicher deutscher, objektsprachlicher *Beispiele* (kursiv gedruckt) zu verdeutlichen und anschaulich zu machen. Lerntheoretisch kommt ihnen ein besonderes Gewicht zu: Als mnemotechnische „Aufhänger" sind sie Gedächtnisstützen, und als Muster für Analogiebildungen erleichtern sie den Transfer der gewonnenen Einsicht in sprachliche Zusammenhänge auf andere Äußerungen.

Zur Gliederung der Artikel: Bei Mehrdeutigkeit eines Stichwortes (z. B. bei Verwendung in verschiedenen Konzeptionen) werden die einzelnen *Lesarten*, soweit sie nicht einfache Ergänzungen mit geringfügigen Abweichungen voneinander darstellen, getrennt behandelt und mit arabischen Ziffern (1., 2.) durchnumeriert. *Unterbegriffe* werden gesperrt gedruckt (bei Wiederaufnahme des Artikelstichwortes wird dieses nur mit dem Anfangsbuchstaben genannt) und bei Reihenbildung nach lateinischen Buchstaben [a), b)] untereinander geordnet. Je nach Bedeutung stellen sie außerdem ein eigenes Stichwort mit Artikel dar. Die *Verweispfeile* (↑) geben nur besonders naheliegende Hinweise auf andere Artikel; d. h. nicht jedes im Text auftauchende Wort, unter dem ein Artikel zu finden ist, trägt den Verweispfeil.

Der *Umfang eines Artikels* richtet sich nach der Bedeutung seines Stichwortes und der sprachwissenschaftlichen Richtung, die es repräsentiert, für die oben genannten Ziele des Buches.

Abkürzungs- und *Symbolverzeichnis* geben die nötigen Hinweise zum Verständnis der Notation. Das *Literaturverzeichnis* nennt zitierte Schriften, auf denen das vorliegende Wörterbuch aufbaut und zu denen es den Leser hinführen möchte. Diesen Werken ist auch weiterführende Literatur zu entnehmen.

Reutlingen, im Januar 1972 Winfried Ulrich

Vorwort zur vierten Auflage

Seit dem Erscheinen der dritten Auflage dieses Wörterbuches sind sechs Jahre vergangen. In dieser Zeit hat sich die neuere Sprachwissenschaft weiterentwickelt, so daß eine Überarbeitung und Erweiterung des Nachschlagwerkes notwendig wurde. Die etwa 80 neu aufgenommenen Stichwörter verteilen sich auf viele Disziplinen, die meisten von ihnen stammen freilich aus den Bereichen Textlinguistik, Pragmalinguistik und Psycholinguistik/Spracherwerb.

Die Anlage der einzelnen Artikel hat sich über lange Jahre hin bewährt und blieb deshalb unverändert. Möge das Buch auch in dieser Neufassung Lehrern und Studenten als rasch informierendes Hilfsmittel nützlich sein!

Kiel, im März 1987 — Winfried Ulrich

Symbolverzeichnis

›‹	Graphem; z. B.: ›i‹
[ ]	phonetischer Lautwert; z. B.: [iː] (Internationales Phonetisches Alphabet ↑Duden-Grammatik)
/ /	1. Phonem; z. B.: /iː/; 2. Morphem; z. B.:/lich/
⟨ ⟩	semantisches Merkmal, Bedeutung; z. B.: ⟨+ belebt⟩, ⟨sich drehen⟩
Kursive	Lexeme, objektsprachl. Ausdrücke; z. B.: *schwanger*
*	1. erschlossene (nicht belegte) Form; z. B.: idg. *bh-es-mi; 2. ungrammatischer, nicht akzeptabler Ausdruck; z. B.: **schwangerer*
**	in hohem Grade ungrammatisch; z. B.: ***bob krzmcz*
?/*?	grammatisch fraglich/in hohem Grade fraglich; z. B.: *?Er kann auf eine stolze Vergangenheit zurückblicken.* /*?*Der Wasserhahn läuft.*

> geworden zu; z. B.: mhd. *wîp* > nhd. *Weib*

< entstanden aus; z. B.: nhd. *Weib* < mhd. *wîp*

/ 1. beziehungsweise, oder; z. B.: *und/oder*;
2. bei Namen: zusammen mit; z. B.: HELBIG/SCHENKEL

\+ 1. Verkettung; z. B.: NP + VP;
2. Positivwert eines Merkmals; z. B.: *Mann* ⟨+belebt⟩

– Negativwert eines Merkmals; z. B.: *Stein* ⟨–belebt⟩

≠ ist ungleich; z. B.: *farbige Wäsche* ≠ *gefärbte Wäsche*

\# Grenze einer betrachteten Einheit; z. B.: # *Es schneit.* # = # S #

Ø 1. Null-Element; z. B. Null-Allomorph: *Tisch* = Stamm + Ø gegenüber *Tisches*;
2. Deletionszeichen (Tilgung); z. B.:
der Baum, der Baum groß ist, blüht

1	2	3	4	5	6	7
1	5	Ø	Ø	2	Ø	7

der große Baum blüht

→ 1. besteht aus/wird ersetzt durch; z. B.: S → NP + VP;
2. bei WEINREICH: nicht umkehrbare Beziehung zwischen semantischen Merkmalen einer Konfiguration; z. B.: *Stuhl* ⟨Möbel → sitzen⟩

⇒ wird verwandelt in; z. B.: *der Knabe lacht* ⇒ *das Lachen des Knaben*

() 1. fakultativ möglich; z. B.: NP → Art (+Adj) + N = *der* (*große*) *Hund*;
2. Zusätze, Erläuterungen, die aus laufendem Text herausgehoben werden sollen; z. B.: Addition (lat. addere)

[] 1. innerhalb oder direkt neben runden Klammern, mit deren Funktion 2; z. B.: Addition (lat. addere) [auch: Insertion];
2. indizierte Klammerung einer Konstituentenstruktur; z. B.: $[NP + VP]_S$

$(X)_{1, 2, präp}$ Indizes mit Ziffern oder Buchstaben; z. B.: N_2 = Nomen im Akk.

{ } alternativ möglich; z. B.: $NP \rightarrow \begin{Bmatrix} Art + N \\ Pron \end{Bmatrix}$ = *der Mann*/*er*

↑ siehe!; Verweis auf Stichwort; z. B.: Tilgung (↑Deletion)

ˆ langer Vokal im Mhd.; z. B.: *wîp* [i:]

˘ kurzer Vokal im Mhd.; z. B.: mhd. *lĕben* (im Unterschied zu nhd. *leben* mit [e:])

¯ langer Vokal im Ahd.; z. B.: brāhta [a:]

Abkürzungsverzeichnis

Adj./adj.	Adjektiv/adjektivisch
Adv./adv.	Adverb/adverbial
ahd.	althochdeutsch
Akk.	Akkusativ
alem.	alemannisch
allg.	allgemein
amerik.	amerikanisch
Art.	Artikel
Attr.	Attribut
ausschl.	ausschließlich
bair.	bairisch
Bd./Bde.	Band/Bände
bes.	besonders
best.	bestimmt(e, er, es, en)
Bez.	Bezeichnung
bzw.	beziehungsweise
d. h.	das heißt
d. i.	das ist
Dat.	Dativ
Dt./dt.	Deutsch/deutsch
eigentl.	eigentlich
einschl.	einschließlich
engl.	englisch
europ.	europäisch
evt.	eventuell
Fem.	Femininum
franz.	französisch
frühnhd.	frühneuhochdeutsch
Fut.	Futur
Gen.	Genitiv
germ.	germanisch
Ggs.	Gegensatz
got.	gotisch
gr.	griechisch
Gw.	Gegenwort
hdt.	hochdeutsch
hebr.	hebräisch
Hg.	Herausgeber
i. e. S.	im engeren Sinn
i. w. S.	im weiteren Sinn
idg.	indogermanisch
Inf.	Infinitiv
insges.	insgesamt
ital.	italienisch
Jh.	Jahrhundert
Jht.	Jahrtausend
Konj.	Konjunktion
lat.	lateinisch
männl.	männlich
Mask.	Maskulinum
mhd.	mittelhochdeutsch
ndt.	niederdeutsch
nhd.	neuhochdeutsch
Nom.	Nominativ
o. J.	ohne Jahresangabe
oberdt.	oberdeutsch
Obj.	Objekt
Part.	Partizip
Pers.	Person
Plur.	Plural
Präd.	Prädikat
Präp.	Präposition
Präs.	Präsens
Prät.	Präteritum
Pron.	Pronomen
rel.	relativ
s. o.	siehe oben
s. u.	siehe unten
sächl.	sächlich
Sing.	Singular
slaw.	slawisch
sogen.	sogenannt
sprachl.	sprachlich
Subj.	Subjekt

Subst. /subst.	Substantiv/substantivisch
u. a.	und andere(s); unter anderem
unbest.	unbestimmt
urgerm.	urgermanisch
urspr.	ursprünglich
vgl.	vergleiche
weibl.	weiblich
z. B.	zum Beispiel
z. T.	zum Teil

Siglen

Adj	Adjektiv
Adv	Adverb
Art	Artikel
Det	Determinator
Konj	Konjunktion
N	Nomen
NP	Nominalphrase
Part	Partizip
Präp	Präposition
S	Satz
V	Verb
VP	Verbalphrase

Abbildfunktion: Eigenschaft sprachl. wie nichtsprachl. ↑Zeichen, eine Wirklichkeit, auf die sie vom Zeichenbenutzer bezogen werden, als ihren ↑Referenten widerzuspiegeln und so über sich selbst hinaus auf etwas anderes hinzudeuten. ↑auch Widerspiegelungstheorie.

Abbildtheorie ↑Widerspiegelungstheorie.

Abbreviation, die (lat. abbreviatum = gekürzt): Abkürzung; Wortbildungstyp, bei dem nur in geschriebener Sprache eine Kürzung erscheint, dagegen das volle Wort gesprochen/gelesen wird; z.B.: *Dr.* für *Doktor*; *km* für *Kilometer*. ↑auch Wortbildung.

Abfolge: Verhältnis zwischen den ↑Bedeutungen zweier Wörter, bei denen die zweite Bedeutung (in best. ↑Kontexten) aus der ersten resultiert, z.B. *bekommen* ⟨haben⟩, *verlieren* ⟨nicht haben⟩;

a) positive A.: *lernen* – ⟨wissen⟩ (A hat etwas gelernt → A weiß jetzt);
b) negative A.: *vergessen* – ⟨wissen⟩ (A hat etwas vergessen → A weiß nicht mehr). ↑auch Antonymie.

Abglitt ↑Artikulation

Abhängigkeitsgrammatik ↑Dependenzgrammatik.

Abhängigkeitsrelation ↑Konnexion.

Ablaut: Regelmäßiger Wechsel der Vokale in etymologisch verwandten Wortteilen, Wörtern und Wortformen; im Ggs. zum ↑Umlaut unabhängig von der lautlichen Umgebung und schon idg.;

a) qualitativer A. (Abtönung), z.B. idg. e – o, dt. e – a in: *nehmen – nahm, Binde – Band – Bund*;
b) quantitativer A. (Abstufung), idg. Vollstufe, Dehnstufe oder Schwundstufe eines Vokals, z.B. idg. e – ē – ∅ in lat. *edo* (ich esse) – *ēdi* (ich habe gegessen) – -*dens* (Zahn = der Essende).

Regelmäßige Ablautreihen zeigen sich in den Stammformen starker Verben: z.B. i – a – u in: *binden, band, gebunden;* a – u – a in: *graben, grub, gegraben.*

Ableitung ↑Derivation.

Ableitungssuffix ↑Suffix.

absoluter Nominativ ↑Nominativ.

absoluter Tempusgebrauch ↑Tempusgebrauch

absolutes Verb: ↑Verb, das im Satz ohne ↑Objekt gebraucht wird (z.B. *Emil lacht*. Es *regnet*.), im Ggs. zum relativen Verb, das abhängig von seiner ↑Valenz Objekte und/oder ↑Adverbiale als ↑Ergänzungen benötigt (z.B. *Mutter kauft. Mutter kauft ein Brot. Sie legt es auf den Tisch.*). ↑auch transitiv, intransitiv.

Abstraktion, die (lat. abstrahere = abziehen): In ↑Psycholinguistik Vorgang der Auswahl eines ↑semantischen Merkmals aus der Merkmalmenge einer Wortbedeutung.

Abstraktum, das (lat. abstrahere = abziehen, verallgemeinern):

1. In ↑Semantik ein ↑Nomen, das im Ggs. zum Konkretum sinnlich nicht wahrnehmbare Erscheinungen bezeichnet, die als wesenhaft vorgestellt werden; sprachl. Verdinglichung eines ungegenständlichen, begrifflichen ↑Denotats;
a) Eigenschaft (*Stolz, Mut*);
b) Zustand (*Schwerelosigkeit, Frieden*);
c) Beziehung (*Freundschaft*);
d) Vorgang (*Erholung*).
2. In ↑Wortbildung durch Ableitung (↑Derivation) gebildetes Nomen der unter 1. behandelten Bedeutungsklassen, (nach PORZIG) einen ganzen Satzinhalt zusammenfassend:
a) Verbalabstraktum: (*der*) *Lauf* (< *Er läuft.*);
b) Nominalabstraktum: (*seine*) *Kameradschaft* (< *Er ist ein Kamerad.*);
c) Adjektivabstraktum: (*seine*) *Klugheit* (< *Er ist klug.*).

Abweichung ↑akzeptabel.

Ach-Laut: Stellungsbedingte Variante (↑Allophon) des ↑Phonems, das im Dt. als ch-Laut [x] nach dunklem Vokal oder ↑Diphthong erscheint (*ach, Loch, Buch, Bauch*); Gw. Ich-Laut, realisiert als [ç] nach hellem Vokal oder nach Konsonant (*ich, rechts, Dolch*).

Achsenstellung: Position des Verbs im dt. Aussagesatz („Normal“-satz); Zweitstellung mit „Vorfeld“ („Ausdrucksstelle“ des Satzes) und „Nachfeld“ („Eindrucksstelle“, nach DRACH), die auch bei Verschiebung der Satzkonstituenten beibehalten wird (Drehung um die Achse):

Die Frau bezahlt ihre Rechnung immer an der Kasse des Kaufhauses.
Ihre Rechnung bezahlt die Frau immer an der Kasse des Kaufhauses.
An der Kasse des Kaufhauses bezahlt die Frau immer ihre Rechnung.
Immer bezahlt die Frau ihre Rechnung an der Kasse des Kaufhauses.

Actor ↑Agens

Adäquatheit, die (lat. adaequare = gleichkommen): Nach CHOMSKY: zu fordernde Eigenschaft einer brauchbaren ↑Grammatik: Angemessenheit im Blick auf die Möglichkeit, ein angestrebtes Ziel zu erreichen;

a) Beobachtungs-A. (observational adequacy) [auch: schwache A.]: Fähigkeit, das gesamte ↑Korpus, alle ↑grammatischen Sätze einer Sprache aufzuzählen und zu beobachten;
b) Beschreibungs-A. (descriptive adequacy) [auch: starke A.]: Fähigkeit, die tatsächlichen relevanten Eigenschaften des Untersuchungsobjekts Sprache exakt zu beschreiben, den Sätzen ihre korrekte ↑Struktur zuzuordnen;
c) Erklärungs-A. (explanatory adequacy): Fähigkeit, einen theoretischen Rahmen anzugeben für Beschreibung und Erklärung sprachl. Erscheinungen.

Addition, die (lat. addere = hinzufügen) [auch: Adjunktion, Insertion]: Hinzufügung eines sprachl. Elements zu anderen im Satz, an best. Stelle; Transformationsoperation (↑Transformation): $[X_1 + X_2]_{X_3} \Rightarrow [X_1 + X_2 + X_4]_{X_3}$; z. B.: *Das Muttertier ist eine Schimmelstute.* ⇒ *Das Muttertier ist eine weiße Schimmelstute.* $[Art + N]_{NP} \Rightarrow [Art + Adj + N]_{NP}$;

Strukturbaumveränderung:

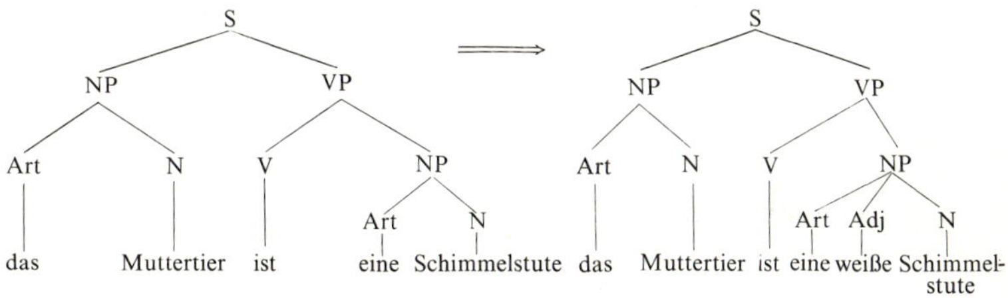

Anderes Beispiel: *Tote schweigen.* ⇒ *Tote Menschen schweigen.*

Additionswort ↑Kopulativkompositum.

Adjektiv, das (lat. adiectivus = beigefügt) [auch: Beiwort; bei GLINZ: Artwort]: ↑Wortart zur Bez. der Art-Merkmale einer Wesenheit oder (in adverbialem Gebrauch) eines Geschehens oder Seins (Eindruck einer Erscheinung auf den Sprecher, zugleich aber seine Stellungnahme zu ihr); ↑graduierbar (↑Komparation); unselbständig, d. h. nur als charakterisierendes Beiwort eines Nomens oder Verbs erscheinend; in ↑Kongruenz mit dem zugehörigen Nomen, aber stark und schwach flektiert, je nach syntaktischer Funktion; Gebrauchsweisen:

a) attributiv (↑Attribut): *Ein schöner Tag;*
b) prädikativ (↑Prädikativum): *Der Tag war schön;*
c) adverbial (↑Adverbial): *Die Sonne schien schön.*

Semantische Klassifizierung (nach BRINKMANN):
- Orientierungswörter: Angaben über Raum und Zeit, Herkunft, Stoff; z.B.: *dortig, heutig, täglich; italienisch, badisch; hölzern, wollen;*
- Eindruckswörter, z.B.: *wollig* (im Unterschied zu *wollen*), *silbrig;*
- Eigenschaftswörter, z.B.: *mutig, kahlköpfig, dreieckig, verzagt;*
- Wertwörter, z.B.: *kindisch* (im Unterschied zu *kindlich*), *erstklassig, musterhaft, entzückend;*
- Eignungswörter, z.B.: *trinkbar, glaubhaft, unerklärlich, bildsam;*
- Verhaltenswörter, z.B.: *freundschaftlich, tätig, weinend.*

Adjektivadverb: Adjektiv, das als ↑Adverbiale verwendet wird und im Unterschied zu reinen ↑Adverbien (z.B. *jetzt, hier*) ↑graduierbar ist (*Karl lacht laut. Uli lacht lauter.*).

Adjunkt, das (lat. adiungere = anfügen): 1. Bei HERINGER ↑Position, die zu einer anderen in paradigmatischer ↑Relation (↑Opposition) steht, mit ihr kommutiert (↑Kommutation), nicht gleichzeitig mit ihr in einem Satz erscheinen kann (formalisiert durch Zeichen / = „entweder ... oder" verbunden); z.B.: Ergänzungsbestimmungen im Akk.: *Er weiß etwas. Er weiß manches. Er weiß, was wir vorhaben.* Gw. ↑Konjunkt.
2. Bei LYONS ↑fakultative ↑Konstituente der ↑Verbalphrase; z.B. *Er besitzt am Stadtrand ein Haus.* Gw. Komplement.

Adjunktion ↑Addition.

Adressat, der (franz. adresser = senden, schicken): Empfänger einer Nachricht in (sprachl.) ↑Kommunikation, angesprochener Hörer oder angeschriebener Leser, an die sich Sprecher/Schreiber wenden.

Adstrat ↑Sprachkontakt

Adverb, das: ↑Wortart zur Bez. der Umstandsmerkmale; im Unterschied zum ↑Adjektiv (Artmerkmale) nicht flektierbar (z.B.: *gestern, gern, etwas*), in einigen Fällen aber ↑graduierbar (z.B.: *gern, lieber, am liebsten*).
a) Pronominal-A.: A., das mit alten Pronominalstämmen gebildet ist (*hier, wo, dann*);
b) Modal-A. [auch: Modalwort]: A., das den ↑Modus eines Geschehens charakterisiert (*vielleicht, sicher, schon*).

Adverb des Maßes ↑Gradadverb

Adverbial(e), das (lat. ad verbum = zum Verb gehörig) [auch: Adverbialbestimmung oder Umstandsangabe]: ↑Funktion im Satz; Satzglied, das die näheren Umstände eines Geschehens oder Seins charakterisiert:

a) modal (Art und Weise): *Er schreit laut.*;
b) temporal (Zeit): *Er kam gestern.*;
c) lokal (Ort): *Er steht dort.*;
d) kausal (Grund): *Aus Angst läuft er fort.*;
e) konditional (Bedingung): *Bei viel Geduld wird es gehen.*;
f) konsekutiv (Folge): *Zur allgemeinen Befriedigung gelang das Vorhaben.*;
g) final (Zweck, Absicht): *Er reiste zum Vergnügen in den Kurort.*;
h) konzessiv (Einräumung): *Er schwieg trotz seiner Überraschung.*;
i) instrumental (Mittel): *Er grüßte mit dem Hut.*
↑auch Gliedsatz.

Adverbialbestimmung ↑Adverbiale, ↑Präpositionalobjekt.

Adverbialkasus: ↑Akkusativ oder ↑Genitiv in adverbialer Funktion (↑Adverb), vor allem zur Bez. von Raum, Zeit, Graden; z.B. *Er fehlt schon die ganze Woche. Er kam gerade des Weges.*

Adverbialsatz ↑Gliedsatz.

adversativ ↑Konjunktion.

Äquivalenz, die (lat. aequus = gleich; valere = wert sein): Beziehung zwischen gleichwertigen, einander entsprechenden sprachl. Ausdrücken (Äquivalenten), zwischen sprachl. Elementen mit dem gleichen Aussage- bzw. Funktionswert; z.B.: *Sie ist Putzfrau / eine Frau, die berufsmäßig Räume saubermacht.*; funktionale Ä. zwischen Ausdrücken verschiedener Soziolekte (↑Sprache), zwischen ↑Mundart und ↑Standardsprache in der ↑Soziolinguistik (↑Defizit-Hypothese).

Äußerung: In amerik. Linguistik (utterance) aktuelle Realisierung eines Satzes, Satzanwendung in der Rede, der Parole (↑Performanz), im Unterschied zum ↑Satz (sentence) als der abstrakt-theoretischen Typeneinheit der Langue (↑Sprache).

Affix, das (lat. affigere = anheften): Gebundenes, frei nicht vorkommendes ↑Morphem; nur in Verbindung mit einem oder mehreren freien Morphemen ein Wort bildend; nach seiner Position gegenüber dem Grundmorphem zu unterscheiden:
a) ↑Präfix (vorangestellt): *er-holen*;
b) ↑Suffix (nachgestellt): *glück-lich*;
c) ↑Infix (eingefügt): *Neigung-s-grad.*
Bisweilen wird Infix dem Affix nicht untergeordnet, sondern gegenübergestellt (z.B. HENZEN). ↑auch Formant.

affiziert (lat. afficere = einwirken auf): Bei semantischer Interpretation der Prädikat-Objekt-Relation: Eigenschaft eines Objekts, daß sein ↑Referent durch die im Verb ausgedrückte Handlung unmittelbar berührt, aber nicht erst geschaffen (Gw. ↑effiziert) wird; z.B.: *Der Mieter bewohnt das Haus.*

Affrikate, die (lat. africare = anreiben): Konsonant, entstanden aus Verbindung zweier eng zusammen ausgesprochener Konsonanten, eines Verschlußlautes (↑Explosivum) und eines folgenden Reibelautes (↑Spirant) mit annähernd gleicher Artikulationsstelle; seit 2. ↑Lautverschiebung im Hochdt. vorhanden; z.B.: [ts] in *Katze*. Umstritten, ob A. ein ↑Phonem oder Verbindung zweier Phoneme.

Agens, das (lat. agere=handeln) [auch: Actor, Agent]: Täter, Urheber einer durch ein Verb bezeichneten Handlung, im Dt. durch Nominativ (↑Kasus) gekennzeichnet; z.B. *Der Hund bellt.*

Agens-Aktio-Schema (lat. agens = handelnd; actio = Tätigkeit): Indoeurop. Satzstruktur, die Bestandteile Agens (Täter) und Aktio (Handlung) in der Form von ↑Subjekt und ↑Prädikat enthaltend, die Wirklichkeit als subjektgebundenes Geschehen oder Sein interpretierend (z. B.: *Der Wind weht.*) und so die europ. Sprach- und Denkgewohnheiten prägend.

Agent ↑Agens

Agglutination, die (lat. agglutinatum = angeleimt): 1. In ↑Wortbildung das ‚Zusammenleimen' mehrerer ursprünglich selbständiger Ausdrücke, die innerhalb des Satzes häufig zusammentreffen; z. B.: *trotz dem > trotzdem.*

2. Die ‚zusammenklebende' (= anfügende) Verbindung von Wortstämmen mit eindeutigen, gleichbleibenden (auch selbständig vorkommenden) ↑Affixen zur Angabe der Beziehungen zwischen Wörtern im Satz; Kennzeichen des agglutinierenden Sprachtyps im Unterschied zum isolierenden (nur freie ↑Morpheme; Morphem und Wort fallen zusammen) und zum flektierenden Sprachtyp (↑Affixe verschmelzen miteinander und mit Wortstamm).

3. ↑auch Akzession

Agnomen ↑Beiname

Agrammatismus ↑Dysgrammatismus

Agraphie, die (gr. a- = nicht, un-; graphein = schreiben): Abbau, Verlust der Schreibfähigkeit. ↑Sprachpathologie.

Akkusativ, der (lat. accusare = anklagen) [auch: Wenfall]: ↑Kasus des direkten Obj., das von der Handlung des Subjektreferenten (↑Referent) unmittelbar betroffen ist (Ziel, Resultat oder Gegenstand der Handlung); z. B.: *Er betrachtet das Bild.*

Akronym, das (gr. akron = Spitze; onoma = Name): Kurzwort, aus den Anfangsbuchstaben mehrerer Wörter gebildet; z. B.: *Agfa < Aktiengesellschaft für Anilinfabrikation.*

Aktant ↑Dependenzgrammatik, ↑Valenz.

Aktionsart: Verlaufsweise, Spielart eines verbalen Geschehens im Blick auf die Art seiner inhaltlichen Modifizierung:

a) iterativ (häufige Wiederholung): *sticheln* ⟨mehrfach stechen⟩; *kränkeln* ⟨häufig krank sein⟩;
b) intensiv (größerer oder geringerer Stärkegrad): *schnitzen* ⟨kräftig schneiden⟩; *bücken* ⟨stark den Rücken biegen⟩;
c) kausativ (deverbativ-veranlassend): *tränken* ⟨trinken lassen⟩; *legen* ⟨machen, daß etwas liegt⟩;
d) faktitiv (denominativ-bewirkend): *füllen* ⟨voll machen⟩; *lösen* ⟨los machen⟩;
e) ingressiv-inchoativ (beginnend): *erblassen* ⟨blaß werden⟩.

↑ auch Aspekt.

Aktiv, das (lat. activus = tätig, wirksam): Geschehensart aus der Sicht des Sprechers: agenszugewandte (auf den Urheber/Täter blickende) Sprechhaltung im Hinblick auf die Relationen zwischen Geschehen, Geschehensträger und Obj. des Geschehens: *Der Junge schlägt seinen Hund. Die Sonne scheint. Es regnet.* Gw. ↑Passiv.

akustisch (gr. akustos = hörbar): Eigenschaft gesprochener Sprachzeichen, durch das Gehör wahrnehmbar, durch Schallwellen übertragbar zu sein; im Unterschied zu visuell (mit Gesichtssinn) oder taktil (mit Tastsinn) wahrnehmbaren ↑Zeichen.

Akzent, der (lat. accentus = Betonung): Hervorhebung an festgelegten Stellen sprachl. Äußerung durch

a) Steigerung der Lautstärke = dynamischer A.;
b) Änderung der Tonhöhe = musikalischer A.;
c) Dehnung = temporaler A.

akzeptabel (lat. accipere = annehmen): Eigenschaft einer ↑Äußerung, die vom kompetenten Sprecher (↑Kompetenz) als von der Sprachgemeinschaft so gebraucht (wohlgeformt, nicht abweichend) beurteilt wird (Gw.: nicht akzeptabel, abweichend; Notation mit Stern*). Grad der Abweichung qualitativ (phonologisch, morphologisch, syntaktisch, semantisch) und quantitativ verschieden; z. B.: ***Auf der Straße krczmalbsx.* **Die vielsten Bäumer stehen in den Pärkern.* **Viel der Frau versprachen.* **Das Glück überredete den Tisch.* Akzeptabilität als Terminus der empirischen Performanzüberprüfung (↑Performanz) entspricht häufig, aber nicht immer der Grammatikalität (↑grammatisch), dem Terminus abstrakter Grammatik/Kompetenz-Beschreibung; z. B. ist eine ↑Nominalphrase, die aus Art., Nomen und 30 oder mehr attributiv (↑Attribut) verwendeten Adj. (*der alte, hohe, knorrige … Baum*) besteht, grammatisch, aber (als Erscheinung der ↑Performanz) aus Gedächtnis- und Stilgründen kaum noch a.

Akzession, die (lat. accipere = empfangen) [auch: Lautzuwachs]: Etymologisch (↑Etymologie) nicht gerechtfertigter Zusatz von Lauten während der historischen Entwicklung eines Wortes; je nach Stelle im Wort

a) Prosthese (gr. prosthesis = Voranfügung) [auch: Agglutination von lat. agglutinare = aneinanderleimen]: am Wortanfang, z.B. Ortsname *Merlach* < *am Erlach*;

b) Epenthese (gr. epenthesis = Einfügung): im Wortinneren, z.B. *hoffentlich* < *hoffen, -lich; Spindel* < mhd. *spinnel*;

c) Epithese (gr. Epithesis = Zusatz): am Wortende, z.B. *Obst* < mhd. *obes; niemand* < mhd. *nieman.*

Alexie, die (gr. a- = nicht, un-; legein = lesen): Abbau, Verlust erworbener Lesefähigkeit, Verlust der Erinnerung an die ↑konventionelle Bedeutung graphischer Symbole (als Folge von Hirndefekten). ↑Sprachpathologie.

Allaussage [auch: Allsatz]: Allg., d.h. für alle Elemente oder Individuen einer Klasse gültige ↑Aussage (z.B. *Alle Heringe sind Fische.*). In ↑Prädikatenlogik mit Hilfe eines „Allquantors“ gekennzeichnet (Symbole A, $\wedge$ oder $\forall$), der mit der Bedeutung ⟨für alle gilt⟩ vor das Prädikat gesetzt wird, z.B.: ($\forall$) sterblich sein (Mensch) = ⟨Für alle Menschen gilt: Der Mensch ist sterblich⟩. Mit dem „Existenzquantor“ ($\exists$) wird dagegen ausgedrückt, daß eine Aussage für mindestens ein Element oder Individuum aus dem angenommenen Bereich gilt, z.B.: ($\exists$) sterblich sein (Mensch) = ⟨Es gibt (mindestens) einen Menschen, für den gilt: Der Mensch ist sterblich⟩.

Allegroform, die (ital. allegro = lebhaft) [auch: Schnellsprechform]: Durch schnelles Sprechen in der Umgangssprache verursachte Wortverkürzung; z.B. *'n Tag* < *guten Tag*; häufig bei Namen: *Marlies* < *Marie-Luise*; Gw. Lentoform (ital. lento = langsam), d.i. die normale, deutlich artikulierte Vollform des Wortes.

Allo- (gr. allo- = anders): Präfix, bei Harris u.a. zur Kennzeichnung der Erscheinung, daß es bei vielen Elementen der Sprache in der Rede (Parole; ↑Sprache) mehrere in einigen Merkmalen voneinander abweichende Realisationen einer Systemeinheit (Langue; ↑Sprache) gibt (bei Trubetzkoy: Varianten). ↑Allograph, Allomorph, Allophon.

Allograph, das (gr. allo- = anders; graphein = schreiben): Variante eines ↑Graphems; bei Wahrung der von anderen Schriftzeichen unterscheidenden Merkmale (für Stellung im System des Alphabets maßgebliche kontrastive Funktion) Wechsel anderer Merkmale (z.B. mit oder ohne Schnörkel, dt. oder lat. Schrift, Antiqua, Kursiv oder Fettdruck). Graphem ›n‹ kommt in *Nonne* dreimal als ↑Graph vor (*N, n, n*), in Gestalt zweier A. (*N* und *n*).

Allomorph, das (gr. allo- = anders; morphe = Gestalt): Variante eines ↑Morphems (ohne Inhaltsveränderung); z.B. einige A. des Pluralmorphems: /n/ in *Knaben*, /er/ in *Kinder*, /e/ in *Tische*, /en/ in *Betten*, /∅/ = Null-A. in *Taler_*. Im Satz *Vettern und Basen schreiben sich Briefe.* erscheint das Pluralmorphem dreimal als ↑Morph (/n/, /n/, /e/), in Gestalt zweier A. (/n/ und /e/).

Allophon, das (gr. allo- = anders; phone = Stimme): Variante eines ↑Phonems:
a) fakultativ (vom Sprecher frei gewählt), z.B. Realisation des Phonems /r/ als Zungen-R [r] oder Zäpfchen-R [R];
b) stellungsbedingt, z.B. Realisation des Phonems /ch/ in *ich* nach hellem Vokal als [ç], in *ach* nach dunklem Vokal als [x].

Im Satz *Ich stieg durch das Dach.* erscheint das Phonem /ch/ dreimal als ↑Phon ([ç], [ç], [x]), in Gestalt zweier A. ([ç] und [x]).

Alphabet, das (gr. alpha, beta = erster und zweiter Buchstabe im gr. Buchstabeninventar): festgelegte Folge im Gesamtinventar der in einer ↑Schrift verwendeten Buchstaben.

alternativ (lat. alternatio = Abwechslung): Zwischen 2 oder mehr Möglichkeiten muß eine gewählt werden; Notation in geschweifter Klammer { }, wobei jede horizontale Reihe des Klammerausdrucks als eine Alternative gilt; z.B.:

$$NP \rightarrow \left\{ \begin{array}{l} (Det)N \\ P_{pro} \\ N_{pro} \\ S \end{array} \right\} \textit{ sind/ist verantwortlich für ihr/sein Tun.}$$

zu lesen: Nominalphrase wird ersetzt entweder durch ein Nomen mit oder ohne ↑Determinator [z.B.: (*Die*) *Menschen*] oder durch Personalpron. (z.B.: *Sie*) oder durch Nominalpron. (z.B.: *Diese*) oder durch einen Satz (z.B.: *Wer ein vernunftbegabtes Wesen ist,*). ↑ auch disjunktiv.

Alternativkomposition, die (lat. compositum = zusammengefügt): Von der ↑konventionellen Bedeutung eines ↑komplexen Wortes abweichende Zusammenfügung und Ordnung der Bedeutungselemente der Wortteile/Einzelmorpheme zu einer ungewöhnlichen, nicht üblichen, aber aus ↑Kontext und ↑Situation verständlichen ↑Lesart; z.B.: *Beamtenlaufbahn* = ⟨Sportplatz für Staatsbedienstete⟩; *Kernforscher* = ⟨Nußexperte⟩. ↑Motivation.

Althochdeutsch ↑Sprachperiode.

alveolar ↑Dental.

Amalgamierung ↑Projektionsregel.

Ambiguität ↑Polysemie.

Ammensprache (auch: Glimpfsprache): Sprache, die von Bezugspersonen kleiner Kinder gesprochen wird, gekennzeichnet durch lautliche und grammatische Vereinfachung, Vermeidung schwieriger Konsonantenverbindungen, Verwendung meist zweisilbiger Wörter bei häufiger ↑Reduplikation (z.B. *Wauwau, dada, pipi*).

Analogie, die (gr. analogia = Ähnlichkeit) [auch: Analogiebildung]: Angleichung einer sprachl. Form an eine andere konkurrierende Form im Laufe historischen Sprachwandels zugunsten größerer Einheitlichkeit; so entstand Ausgleich von ursprünglichen Unterschieden im Formensystem, z.B. *wir banden* statt mhd. *bunden* unter Einfluß des Singulars (↑Numerus) *ich band; nachts* unter Einfluß von *tags* (< *des Tages*).

Analogiebildung ↑Analogie

Analogiewirkung (gr. analogia = Übereinstimmung): Systemimmanente Angleichungstendenz einander ähnlicher sprachl. Elemente zugunsten größerer Einheitlichkeit; z.B.: (*des*) *nachts* in Analogie zu (*des*) *tags, abends, morgens*, obwohl Gen. des alten femininen Wurzelnomens *Nacht* noch heute *der Nacht* lautet; A. ist wichtige Ursache historischen Sprachwandels; z.B.: mhd. *ich half, wir hulfen*>nhd. *ich half, wir halfen.*

Analyse ↑Komponentenanalyse.

analytisch (gr. analyein = auflösen): Eigenschaft einer Sprache (bes. der neueren idg. Sprachen im Unterschied zu den älteren), bei Flexion und syntaktischer Fügung die verschiedenen Angaben (z.B.: Pers., Numerus, Tempus) auf verschiedene Wörter (freie Morpheme) zu verteilen; z.B.: lat. *amavi* = *ich habe geliebt.* Gw. ↑synthetisch.

Anapher ↑Proform.

Anastrophe, die (gr. anastrophe = Umkehr): Umkehrung der üblichen Wortfolge von ↑Präposition und ↑Nomen, z.B. *zweifelsohne* < *ohne Zweifel.*

Anfangssymbol ↑Stemma.

Angabe: 1. Bei Glinz: Nicht konjugierbares oder deklinierbares (fallfremdes) Satzglied:

a) Art-A. (prädikatives Adj. oder mit Adj. lautgleiches Adj.-Adv.); z.B.: *Die Nacht ist finster. Der Mond scheint hell.*;
b) Lage-A. (reines Adv.); z.B.: *Der Morgen kommt bald.*

2. Bei Heringer: Dependente, aber nicht notwendige Satzgliedhinzufügung zum Präd.; z.B.: Adverbiale in *Die Frau kauft im Laden Blumen.*

Angewandte Linguistik: Im Ggs. zur theoretischen ↑Linguistik nicht vom Forschungsgegenstand Sprache, sondern von Forschungszielen her bestimmbare Wissenschaft, mit zwei Hauptteilbereichen:
a) Computerlinguistik (maschinelle Übersetzung, Sprachstatistik, Lexikonerstellung);
b) ↑Sprachdidaktik (Lehr- und Lernstrategien im Sprachunterricht, Lernprogramme).

Anglitt ↑Artikulation

Anglizismus, der: Aus dem Engl. in eine andere Sprache übernommene Eigenheit lexikalischer (z.B. *Band, Jeans*), syntaktischer (z.B. *einmal mehr* statt *noch einmal* < *once more*) oder idiomatischer (↑Lexem) Art (z.B. *jemanden schneiden* ⟨geflissentlich übersehen⟩ nach engl. *to cut someone*).

Anlaut: Laut oder Lautgruppe am Wort- oder Silbenanfang.

Anteilgröße ↑Größe.

Antezedens, das (lat. antecedere = vorangehen): Vorderglied einer Wenn-dann-Verknüpfung, z. B.: *Wenn ich Geburtstag habe, lade ich dich ein.*

Antonymie, die (gr. anti = gegen; onoma = Name): Verhältnis gegensätzlicher Bedeutung bei etymologisch nicht verwandten Wörtern:

a) kontradiktorisch/komplementär (widersprechend, sich wechselseitig ausschließend): *Leben – Tod*; *männlich – weiblich*; (Die Negation des einen schließt die Behauptung des anderen ein und umgekehrt die Behauptung des einen die Negation des anderen: *Der Hund ist nicht männlich.* impliziert: *Der Hund ist weiblich. – Der Hund ist weiblich.* impliziert: *Der Hund ist nicht männlich.*)
b) konträr (gegenteilig): *groß – klein*; *heiß – kalt*; (Nur die zweite Implikation von a) gilt: Die Behauptung des einen schließt die Negation des anderen ein: *Das Haus ist klein.* impliziert: *Das Haus ist nicht groß. – Das Haus ist nicht groß.* impliziert dagegen nicht die Feststellung: *Das Haus ist klein.* – Beide Wörter sind ↑graduierbar: *größer – kleiner*. Es gibt deshalb stets ein mehr oder minder *‚groß'*.);
c) konvers (umkehrbar): *geben – bekommen*; *steigen – sinken*; *Bruder – Schwester*; *Eltern – Kinder*; (Es ändert sich die Blickrichtung, der Standpunkt des Betrachters.).

Anweisungsstruktur [auch: Instruktionsstruktur]: In pragmatischer (↑Pragmatik) ↑Texttheorie die Eigenschaft eines ↑Textes, mit Hilfe der verwendeten kommunikativen ↑Zeichen (den Anweisungsträgern) den Hörer/Leser (Textrezipienten) anzuweisen, best. Operationen auszuführen, Bezüge herzustellen:

a) Referenzanweisung (Bezug der Textkonstituenten auf ein ↑Wirklichkeitsmodell, auf außersprachl. Sachverhalte; ↑Referenz): z. B. bei *Es zieht* Bezug auf eine Luftbewegung im Raum, der durch Situation näher bestimmt wird;
b) Konnexionsanweisung (lat. connexum = verknüpft, verbunden; Bezug der Textkonstituenten zu Kontext- und Situationselementen): dient der Verknüpfung der Konstituenten zu einem kohärenten Text (↑Textkohärenz), z. B. bei *Es zieht* syntaktische Verknüpfung von *es* und *zieht*, signalisiert durch Position im Satz, ↑Flexion (↑Kongruenz);
c) Konsequenzanweisung (Bezug der Textkonstituenten auf best. Anschlußhandlungen des Textrezipienten): z. B. bei *Es zieht* die Aufforderung, Tür oder Fenster zu schließen.

Anzeichen ↑Zeichen.

Aphärese, die (gr. aphairesis = Wegnahme): Schwund eines schwachtonigen ↑Vokals im Wortanlaut; z. B.: *Es ist spät.* > *_'s ist spät.* Gw. ↑Apokope.

Aphasie, die (gr. a- = nicht, un-; phas(a) = gesagt): Durch Gehirnstörung hervorgerufene sprachl. Ausfallerscheinung (↑Sprachpathologie); Unvermögen,

a) Ausdrücke zu artikulieren, zu ↑kodieren: motorische A.;
b) Ausdrücke zu verstehen, zu dekodieren: sensorische A.

Apikal, der (lat. apex = Spitze): Mit Zungenspitze gebildeter Konsonant; z. B.: [t] in *tausend.*

Apokope, die (gr. apokope = das Wegschneiden): Abfall eines schwachtonigen Vokals (meist [ə]) im Wortauslaut in der historischen Grammatik des Dt.; z. B.: *im Walde* > *im Wald_*. Gw. ↑Aphärese.

Apostroph, das (gr. apostrophe = Anwendung): Auslassungszeichen beim Weglassen eines Lautes bzw. Buchstabens, z.B. *Das war's*!

appellativ ↑Funktion.

Appellativum, das (lat. appellare = benennen): Gattungsname, typisierende nominale Bez. für jeden Vertreter einer Klasse (Träger von Klassenmerkmalen) im Ggs. zum individualisierenden ↑Eigennamen; z. B.: *Schrank, Baum*, aber nicht: *Alpen.*

Appellfunktion ↑Sprache.

Apposition, die (lat. apponere = hinzufügen): Substantivisches ↑Attribut zum Subst., den gleichen Kasus wie sein Bezugswort aufweisend:

a) vorangestellte A.: *Er hat der Stadt Bremen einen Dienst getan.*;
b) nachgestellte A.: *Sie grüßte den Herrn, einen Bekannten.*

Approximation, die (lat. proximum = Nähe): Annäherung; in der Informationstheorie Häufigkeitsgrad von Zeichen, Lauten oder deren Verbindungen; mit zunehmender Häufigkeit der in einer Sprache üblichen Laut-/Buchstabenverbindungen nähert sich eine Lautfolge den in dieser Sprache vorhandenen Ausdrücken an:

a) A. nullter Ordnung: gleiche Auftretenswahrscheinlichkeit, völlig ungeordnete Ansammlung ohne Ähnlichkeit mit einer Sprache; z.B.: *itvwdgaknajtsqosrmoiogufw*;
b) A. 1. Ordnung: Monogramm (Einergruppe); z.B.: es gibt unter den Einzellauten im Deutschen mehr *e, n, r, i* als *c, q, y*: *eme gkneet ers titbl eai* ist dem Deutschen ähnlicher als *coqycrymnq*;
c) A. 2. Ordnung: Digramm (Zweiergruppe); z.B. häufiges *au, ei, in* im Deutschen: *ausz keinn wondinglin isar*;
d) A. 3. Ordnung: Trigramm (Dreiergruppe); z.B.: *planzeundges phin ine unden übbeicht ges auf es so unggan dich wanderswo*;
e) A. 4. Ordnung: Tetragramm/Quadrigramm (Vierergruppe); z.B. *ich folge mässig bis stehen disponin seele namen*;

arbiträr (lat. arbitrarius = willkürlich angenommen): Beliebig; Eigenschaft des sprachl. ↑Zeichens (SAUSSURE: signe arbitraire) im Hinblick auf Zusammengehörigkeit von Signifikant und Signifikat, die nicht naturgegeben (seltene Ausnahme: ↑onomatopoetische Bildungen), sondern durch Konvention der Sprachgemeinschaft festgelegt und dann historisch tradiert ist; z.B. Zuordnung von Signifiant (Lautkörper) *Ei/I* [ae] und Signifié (Bedeutung) ⟨weibl. Keimzelle bei Mensch und Tier⟩ im Dt., aber Signifié ⟨Pron. für 1. Pers. Sing.⟩ im Engl.

Archaismus, der (gr. archaios = altertümlich): Absichtlicher Gebrauch altertümlicher sprachl. Ausdrücke, z.B. *Gespiele* für *Spielkamerad, Minne* für *Liebe, ich harre deiner* für *ich warte auf dich.*

Archilexem, das (gr. arche = Oberbefehl; lexis = Wort): Sprachl. Einheit, die dem Inhalt eines ganzen ↑Wortfeldes entspricht; z.B.: *Pferd* (mit Auffächerung in: *Hengst, Stute, Wallach,* Fohlen, Rappe, Schimmel, Klepper, Trakehner...).

Archiphonem, das (gr. arche = Oberbefehl; phonema = Laut): Bei TRUBETZKOY: ↑Phonem, das nach ↑Neutralisation, nach Aufhebung der ↑Opposition zweier Phoneme deren (vorher distinktive) Merkmale in sich vereint; z.B.: *Rad* [raːt] – *Rat* [raːt]: im Auslaut ist die Opposition stimmhaft [d] – stimmlos [t] beseitigt, das dentale A. /d-t/ besitzt beide Merkmale.

Areallinguistik (engl. area = Gebiet) [auch: Dialektgeographie]: Erforschung der Übereinstimmungen und Unterschiede zwischen sich räumlich von einander abhebenden Sprachsystemen oder Subsystemen. ↑Mundart, ↑Sprachatlas.

Argument ↑Formalisierung, ↑Argumentation.

Argumentation, die: Rationale Austragung widerstreitender Ansichten und Interessen durch Behauptung und Gegenbehauptung, Beweis und Gegenbeweis, Widerlegung, mit dem Ziel der Überzeugung, des Meinungswandels eines Partners und so entstehendem neuem Konsens. Nach HERINGER besteht A. aus:
a) Konklusion (lat. conclusio = Folgerung): Behauptung, Strittiges (z. B.: *Raucher sollten erhöhte Krankenversicherungsbeiträge zahlen*);
b) Argument: Stützung der Wahrheit des Strittigen (z. B.: *Raucher sind häufiger krank als Nichtraucher und verursachen höhere Kosten*);
c) Schlußpräposition (lat. praepositio = das Voransetzen): allg. Voraussetzung, die den Übergang vom Argument zur Konklusion rechtfertigt (z. B.: *Jeder soll für die Kosten, die er verursacht, selber aufkommen*).

Arrangement ↑Item-and-Arrangement-Grammar.

Artikel, der (lat. articulus = Gelenk; kleines Satzstück) [auch: Geschlechtswort]: Wortart, die als Subst.-Begleiter vor allem der Genus-Bez. (daneben: Kasus und Numerus) dient, eine Substantivierung als solche ausweist (z. B.: *das Tief*), außerdem identifizierende (als dem Hörer bekannt/unbekannt), individualisierende oder generalisierende Funktion hat (je nach Kontext);
a) bestimmter A.: *der, die, das*; *die*;
b) unbestimmter A.: *ein, eine, ein.*

VATER sieht dagegen Funktion des A. darin, daß er „Umfang und Gliederung der im Substantiv ausgedrückten Klasse von Sachverhalten" zeigt, und rechnet z. B. auch Possessiv- und Demonstrativ-Pron. wie den „Negations-A." *kein* dazu.
Im Rahmen der ↑Textlinguistik dient A. nach WEINRICH dazu, die Aufmerksamkeit des Hörers/Lesers auf best. Teile des Textes zu lenken: der best. A. verweist auf die Vorinformation, der unbest. A. auf die Nachinformation; z. B.: am Beginn eines Textes: *Ein Fuchs, der* ..., aber nach im Text vorangegangener Erwähnung: *Der Fuchs schlich sich heran*... ↑auch Null-Artikel.

Artikulation, die: Bildung von Lauten mit best. akustisch wahrnehmbaren Eigenschaften in den Resonanzräumen von Mund- und Nasenhöhle, erzeugt durch Bewegung der Artikulationsorgane Kehlkopf (mit Stimmbändern, -lippen und -ritze), Zäpfchen, Gaumen (weicher und harter), Zunge (Spitze und Rücken), Kiefer (Ober- und Unterk.), Zähne, Lippen.
3 Phasen: Anglitt (Anfangsphase, z.B. Öffnungsphase bei Vokalen), Mittelphase, Abglitt (Endphase, z.B. Schlußphase bei Vokal).

Aspekt, der (lat. aspicere = betrachten) [auch: Verlaufsform]: Verlaufsweise eines verbalen Geschehens (im Unterschied zur ↑Aktionsart) im Blick auf sein Verhältnis zum Zeitablauf.

a) durativ/imperfektiv (länger andauernd): *schlafen, blühen, essen*;
b) perfektiv/punktuell (mit zeitlicher Begrenzung); entweder ingressiv/inchoativ (Beginn) wie in *einschlafen, erblühen* oder resultativ (Abschluß, Vollendung) wie in *verblühen, aufessen.*

Aspirant, der (lat. aspirare = anhauchen): Behauchter Laut, durch ↑Aspiration entstanden.

Aspiration, die: Verstärkung eines Konsonanten (im Dt. der Tenues) durch einen der Verschlußöffnung folgenden Hauchlaut (stärkerer Druck: fortis); bei Wegfall des Hauchlautes Erweichung des Konsonanten (geringerer Druck: lenis).

Assertion ↑Proposition.

Assimilation, die (lat. assimilis = ähnlich): Artikulatorische Angleichung eines Lautes an einen Nachbarlaut (aus Gründen der Kraftersparnis):

a) progressive A.: der vorangehende Laut wirkt auf den folgenden ein (vorwärts), z. B.: mhd. *zimber* > *Zimmer*;
b) regressive A.: der folgende Laut wirkt auf den vorangehenden ein (rückwärts), z. B.: mhd. *hôchvart* > *Hoffart*.

Außerdem unterscheidet man:
- totale A.: vollständige Umwandlung eines Lautes in den entsprechenden Nachbarlaut (z. B.: *dumm* < mhd. *tump*);
- partielle A.: Angleichung nur teilweise durchgeführt: einer der Laute wird durch einen solchen ersetzt, der dem zweiten nach Artikulationsstelle und -art näher steht (z. B.: *Imbiß* < mhd. *inbiz*: dentaler Nasal [n] wurde unter Einfluß des labialen Verschlußlautes [b] zum labialen Nasal [m]).

Gw. ↑Dissimilation.

Assoziation, die (lat. associatum = verbunden, vereinigt): In ↑Psycholinguistik Vorgang, bei dem eine sprachl. Erscheinung zugleich eine oder mehrere andere aufgrund best. Eigenschaften wie Ähnlichkeit (in Klang, Bedeutung oder Referenzbereich), Gegensatz, räumliche oder zeitliche Nähe, Artikulationsdauer oder Artikulationsstärke, Häufigkeit des Auftretens u. a. im Bewußtsein von Sprecher/Hörer wachruft; z. B.: *Tod – Not*; *tot – lebendig*; *Schule – Unterricht*; *Hammer – Zange*.

Assoziationsfeld, das (lat. associatio = Verknüpfung): Von BALLY entwickelte Theorie (champ associatif), nach der die ↑Lexeme einer Sprache im Schnittpunkt zusammentreffender Linien stehen, im Mittelpunkt von nach allen Seiten auseinanderstrebenden Assoziationsreihen (lautliche, wortbildungsmäßige, inhaltliche Verknüpfungen mit anderen Lexemen); z. B.:

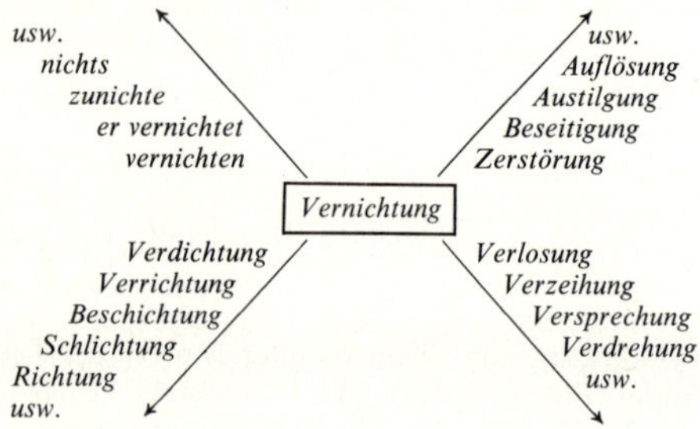

Ast ↑Stemma.

Asterisk, der (gr. aster = Stern): Sternchen * als Symbol zur Kennzeichnung abweichender (ungrammatischer und nicht-akzeptabler) Äußerungen sowie nicht belegter, nur erschlossener Formen.

asymmetrisch ↑symmetrisch.

asyndetisch (gr. asyndetos = unverbunden): Nicht durch ↑Konjunktion verbunden; asyndetische Reihe: beiordnende Wort- oder Satzfolge, z. B.: *Fritz, Emil, Hans gingen heim.*; Gw. syndetische (verbundene) oder polysyndetische (vielverbundene) Reihe, z. B.: *Er kam und sah sich alles an und fragte und handelte.*

Atomismus, der (gr. atomos = unteilbar): Nicht-strukturelle Betrachtung sprachl. Elemente als isolierter, autonomer Einzelerscheinungen, ohne Berücksichtigung der (paradigmatischen und syntagmatischen) ↑Relationen und Abhängigkeiten von anderen Elementen und der Gesamtheit aller Elemente (↑Struktur, ↑System, ↑Funktion); polemisch verwendeter Begriff der Strukturalisten gegenüber Untersuchungsmethoden der ↑Junggrammatiker und ihrer Nachfolger.

Attribut, das (lat. attribuere = beiordnen) [auch: Beifügung]: ↑Funktion im Satz; adj., adv. oder subst. Ausdruck, der Subst., Adj. oder Adv. (aber nicht das Verb und damit den ganzen Satz: ↑Adverb) näher bestimmt: *Schöne Bücher, Vaters Bücher, die Bücher dort* (*lese ich gern*). – *Der ehemals faule Schüler arbeitet außerordentlich fleißig.*

Semantische (↑Semantik) Funktion:
a) restriktiv: einschränkend, den Referenzbereich (↑Referenz) des nominalen

Ausdrucks einengend, z.B. *das Auto des Vaters, die Königin von England, Fontanes Romane; der Mantel, den ich angezogen habe;*
b) qualifizierend: charakterisiert den nominalen Ausdruck, z.B. *liebe Mutter; der alte, abgewetzte, aber lieb gewordene Hut.*

Attributivsatz ↑Gliedsatz.

Aufforderung: Sprechhandlungstyp (↑Sprechakt), der als pragmalinguistische Kategorie (↑Pragmatik) vom grammatischen ↑Modus Imperativ (Aufforderungs- oder Befehlssatz) zu unterscheiden ist; A. kann durch Äußerungen verschiedener grammatischer Form erfolgen (vgl. ↑Heischesatz); z.B.: *Bring jetzt das Essen auf den Tisch!* (Imperativ). – *Gibt es jetzt endlich etwas zu essen?* (Interrogativ). – *Ich habe Hunger.* (Aussagesatz, der eine Voraussetzung thematisiert, aus der best. Konsequenzen zu ziehen sind.) Vgl. ↑Frage.

Aufrichtigkeitsbedingung [auch: Sinzeritätsbedingung; engl. sincere = aufrichtig]: In Theorie der ↑Sprechakte die Bedingung, das Geäußerte auch tatsächlich zu meinen; wird A. nicht eingehalten, entstehen Täuschungshandlungen, z.B. Lügen.

Ausdrucksfunktion ↑Sprache.

Ausdruckswort ↑Interjektion.

Ausgangssymbol ↑Stemma.

Ausklammerung: In Gegenwartssprache zunehmende Auflösung der für das Dt. charakteristischen ↑Satzklammer durch Voranziehung des Verbs, so daß Einzelausdrücke aus der Klammer an das Ende des Satzes gerückt werden; z.B.: *Ich werde Ihnen für alle notwendigen Arbeiten einen Kostenvoranschlag machen.* ⇒ *Ich werde Ihnen einen Kostenvoranschlag machen für alle notwendigen Arbeiten.*

Auslaut: Laut oder Lautgruppe am Wort- oder Silbenende; ein Vokal kann stehen im:
a) absoluten A., z.B. in *Gabe*;
b) gedeckten A. (Konsonant folgt), z.B. in *sprechen*.

Auslautgesetze: Als Folge der germ. Stammsilbenbetonung (der idg. freie, von einer Wortform zur anderen silbenwechselnde Akzent: *Róma* ⟨die Stadt Rom⟩, *Románi* ⟨ihre Einwohner im Nom.⟩,*Romanórum* ⟨im Gen.⟩ wurde im Germ. auf die 1. Silbe festgelegt, die meist Stammsilbe war) stand für die übrigen Silben ein schwächerer Atemdruck zur Verfügung, so daß die Artikulation der Laute, bes. in unbetonten Auslautsilben, stark beeinträchtigt wurde; allmählich stellten sich regelmäßige Veränderungen zuerst der Konsonanten, dann auch der Vokale ein, die bis zum Ausfall von Lauten und Silben reichten; z.B.: idg. **ghostis*, lat. *hostis*, got. *gasts*, nhd. *Gast_*; idg. **nepot*, lat. *nepos*, germ. **nefo*, ahd. *nevo*, mhd. *neve*, nhd. *Neffe*; lat. *velit*, got. *wili*, nhd. (er) *will_*.

Auslautverhärtung: Verlust der Stimmhaftigkeit bei Explosivlauten im Auslaut; führt zu Wechsel zwischen stimmhaftem Konsonant im Inlaut und stimmlosem im Auslaut stammgleicher Wörter und Wortformen:

a) synchron (ohne Berücksichtigung in der Schreibweise), z. B.: *Tage* [g] – *Tag* [k]; *schreiben* – *schrieb*[p]; *wildern* – *Wild*[t];
b) diachron (mit Wechsel in der Schreibweise), z. B.: mhd. *geben* – *gap* (= 1. Pers. Sing. Prät.); mhd. *binden* – *bant* (Gen.: *des bandes*).

Ausrufesatz: ↑Satz, in dem außer der darin enthaltenen Aussage, Frage oder Aufforderung die emotionale Beteiligung des Sprechers durch Intonation und/oder Wortwahl ausgedrückt wird; z.B. *Das ist ja herrlich! Ist das nicht herrlich! Ach, komm doch endlich!*

Ausrufewort ↑Interjektion.

Aussage: In der Logik sprachl. Gebilde, für das es sinnvoll ist zu fragen, ob es wahr (↑Wahrheit) oder falsch ist. ↑auch Aussagenlogik.

Aussagenlogik: Untersuchung der Verknüpfung mehrerer (nicht analysierter; ↑dagegen Prädikatenlogik) ↑Aussagen, z. B. durch Negation (Verneinung, Symbol: -p), Konjunktion (umgangssprachl.: und, Symbol: $\wedge$), Alternation oder Disjunktion (... oder auch...; Symbol $\vee$), Implikation (wenn..., dann...; Symbol $\supset$), Exklusion (höchstens... oder ...; Symbol |), ↑Äquivalenz (genau dann, wenn..., so...; Symbol $\leftrightarrow$). Untersucht wird, wie Wahrheitswert einer durch Verknüpfung von Teilaussagen (hier: p und q) gebildeten Aussage von Wahrheitswerten der Teilaussagen abhängt; z. B.:

- *Max ist ein Hund und Mietze eine Katze.* ($p \wedge q$)
- *Das ist ein Abgeordneter oder (auch) ein Minister.* ($p \vee q$)
- *Wenn es regnet, dann ist die Straße naß.* ($p \supset q$)
- *Das Tier dort ist eine Biene oder eine Wespe.* ($p|q$)
- *Wenn die Temperatur 0 °C oder weniger beträgt, so befindet Wasser sich in festem Zustand.* ($p \leftrightarrow q$)

Aussagesatz: Ein Sachverhalt wird einfach aussagend festgestellt; z. B.: *Es ist ein schöner Tag.*; häufigster Satztyp.

außensyntaktisch ↑innensyntaktisch.

Austauschprobe ↑Substitution.

Autorenplural, der (lat. autor = Urheber) [auch: Pluralis modestiae]: Verwendung der Pluralform (↑Numerus) *wir* anstelle von *ich* zur Bez. des Sprechers/Schreibers eines Textes; dient der Miteinbeziehung des Hörers/Lesers in die Darlegungen des Verfassers; z.B. *Wir kommen jetzt zum entscheidenden Punkt.*

Autosemantikum ↑Synsemantikum.

Bahuvrihi ↑Possessivkompositum.

Basis, die (gr. basis = Grundlage): 1. Grundmorphem (freies Morphem) bei der Wortbildung, das zusammen mit einem unfreien, gebundenen Morphem (↑Präfix oder ↑Suffix) ein neues Wort bildet (↑Präfixbildung oder ↑Derivat); z. B.: *Mensch* in *Über-mensch* oder *mensch-lich.*
2. Im ↑Generativen Grammatik-Modell 1. Teil der Grammatik (gegenüber dem 2., dem Transformationsteil), bestehend aus Konstituentenstruktur-Regeln, ↑Subkategorisierungs-Regeln und ↑Formativen (↑Lexikon). In B. werden ↑Tiefenstrukturen von Sätzen beschrieben. ↑auch I-C-Analyse.

Basissatz (gr. basis = Grundlage): ↑Satz, der das Thema (↑Textthema), den Inhalt eines ganzen ↑Textes oder eines Textteiles zusammenfassend zum Ausdruck bringt, dessen ↑Intention angibt; B. kann Überschrift eines Textes sein, z. B.: *Bürgermeister belügt Ratsversammlung!*

Baumdiagramm ↑Stemma.

Baumgraph ↑Stemma.

Bedeutung: 1. Inhaltliche Seite eines sprachl. ↑Zeichens (SAUSSURES Signifié).
2. Wechselbeziehung gegenseitiger Hervorrufung zwischen Signifikant (Name) und Signifikat (Sinn) im sprachl. Zeichen (ULLMANN):

a) lexikalische B. (nicht kontextbedingter begrifflicher Inhalt) – grammatische B. (Art des Bedeutens: z. B. ⟨Substanz⟩ bei Subst., ⟨Tätigkeit, Geschehen⟩ bei Verben, ⟨Eigenschaft⟩ bei Adj.; aber auch ⟨Genus; Numerus; Tempus etc.⟩; bei Sätzen z. B. ⟨deklarativ; imperativ; interrogativ⟩);
b) habituelle B. (in der Langue; ↑Sprache) – aktuelle B. (in der Parole; ↑Sprache);
c) okkasionelle B. (gelegentliche Verwendung) – usuelle B. (gewohnheitsmäßige Verwendung).

ERDMANN teilt B. auf in: begrifflichen Inhalt (als B.-Kern), Nebensinn (Begleit- und Nebenvorstellungen, die ein Zeichen gewohnheitsmäßig auslöst) und Gefühlswert (Gefühle und Stimmungen, die ein Zeichen erzeugt). B. des Wortes enthält der ↑Lexikoneintrag eines ↑Lexems, B. des Satzes ergibt sich aus den

B. seiner Konstituenten (Lexeme) zuzüglich der semantischen Interpretation ihrer syntaktischen Beziehungen.

3. Gebrauchsregeln einer sprachl. Einheit (Heringer); Gebrauchsnorm.

Bedeutungsentlehnung, -erweiterung ↑Bedeutungswandel.

Bedeutungskondensation (lat. condensatio = Verdichtung): In ↑Textlinguistik die Wiedererwähnung einer komplexen Ersteinführung einer Information durch ein einziges ↑Lexem des Folgetextes, z. B.: *Ein großes weißes Tier, das dem Gärtner gehörte, sprang auf mein Knie. Ich legte mein Buch beiseite, um die Katze zu streicheln.*

Bedeutungspotential, das (lat. potentialis = nach Vermögen): Im abstrakten Sprachsystem (↑Sprache) dem kontextlosen (↑Kontext) sprachl. ↑Zeichen zukommende ↑Bedeutungen; Summe aller Bedeutungen, die das Zeichen in verschiedenen Kontexten haben kann. Bei konkreter Erscheinungsweise des Zeichens im ↑Text aktualisiert sich eine Bedeutung (↑Monosemierung), aktualisieren sich in Sonderfällen mehrere Bedeutungen (komplexe ↑Isotopie) des Zeichens, indem die übrigen vom Kontext und von der Situation ausgeschlossen werden.

Bedeutungsübertragung, -verbesserung, -verengung, -verschlechterung ↑Bedeutungswandel.

Bedeutungswandel: Veränderung eines Zeicheninhalts im Verlauf der Sprachgeschichte (bei rel. wenig oder gar nicht gewandeltem Lautkörper):

a) Bedeutungserweiterung (umfassenderer ↑Referent in außersprachl. Umwelt als vorher), z. B. *fertig*: mhd. *vertec* ⟨bereit zum Aufbruch⟩ > nhd. ⟨ganz allg.: bereit⟩;
b) Bedeutungsverengung (Spezialisierung: eingegrenzter Umweltreferent), z. B. *Hochzeit*: mhd. *hôhgezît* ⟨jedes hohe Fest⟩ > nhd. ⟨Vermählungsfeier⟩;
c) Bedeutungsverbesserung (meliorativer B.: bessere Beurteilung des Referenten durch den Sprecher), z. B. *Marschall*: mhd. *marschalk* ⟨Pferdeknecht⟩ > nhd. ⟨Feldherr⟩;
d) Bedeutungsverschlechterung (pejorativer B.: schlechtere Beurteilung des Referenten), z. B. *Weib*: mhd. *wîp* ⟨Frau⟩ > nhd. ⟨verachtungswürdige Frau⟩;
e) Bedeutungsübertragung: z. B. *Zunge*: ⟨Körperteil⟩ > ⟨Sprache⟩.

Statt solcher Grobeinteilung nach logischen Kriterien lassen sich bei Analyse der Inhaltskomponenten von alter und neuer Bedeutung genauere Angaben über den Komponentenstrukturwandel (gemeinsame und unterscheidende Merkmale) machen; z. B. *widerlich*: im 16. Jh. noch in Bedeutung ⟨ungehorsam, widerspenstig⟩ mit den Komponenten ⟨entgegen + zwischenmenschliche Beziehung⟩ gebräuchlich, heute als ⟨abstoßend, ekelerregend⟩ mit Komponenten ⟨entgegen + ästhetisches Empfinden⟩; *kürzlich*: zur gleichen Zeit in der frühnhd. Wendung *die Welt wird kürzlich enden* als ⟨bald⟩ mit Komponenten ⟨gering an Ausdehnung + Zeit + bevorstehend oder zurückliegend⟩, heute als ⟨jüngst, neulich⟩ mit Komponenten ⟨gering an Ausdehnung + Zeit + zurückliegend⟩.

Befehlsform ↑Imperativ.

Befehlssatz ↑Satz.

Begleiter und Stellvertreter (des Subst.) [bei ERBEN: größenbezügliche Formwörter]: Bez. bei GLINZ für ↑Artikel, ↑Pronomen, ↑Numerale.

Begriff: Denkinhalt, vom Individuell-Anschaulichen abstrahiert und eine Menge von Einzelmerkmalen in sich vereinend; bei S. SCHMIDT das isolierte ↑Lexem als konstante Menge hierarchisch geordneter semantischer Merkmale (deren nicht aktualisierte Kombination) im Unterschied zum im Satz gebrauchten Lexem (aktualisierte Merkmalkombination), der Bedeutung (= „Begriff in Anwendung"), bei der durch „Dominanzbildung" (ein Merkmal wird dominant, alle anderen bleiben latent vorhanden) die Kombination der Merkmale eine kontext- und situationsspezifische Umordnung erfährt (z. B.: *Vater* mit Dominanzbildungen ⟨ältere Generation⟩, ⟨Verwandtschaft⟩ oder ⟨männliches Lebewesen⟩).

Behaviorismus, der (engl. behaviour = Verhalten): Schule amerik. Psychologie, deren Grundprinzipien von BLOOMFIELD und HARRIS auf die Linguistik übertragen wurden: alles menschliche Handeln (auch psychische Vorgänge und Sprachhandeln) ist auf äußere, objektiv beobachtbare und nachprüfbare Fakten zurückzuführen, ist Wechselspiel von Reiz (stimulus) und Reaktion (response); ↑mentalistische Aussagen und ↑introspektive Untersuchungsmethoden werden abgelehnt. BLOOMFIELDS Beispiel von Jack und Jill: Jill ist hungrig, sieht an einem Baum einen Apfel, macht mit Kehlkopf, Zunge und Lippen ein Geräusch. Jack vernimmt das Geräusch, klettert auf den Baum, pflückt den Apfel, gibt ihn Jill, die ihn verspeist. Gesamtvorgang besteht aus 3 Teilvorgängen: 1. praktische Vorgänge vor dem Sprechakt = Stimulus (S) des Sprechers (Hungergefühl, Anblick des Apfels, Anblick Jacks...); 2. Sprechakt; 3. praktische Vorgänge, die dem Sprechakt folgen = Reaktion (R) des Hörers (Erklettern des Baumes...). Ohne Jack hätte sich Jill wie das sprachlose Tier die Nahrung selbst holen müssen: direkte Folge S → R. Sprache aber ermöglicht es, daß eine Person eine Reaktion ausführt, wenn eine andere einen Stimulus hat: zwischen S und R wird sprachl. Ersatzreaktion (r) der 1. Pers. (Erzeugung von Schallwellen durch Sprechen) und sprachl. Stimulus (s) für die 2. Pers. (Vernehmen der Schallwellen durch Hören) eingeschoben: S → r... s → R.

Beifügung ↑Attribut.

Beiname: Zusätzlicher Eigenname (↑Nomen), der ein typisches Merkmal der Einzelperson hervorhebt, positiv oder negativ wertend;
a) Agnomen: individueller B., z.B. *Friedrich der Weise*, *Karl der Kahle*;
b) Kognomen: erblich gewordener Familien-B., aus dem später unser heute übliche Familienname mit Rechtscharakter geworden ist, z.B. *Hans Groß*, *Heinrich Langnese*.

Bestätigungsfrage ↑Fragesatz

Bestimmungswort ↑Determinativkompositum.

Beugung ↑Flexion.

Bewirkungsverb [auch: Faktitivum]: ↑Denominativ-faktitives (↑Aktionsart) Verb; z. B.: *füllen* = ⟨voll machen⟩.

bezeichnen: Intentionale Beziehung zwischen Sprecher und Inhalt eines sprachl. ↑Zeichens (dem Bewußtseinsinhalt des Sprechers) beim Sprechakt.

Beziehung ↑Abstraktum

Beziehungswort ↑Relator.

bilabial ↑labial.

Bilinguismus, der (lat. bi = zwei; lingua = Sprache) [auch: Bilingualismus]: Zweisprachigkeit, bei der neben der Erstsprache (auch: Muttersprache) noch eine Zweitsprache (auch: Fremdsprache) erworben wird (z.B. ↑Mundart als regionale Sprache und überregionale ↑Standardsprache; Türkisch neben Dt. bei Ausländerkindern in der Bundesrepublik Deutschland); günstigster Zeitpunkt für Zweitspracherwerb umstritten: sehr früher Beginn bringt Vorteile im lautlichen Bereich des akzentfreien Sprechens, nicht im syntaktischen (↑Syntax) und semantischen (↑Semantik) Bereich, wo komplexere kognitive Fähigkeiten von Vorteil sind.

binär (lat. bini = je zwei): Aus 2 Teilen/Komponenten bestehend; Gliederungsprinzip bei der Beschreibung des Sprachsystems als eines Systems von ↑Oppositionen mit ↑distinktiven Merkmalen, die bei einer Einheit vorhanden, bei der anderen nicht vorhanden sind (±M); Eigenschaft des SAUSSUREschen Modells vom sprachl. ↑Zeichen (signifiant – signifié); in ↑Generativer Grammatik Eigenschaft der graphischen Darstellung sprachl. Bauformen mit Hilfe von Stammbaumskizzen (↑Stemma) gabelförmiger Verzweigungen (Äste) zur Veranschaulichung schrittweiser ↑Segmentierung größerer Einheiten, z. B.: *Hans pfeift.*: S
NP VP

Bindewort ↑Konjunktion.

Bit, das (aus: engl. binary digit = aus 2 Komponenten bestehende Ziffer): Informationstheoretische Maßeinheit zur Bez. des Informationsgehaltes (verhält sich zur Wahrscheinlichkeit des Vorkommens im gegebenen Kontext umgekehrt proportional) einer übermittelten Nachricht durch die Anzahl erforderlicher Ja/Nein-Entscheidungen zur eindeutigen Feststellung eines Sachverhaltes; 1 B. = einfache Alternative, bei der konkrete Spezifizierung durch ein kommunikatives Zeichen im Kode immer zugleich Ausschluß einer anderen, gegensätzlichen Spezifizierung bedeutet; Entscheidungsgehalt eines eintretenden Ereignisses, bei dem die beiden einzigen Möglichkeiten gleich wahrscheinlich sind; z.B.: *Kopf oder Adler* (beim Wurf einer Münze); *0* oder *1* (bei elektronischen Rechenmaschinen, für die nur diese als binäre Ziffern zugelassen sind).

Black-box, die (engl. = dunkler Kasten): Abgeschlossenes System, in das man nicht unmittelbar eindringen, sondern das man nur von außen erforschen kann, indem man best. Reize, Signale (= Inputs) einführt und die dadurch hervorgerufenen Ergebnisse (= Outputs) beobachtet; erst von den Outputs her können Hypothesenbildungen über die innere Struktur des Systems erfolgen; methodisches Prinzip der Linguistik, welche die Grammatik einer Sprache als B. untersucht, als Regelmechanismus für die Erzeugung von Sätzen.

blockiertes Morphem ↑unikales Morphem.

Buchstabe ↑Graphem.

Casus obliquus ↑Kasus.

Casus rectus ↑Kasus.

Chronolekt ↑Lekt.

Cluster, das (engl. cluster = Bündel): Bei WEINREICH Häufung, ungeordnete Menge semantischer Merkmale (im Unterschied zur ↑Konfiguration); Notation mit Komma als Verbindungszeichen: $(X_1, X_2) = (X_2, X_1)$; z.B. sind die Merkmale ⟨weiblich⟩ und ⟨Nachkomme⟩ in beliebiger Reihenfolge Komponenten des Inhalts von *Tochter*.

Clustering, das (engl. cluster= Bündel): In ↑Psycholinguistik Ordnungsvorgang, bei dem Wörter aufgrund gemeinsamer Merkmale (z.B. gleicher Anfangsbuchstaben, gleicher lautlicher oder inhaltlicher Elemente) zu Gruppen, zu Wortklassen zusammengefaßt werden, z.B. *brannte, rannte, kannte, nannte.*

Code ↑Kode.

Code-switching ↑Kode-Wechsel.

Computerlinguistik ↑Angewandte Linguistik.

Configuration ↑Konfiguration.

Consecutio temporum, die (lat. = Zeitenfolge): Regelung für Gebrauch der Tempora (↑Tempus) im abhängigen Nebensatz je nach dem Verhältnis des verbalen Geschehens zu dem des Hauptsatzes in der lat. Grammatik; bei Gleichzeitigkeit gleiches Tempus; davon abgehoben: Vorzeitigkeit und Nachzeitigkeit mit je vorgeschriebenem Tempus.

Darstellungsfunktion ↑Sprache.

Dativ, der (lat. dare = geben) [auch: Wemfall]: ↑Kasus des Obj., auf das die Handlung des Subj. bezogen ist: „interessierter" Teilnehmer an der Handlung; z. B.: *Er schenkt dem Kind einen Groschen.*;
Freier D.: Strukturell für den Satz nicht notwendiges, freies Satzglied im D. (im Unterschied zum notwendigen D.-Obj.; in der Terminologie der ↑Dependenzgrammatik: D.-Angabe im Unterschied zur D.-Ergänzungsbestimmung):
a) D. des Interesses (es geschieht oder ist etwas um einer Person willen), z. B.: *Der Vater bastelt dem Sohn einen Drachen.*;
b) D. ethicus (eine Person nimmt an Geschehen oder Sein inneren Anteil), z. B.: *Der ist mir dafür gerade der Richtige.*

Definition, die (lat. definitio = Abgrenzung, Bestimmung, Erklärung): Begriffsbestimmung, inhaltliche Festlegung des Gebrauchs eines Begriffes;
a) extensional: Bestimmung des Umfangs (= Extension) eines Begriffes, indem die Klasse der bezeichneten Gegenstände/Sachverhalte aufgezählt wird; z. B.: *Obst = Apfel, Birne, Kirsche, Pflaume, Pfirsich, Aprikose, Nuß, Beere...*;
b) intensional: Bestimmung der Bedeutung (= Intension) eines Begriffes, indem die Eigenschaften des Bezeichneten angegeben werden; z. B.: *Obst* = ⟨Frucht von Bäumen, Sträuchern, krautigen Pflanzen; genießbar; wohlschmeckend; vitamin- und meist saftreich usw.⟩

Defizit-Hypothese, die (lat. deficit = es mangelt an; gr. hypothesis = Voraussetzung, Grundgedanke): In ↑Soziolinguistik erster umfassender Beschreibungs- und Erklärungsversuch für schichtenspezifisch unterschiedliches Sprachverhalten; von normativen Wertmaßstäben ausgehende Annahme, Unterschichtsprache weise gegenüber Mittelschichtsprache Mängel (= Defizite) auf, sei in ihrer Leistungsfähigkeit eng begrenzt (= restringiert) sowohl in rhetorischer als auch in logischer Hinsicht (z. B. geringerer und weniger differenzierter Wortschatz, weniger komplexer Satzbau), behindere guten Schulerfolg und sozialen Aufstieg (↑Sprachbarriere). Dazu entwickelte Gegenposition der Differenz-Hypothese (lat. differentia = Verschiedenheit): nicht normative Auffassung von Unterschieden im sozialbedingten Sprachverhalten bei funktionaler Äquivalenz [Nationalsprachen, Standardsprachen, regionale und soziale Gruppensprachen sind bei allen Unterschieden gleich leistungsfähig, nach ihren Ausdrucksmöglichkeiten und ihrer logischen Analysekapazität einander gleichwertig. Für jede Äußerung in einer Sprache gibt es eine korrespondierende Äußerung in der anderen mit gleicher referentieller Information (↑Referent)] ohne Auf-/Abwertung und mit primärer Abhängigkeit des Sprachverhaltens von Situation (↑Kommunikationssituation) und ↑Kontext (beim ↑Spracherwerb, bei Ausdrucksvariation und ↑Kode-Wechsel). ↑auch verbale Deprivation.

Dehnstufe ↑Ablaut.

deiktisch (gr. deiknynai = zeigen): Hinweisend; Eigenschaft best. ↑Morpheme, deren ↑denotative Funktion vom jeweiligen Kontext abhängig ist (Raum, Zeit, Kommunikationsteilnehmer); mit Pron. wie *ich, du; dieses, jener* kann der Sprecher z. B. sehr verschiedene Erscheinungen seiner Umwelt meinen; Adv. wie *gestern, heute; hier, dort* beziehen sich im Unterschied zu *abends, auf dem Boden* je nach dem temporalen oder lokalen Standpunkt des Sprechers auf sehr verschiedene Zeiten und Räume (konstant bleibt nur die Relation zur Sprechersituation).

Deixis, die (gr. deiknynai = zeigen): Ausdruck mit Zeigefunktion (↑deiktisch), der sich auf best. außersprachl. Situationselemente oder andere Ausdrücke des ↑Kontextes bezieht; seine ↑Referenz ist von der jeweiligen Äußerungssituation abhängig; z.B. *Hier war ich gestern.*;
a) lokale D.: *hier, dort, rechts, davor*;
b) temporale D.: *jetzt, gestern, vorhin*;
c) personale D.: *ich, du, wir, dieser, Sie.*

Deklination, die (lat. declinare = abändern): Flexion von Nomen, Adj., Pron., Art. und Numerale; deren Formenwechsel unter Einfluß ihrer jeweiligen Funktion im Satz (↑Kasus), ihres Geschlechts (↑Genus) und ihrer Zahl (↑Numerus). ↑ auch Konjugation.

dekodieren ↑kodieren.

Dekomposition, die (lat. decompositio = Auseinandernahme): Analyse komplexer sprachl. Einheiten, Zerlegung in ihre Bestandteile. ↑Komponentenanalyse, ↑Generative Semantik.

Deletion, die (lat. delere = tilgen) [auch: Eliminierung oder Tilgung; als heuristisches Verfahren bei GLINZ: Weglaßprobe]: Tilgung sprachl. Elemente im Satz:
a) in ↑Generativer Grammatik Tilgung, ohne daß eine aus der Ausgangskette nicht mehr rekonstruierbare semantische ↑Information verlorengeht; Transformationsoperation (↑Transformation): $[X_1 + X_2]_{X_3} \Rightarrow [X_1 + \emptyset]_{X_3}$; z. B.: *Der große Fisch frißt den kleinen Fisch.* ⇒ *Der große Fisch frißt den kleinen_.* $= [Art + Adj + N]_{NP} \Rightarrow [Art + Adj]_{NP}$.
Schema Strukturbaumveränderung s. nächste Seite!

Strukturbaumveränderung:

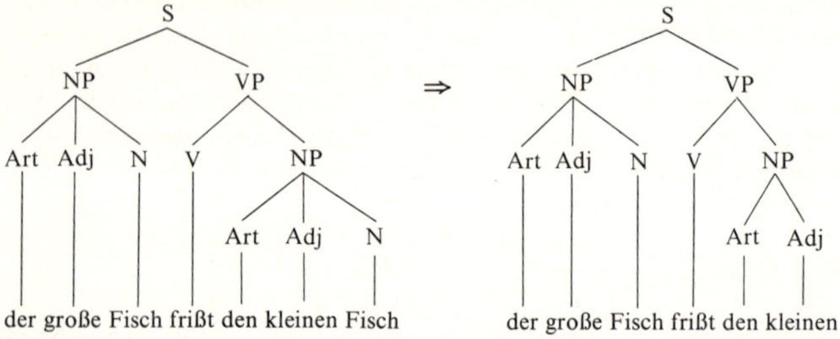

Oder z. B.: *Die Blume erblüht und die Blume verblüht.* ⇒ *Die Blume erblüht und verblüht.*;

b) in ↑Dependenzgrammatik Verfahren zur Feststellung der strukturell notwendigen Ergänzungsbestimmungen des finiten Verbs: ist der nach D. eines Satzgliedes verbleibende Satzrest noch ↑grammatisch, so ist das eliminierte Glied nicht notwendig, ist er ungrammatisch, ist es notwendig; z. B.: *Der Student stellt das Buch in der Bibliothek ordnungsgemäß ins Regal an der Wand. – Der Student stellt das Buch ins Regal. – *Der Student stellt das Buch. – *Der Student stellt ins Regal. – *stellt das Buch ins Regal. – *Der Student stellt. – Stellen* in der Bedeutung ⟨stehen machen⟩ verlangt also 3 für den Bestand des Satzes notwendige Ergänzungsbestimmungen, ist dreiwertig (↑Valenz).

Demonstrativpronomen ↑Pronomen.

Demotivierung ↑Idiomatisierung.

Denken ↑Kognition, ↑Psycholinguistik.

denominativ (lat. de = von ... her): Von einem ↑Nomen (oft im umfassenderen Sinne: Subst. oder Adj.) abgeleitet, z. B.: *fischen < Fisch; heilen < heil.*
Gw. ↑deverbativ

Denotat, das (lat. denotare = bezeichnen): 1. Außersprachl. Erscheinung, die der Sprecher mit einem sprachl. ↑Zeichen (= Denotator) meint (↑meinen); z. B. der physikalisch bestimmbare Gebrauchsgegenstand, auf den sich das Wort *Tisch* bezieht. ↑ auch Referent.

2. Begrifflicher Inhalt eines Zeichens im Unterschied zu Nebenbedeutungen (z. B. Emotion, Wirkung); ↑ auch Konnotat.

denotativ: Nur den begrifflichen Inhalt des sprachl. ↑Zeichens betreffend, ohne Berücksichtigung von (z. B. emotionaler) Nebenbedeutung und inhaltlichen Nuancen, die das Zeichen als Begleitvorstellungen beim Sprecher/Hörer mit wachruft. Gw. ↑konnotativ.

Denotator ↑Designat, ↑Denotat.

Dental, der (lat. dens = Zahn): ↑Konsonant, mit Hilfe der Zungenspitze an den Zähnen oder in ihrer Nähe gebildet:

a) interdental: Zunge zwischen oberen und unteren Schneidezähnen, z. B.: [θ] in *Thriller*;

b) postdental: Zunge gegen obere Schneidezähne gedrückt, z. B.: [t] in *Tag*;

c) alveolar: Zunge am Kiefervorsprung hinter oberen Schneidezähnen, z. B.: ebenfalls [t] in *Tag*.

Dentalangleichung [auch: Primärberührungseffekt oder Germanisches Spirantengesetz]: Historische Lautveränderung in Fällen urspr. (bei Wortbildung) direkter Berührung (ohne Zwischenlaut) von Verschlußlaut (↑Explosivum) und silbenanlautendem Dental [t]:

a) ↑Labial (b, p) + Dental > ›ft‹ (z. B.: *schreiben – Schrift*);
b) ↑Guttural (g, k) + Dental > ›ht‹ (z. B.: *tragen – Tracht*);
c) Dental (d, t) + Dental > ›ss‹ (z. B.: lat. *amare* ⟨lieben⟩, *amatum* ⟨geliebt⟩; aber: *sedere* ⟨sitzen⟩, *sessum* ⟨gesessen⟩.

Dependenzgrammatik, die (lat. dependere = abhängen) [auch: Abhängigkeitsgrammatik]: Strukturelle Beschreibung der Sprache im Hinblick auf das hinter der linearen Redekette verborgene, hierarchisch geordnete System von Abhängigkeitsrelationen zwischen den syntaktischen ↑Konstituenten des Satzes (Tesnière, z. T. Brinkmann, Erben, Heringer). Ausgangspunkt der Untersuchungen und zentrales wie ein einflußreichstes Satzglied ist das als „ungesättigt/gesättigt" angesehene Verb, von dessen Wertigkeit (↑Valenz) der Satzbau bestimmt wird; als Zentralknoten dominiert (↑dominieren) es im ↑Stemma alle anderen Satzkategorien; Tesnière teilt die unmittelbaren Untergeordneten (subordinés immédiats) des Verbs ein in Aktanten (actants = Handelnde = zahlenmäßig festgelegte Subst. oder deren Äquivalente) und Umstände (circonstants = zahlenmäßig unbegrenzte Adv. oder deren Äquivalente); Erben zählt außer Subj. und Obj. auch ↑Prädikativum, notwendiges Präpositional-Obj. und notwendige Adverbialbestimmung zu den Aktanten.

Dependenzrelation, die: Abhängigkeitsverhältnis eines Satzteiles X_1 von einem Satzteil X_2, das sich darin äußert, daß X_2 auch ohne X_1 im Satz erscheinen kann, nicht aber umgekehrt X_1 ohne X_2; z. B.: *Er baut große Häuser*. (X_1 = große; X_2 = Häuser). – *Er baut Häuser*. ↑ auch Interdependenzrelation.

depriviert ↑verbale Deprivation.

Derivat, das (lat. derivare = ableiten): Ableitung als Produkt der Wortbildung: Konstruktion aus einem freien ↑Morphem (↑Stamm) und einem oder mehreren gebundenen, die hinten an das Stammorphem angefügt werden (↑Suffixe), womit meist Wechsel der Wortart (verglichen: Stammorphem > Derivat) verbunden ist: z. B.: *Schönheit* (Subst.) < *schön* (Adj.); *täglich* (Adj.) < *Tag* (Subst.); *Vollendung* (Subst.) < *vollenden* (Verb); aber: *bräunlich* (Adj.) < *braun* (Adj.).

Neben explizitem D. gibt es auch implizites D. [auch: innere Ableitung], bei dem kein segmentierbares Ableitungsmorphem (Suffix) erscheint, sondern das neue Wort als Ganzes (nicht seine Konstituenten) inhaltlich und formal auf ein anderes freies Morphem zurückgeführt werden kann (meist handelt es sich um ↑deverbative Subst.); z. B.: *Schau* < *schauen*; *Besuch* < *besuchen*; manchmal mit Wechsel des Stammvokals: *Band* < *binden*.

Derivation, die (lat. derivare = ableiten): 1. Ableitung als Vorgang oder Art der Wortbildung: Konstruktion aus freiem Morphem und Suffix. ↑ auch Derivat.

2. Ableitung der Strukturketten eines Satzes vom Ausgangssymbol S Zeile für Zeile bis zur Endkette mit Hilfe syntaktischer ↑Formationsregeln/Konstituentenstrukturregeln (↑I-C-Analyse); z. B.:

$$
\begin{array}{l}
S \\
[NP + VP]_{S} \\
[NP + [V + NP]_{VP}]_{S} \\
[[Art + N]_{NP} + [V + NP]_{VP}]_{S} \\
[[Art + N]_{NP} + [V + [Art + N]_{NP}]_{VP}]_{S} \\
[[[\mathit{der}]_{Art} + [\mathit{Mann}]_{N}]_{NP} + [[\mathit{liest}]_{V} + [[\mathit{ein}]_{Art} + [\mathit{Buch}]_{N}]_{NP}]_{VP}]_{S}
\end{array}
$$

Designans ↑Zeichen.

Designat, das (lat. designare = bezeichnen): D. und Designator entsprechen dem SAUSSUREschen Begriffspaar: Signifié und Signifiant (↑Zeichen); zusammen stellen sie den Denotator dar, den Verweiser auf den Bezugspunkt in der außersprachl. Wirklichkeit (↑Denotat).

deskriptiv (lat. describere = beschreiben): Eigenschaft einer Sprachforschung, die vorhandene sprachl. Erscheinungen als gegeben beobachtet und beschreibt, ohne sie normativ (an festen Regeln messend) zu bewerten und zu beurteilen. Gw. ↑praeskriptiv.

deskriptive Grammatik ↑Grammatik.

deskriptive Linguistik ↑Distributionalismus.

Determinativkompositum, das (lat. determinare = abgrenzen, bestimmen; componere = zusammensetzen) [auch: Tatpurusa = ‚dessen Diener']: Aus 2 freien Morphemen oder Morphemkonstruktionen zusammengesetztes Wort (↑Kompositum), dessen voranstehende, untergeordnete ↑Konstituente als Bestimmungswort fungiert, welches das nachfolgende Grundwort inhaltlich spezifiziert; nach dem Grundwort richten sich Wortart, Genus und Numerus des Gesamtwortes; z. B. *Haustür* ⟨Tür des Hauses⟩, *Seebad* ⟨Bad an der See⟩, *Unterarm* ⟨der untere Arm⟩. ↑auch Kompositum.

Determinator, der (lat. determinare = bestimmen): Kategorialsymbol (Det) in der ↑Morphosyntax zur Bez. der „Bestimmungswörter" des Subst.: Art., Demonstrativ-, Indefinit-, Interrogativ- und Possessiv-Pron., Negations-Art. (*kein*) u. a.; z. B.: *Das/dies/etwas/welches/sein/kein Holz* (*schwimmt in dieser Flüssigkeit*).:NP
(Det) N

deverbativ: Von einem Verb (als Grundmorphem) abgeleitet; z. B.: *Verehrung* < *verehren*. Gw. ↑denominativ.

diachronisch (gr. dia = durch; chronos = Zeit): Historisch; Eigenschaft linguistischer Arbeitsmethoden, mit denen die geschichtliche Entwicklung der Sprache untersucht wird. Gw. ↑synchronisch.

Diärese, die (gr. diairesis = Trennung): Getrennte Aussprache zweier Vokale, die direkt nebeneinander stehen und sonst einen ↑Diphthong ergäben; z. B.: *naiv*, *Deismus*, *Spondeus*; manchmal mit Trema (Trennpunkten): *Aleüten*.

diakritisch (gr. diakritos = getrennt, unterschieden): zur Unterscheidung dienend; Eigenschaft best. ↑Zeichen, die Aussprache oder Bedeutung eines sprachl. Elements kennzeichnen; z. B.: Umlautzeichen (*ä*, *ö*, *ü*), Trema (*Aleüten*), Akzent (z. B. franz. *mère* [ɛː], *mérite* [e]).

Dialekt ↑Sprache, ↑Mundart.

Dialektgeographie ↑Areallinguistik.

Dichotomie, die (gr. dichotomein = in 2 Teile spalten): Zweigliederung; jeweils zweigliedrige Unterteilung von Einheiten nach dem logischen Prinzip des ‚disjunktiven Urteils': etwas ist entweder das eine oder das andere, ein Drittes gibt es nicht (x = a oder b; x = a oder nicht-a); Einteilung in Begriffspaáre, z. B.: diachron – synchron, paradigmatisch – syntagmatisch, Langue – Parole, Kompetenz – Performanz.

Differential ↑semantisches Differential.

Differenz-Hypothese ↑Defizit-Hypothese.

Diglossie, die (gr. di- = zwei; glossa = Sprache): Gleichzeitiges Bestehen von zwei Sprachvarianten innerhalb einer Sprachgemeinschaft, von denen die eine sozial höher bewertet ist (High-Varietät) und an formale Anlässe und Schriftlichkeit gebunden, die andere (Low-Varietät) in der mündlichen Verständigung verwendet wird; Unterschiede in der grammatischen Komplexität und im Wortschatz.

Digraph, der (gr. di- = zwei; graphein = schreiben): Kombination zweier ↑Grapheme, die gemeinsam ein ↑Phonem repräsentieren; z.B. ›ch‹ für /x/ und /ç/ (↑Ach-Laut); im Dt. auch Trigraph ›sch‹ für /ʃ/.

Diminutiv, das (lat. diminuere = vermindern): Nominale Verkleinerungsbez., mit Hilfe von D.-Suffixen abgeleitet (oft Kosenamen); z. B.: *Häschen* ⟨kleiner Hase⟩, *Vöglein* ⟨kleiner Vogel⟩, *Väterchen.*

Diphthong, der (gr. diphthongos = Zweilaut): Zwielaut; Artikulationsübergang von einem Vokal zu einem anderen, wobei der 1. der Haupttonträger ist; z. B.: ›au‹ = [ao] (Übergang von [a] zu [o]) in *Maus*; ›ei/ai‹ = [ae] (Übergang von [a] zu [e] bis zu [i]) in *weiß* und *Hain*; ›eu/äu‹ = [ɔø] (Übergang von kurzem, offenem [ɔ] wie in *doch* zu [ü]) in *heute* und *Mäuse.*

Diphthongierung, die (gr. diphthongos = Zweilaut): Historischer Lautwandel eines Monophthongs (= einfacher Vokal) zum ↑Diphthong.

Neuhochdeutsche D. bildet – neben Dehnung kurzer Vokale in betonter offener Silbe (z. B.: mhd. lĕben > nhd. leben; mhd. vrǐde > nhd. Friede) und nhd. ↑Monophthongierung – wichtigste Veränderung vom mhd. zum nhd. Lautbestand; begann im 12. Jh. im Bairischen, breitete sich in folgenden Jahrhunderten nach Norden (Ndt. wurde nicht erfaßt) und Westen aus (Alem. nicht erfaßt). Es wurden: mhd. ›î‹, ›û‹ und ›iu‹ = [yː] zu nhd. ›ei‹, ›au‹ und ›eu‹; z. B. *lîp* > *Leib*, *mûs* > *Maus, viur* > *Feuer*; aber heute noch ndt. *dat Hus* ⟨das Haus⟩ und *Schwizer Diutsch.*

direktiv ↑Funktion.

Disambiguierung ↑Projektionsregel, ↑Monosemierung.

discovery procedures ↑Distributionalismus, ↑Operation.

Disjunktion, die (lat. disiungere = trennen): Spezialfall der koordinierenden ↑Konjunktion, bei der die verbundenen sprachl. Elemente sich inhaltlich gegenseitig ausschließen; z. B. *oder* in: *Gehst du nach Hause oder bleibst du noch?*

disjunktiv (lat. disiungere = trennen): Sonderform von ↑alternativ; Wahl zwischen 2 oder mehr Möglichkeiten nicht völlig frei, sondern geordnet: nur wenn die eine

Möglichkeit nicht realisierbar, gilt die andere; z. B.: Präteritalmorphem der schwachen ↑Verben lautet nur nach dentalem Verschlußlaut (also [d] oder [t]) /et/, sonst stets /t/; Notation der Regel:

$$\text{Prät} \rightarrow \left\{\begin{matrix} \text{et}/\left\{\begin{matrix}\text{d}\\ \text{t}\end{matrix}\right\}\_\_ \\ \text{t}\end{matrix}\right\}$$

diskontinuierlich (lat. discontinuus = nicht zusammenhängend): Mit zeitlichen/räumlichen Unterbrechungen aufeinander folgend;

a) diskontinuierliche Konstituente einer ↑Konstruktion tritt in der linearen Redekette nicht als geschlossenes Segment, sondern als in mehrere Teile getrennte, von anderen Konstituenten unterbrochene Einheit auf, z. B.: *abschließen* als /schließt ... ab/ in *Er schließt die Tür ab*;

b) diskontinuierliches Morphem (Kombination aus Präfix und Suffix): z. B. das Part.-Prät.-Morphem /ge...en/ oder /ge...t/ in *ge-fang-en* und *ge-lach-t*.

diskriminieren (lat. discriminare = trennen): Sprachl. Elemente (Laute, ↑Lexeme u. a.) gegeneinander abgrenzen, sie unterscheiden, zu „diskreten" (wohl unterscheidbaren, unterschiedenen) Teilen der linearen Redekette machen. Diskriminierung einzelner in der gehörten Rede wiederkehrender Laute ist wichtige Stufe im Spracherlernungsprozeß des Kindes.

Diskurs, der (lat. discursus = das Hin- und Herlaufen): 1. Gespräch zwischen Kommunikationspartnern, mit Sprecherwechsel; Dialog.

2. Bei HABERMAS im Unterschied zum kommunikativen Handeln die Metakommunikation (↑kommunikative Kompetenz) als Verständigung über unreflektiert und selbstverständlich vorausgesetzte Sinnzusammenhänge, über das, was man allg. als einleuchtend und wohl begründet ansieht.

Disponibilität, die (lat. disponere = ordnen) [auch: Wortwertigkeit]: Eigenschaft von Wörtern, die thematisch, inhaltlich in vielen ↑Kommunikationssituationen gebräuchlich und notwendig sind (z. B. *Brot*, *Milch*), dem Sprecher dann verfügbar (disponibel) sein müssen und deshalb zum Bestand des ↑Grundwortschatzes gehören, auch wenn sie nicht zu den statistisch häufigsten Wörtern zählen.

Dissimilation, die (lat. dissimilis = unähnlich, ungleich): Verwandlung eines von 2 gleichen oder ähnlichen benachbarten Lauten in einen anderen weniger ähnlichen oder Ausfall eines der beiden Laute (beides mit dem Effekt der „Entähnlichung" der Artikulation an 2 Stellen meist eines Wortes); z. B.: *Fibel* < *Bibel*, *Pfennig* < ahd. *pfenning*, *Turteltaube* < lat. *turtur*. Gw. ↑Assimilation.

Distanzstellung: Im dt. Satz häufige Trennung zweier inhaltlich zusammengehöriger Satzteile oder Teile eines Satzteils durch dazwischentretende Ausdrücke; im Ggs. zur Kontaktstellung beider Teile; z.B.: *Wir hatten bis zum frühen Morgen geschlafen.* statt: *Wir hatten geschlafen, bis der Morgen anbrach.* ↑auch Satzklammer.

Distingem, das (lat. distinguere = unterscheiden, trennen): Sammelbez. für die kleinsten bedeutungsunterscheidenden (distinktiven) Einheiten in gesprochener und geschriebener Sprache: ↑Phonem, ↑Graphem.

Distinguisher, der (engl. to distinguish = unterscheiden, von lat. distinguere = unterscheiden): Bei KATZ/FODOR semantisches Merkmal, das nicht wie die „semantic marker" mehreren Wortinhalten, mehreren Bedeutungen gemeinsam ist, sondern nur einer Bedeutung zukommt, sie durch seine besondere Inhaltsprägung von anderen abhebt.

distinktive Merkmale / distinctive features (lat. distinguere = unterscheiden): Bedeutungsunterscheidende Eigenschaften einer sprachl. Einheit, die durch Gegenüberstellung dieser Einheit mit einer anderen, die bis auf die d. M. mit ihr übereinstimmt, festgestellt werden; dabei werden die Einheiten als Bündel von Merkmalen oder ↑Komponenten aufgefaßt; bei Notation zeigt + Vorhandensein, – Nichtvorhandensein eines Merkmals oder Merkmalbündels an; z.B.:

a) ↑Opposition von *balgen* und *Balken* geht nicht einfach auf Opposition der Phoneme /g/ und /k/ zurück; da beide noch als gemeinsames Merkmal ⟨+velar⟩ aufweisen, läßt sich die Opposition genauer auf das beide unterscheidende Merkmal ⟨+stimmhaft⟩ bzw. ⟨–stimmhaft⟩ festlegen; /g/ erweist sich durch mehrfache Opposition als Bündel von mindestens 3 d.M.: ⟨+stimmhaft⟩ (gegenüber /k/), ⟨+velar⟩ (gegenüber /d/ in *rege – Rede*), ⟨+explosiv⟩ (gegenüber /ŋ/ in *Egge* [ɛgə] und *Enge* [ɛŋə]);

b) bei *Frau* kommen zu dem Bündel semantischer Merkmale, das man mit ⟨+menschlich⟩ symbolisieren kann, mindestens 2 weitere d.M. hinzu: ⟨+weiblich⟩ im Unterschied zu *Mann*, ⟨+erwachsen⟩ im Unterschied zu *Mädchen*.

↑ auch Marker.

Distribution, die (lat. distributio = Verteilung): Bes. bei HARRIS: Summe aller Umgebungen eines sprachl. Elements, in denen es vorkommt, im Ggs. zu jenen, in denen es nicht auftauchen kann; in D.-Analyse klassifiziert man sprachl. Einheiten statt auf Grund ihrer Bedeutung auf Grund ihrer Verteilung, ihres Kontextes; z.B. kann *besuchen* im Dt. nur in der Umgebung NP_1 __ NP_2 erscheinen, die NP im Nom. muß das semantische Merkmal ⟨+menschlich⟩ enthalten: *Die Großmutter besucht ihr Enkelkind. – *Das Theater besucht die Studentin. – *Die Studentin besucht bald. – *Die Studentin besucht.* Beim Vergleich der D. mehrerer Sprachelemente läßt sich deren Verhältnis zueinander bestimmen:

a) ↑alternative oder äquivalente (entsprechende) D.: ein Element kann in der gleichen Umgebung wie das andere erscheinen, sie sind frei austauschbar (z. B. Zungen-[r] und Zäpfchen-[R] in *Riese*);

b) kontrastive (gegensätzliche) D.: ein Element erscheint in einer anderen sprachl. Einheit als das andere, aber in gleicher Umgebung (z. B.: [u] [o] [a] in *Huhn*, *Hohn*, *Hahn*);

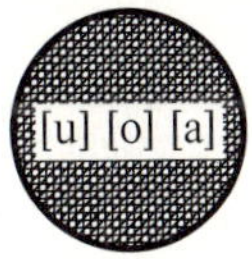

c) komplementäre (ergänzende) oder supplementäre D.: ein Element erscheint in Umgebung, in der das andere nicht erscheinen kann und umgekehrt, sie ergänzen sich gegenseitig (z. B.: [j] im Anlaut nur vor Vokal wie in *Jammer*, [i] nur vor Konsonant wie in *Igel*);

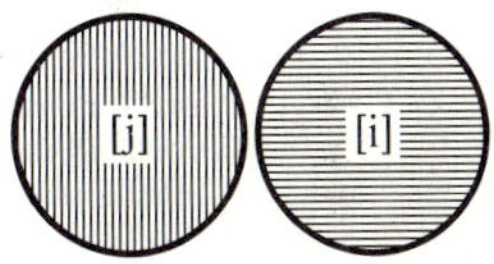

d) überlappende D.: in einer Umgebung kann nur ein Element erscheinen, in einer anderen nur das zweite, in dritter Umgebung aber können beide gegeneinander ausgetauscht werden; z. B. [n] und [ŋ] inlautend zwischen Vokalen wie in *rinnen* und *ringen*, aber im Anlaut nur [n] wie in *nein*, vor /k/ nur [ŋ] wie in *hinken*;

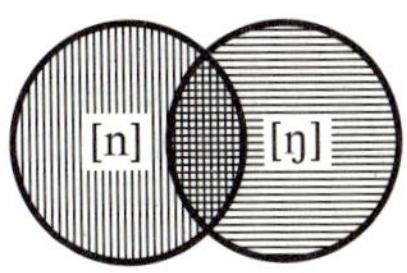

e) einschließende D. (Inklusion): das eine Element kann in jeder Umgebung des anderen erscheinen, dieses aber nur in einigen Umgebungen des ersten;

z. B.: [d] wie [t] im Anlaut wie in *Dorf* und *Torf*, im Inlaut vor Vokal wie in *Weide* und *Weite*, aber nicht im absoluten Auslaut, dort nur [t] wie in [raːt] = *Rad* und *Rat*.

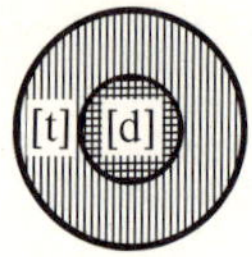

Distributionalismus, der [auch: deskriptive Linguistik]: Amerik. ↑taxonomischer ↑Strukturalismus, der sprachl. Elemente nach ihrem Vorkommen (occurrence), nach Summe ihrer Umgebungen (environments) = ↑Distribution einteilt; Schritte der Distributionsanalyse: Entdeckung der Einheiten (discovery procedures) durch ↑Substitution von Segmenten der Äußerung, Klassifizierung der miteinander austauschbaren Segmente; vom ↑Behaviorismus beeinflußt; Bedeutung (meaning) soll so weit wie möglich bei Sprachbetrachtung ausgeschlossen werden (gegen ↑mentalistische Verfahren); Vertreter: vor allem HARRIS, schon BLOOMFIELD, daneben GLEASON, HOCKETT, FRIES u. a.

Distributionsklasse: Summe aller ↑Syntagmen (Morpheme und Morphemgruppen), die mit einem Syntagma in dessen ↑Kontext austauschbar sind (mit ihm kommutieren; ↑Kommutation); sie stehen in paradigmatischer Beziehung (↑Relation) zueinander, bilden paradigmatische Reihe; z. B.:

Er
Der Spaßmacher
Wer zuletzt lacht, } *lacht am besten.*
⋮
u. a.

Distributivum ↑Numerale.

Dittologie, die (gr. dittos = doppelt; logos = Wort): Wiederholung einer Silbe im Wort, dient der Verdeutlichung; z.B. *Kassierer* < *Kassier*. Gw. ↑Haplologie.

dominieren (lat. dominari = herrschen): Im ↑Stemma Beziehung zwischen dem ↑Kategorialsymbol an einem Knoten und denen an den Verzweigungen/Ästen bzw. zwischen Indexsymbol eines Klammerausdrucks und Symbolen des Klammerinhalts; Ausdruck für syntaktische Abhängigkeitsstrukturen; z. B.:

S
NP VP = $[NP + VP]_S$ (zu lesen: S dominiert die Kette NP + VP).

Doppelspirant ↑Lautverschiebung.

Dorsal, der (lat. dorsum = Rücken): Konsonant, mit dem Zungenrücken gebildet, der Zungenoberseite; z. B.: [k] in *K̲atze*.

Dummy-Symbol (engl. dummy = stumme Person, Strohmann): Leeres, lexikalisch nicht gefülltes Symbol als Platzhalter bei ↑Transformationen.

durativ ↑Aspekt.

Dvandva ↑Kopulativkompositum.

Dysarthrie, die (gr. dys- = schwer, schlecht; arthroun = artikulieren): Sprechstörung aufgrund einer Schädigung im Bereich des Nervensystems, das für Lautbildungsmuster zuständig ist (↑Artikulation); z. B. verwaschene, näselnde, nach wenigen Wörtern ersterbende, explosiv stoßende Sprechweise.

Dysglossie ↑Dyslalie.

Dysgrammatismus, der (gr. dys = schwer, schlecht; gramma = Buchstabe): Unfähigkeit, grammatisch korrekte Sätze mit flektierten Wörtern (↑ Flexion) zu bilden; schwerste Form dieser Sprachstörung ist A g r a m m a t i s m u s: ganze Sätze werden weder gebildet noch nachgesprochen, nur Produktion von Einwortsätzen und Wortgruppen im Telegrammstil, Weglassen von ↑Pronomen und ↑Partikeln.

Dyslalie, die (gr. dys- = schwer; lalein = sprechen) [auch: Dysglossie]: Durch funktionelle oder organische Schäden an den Sprechwerkzeugen hervorgerufene Störung des Sprechvorgangs, speziell der Aussprache (Tonhöhe, Lautstärke, Lautbildung, Resonanz); Laut-, Silben- oder Wortstammeln; z. B. Störung sämtlicher Zischlaute = S i g m a t i s m u s (gr. sigma = Buchstabe ›s‹) oder Lispeln.

Ebene (bei PIKE: level): Stufe, Bereich der Sprachbeschreibung, Teilsystem oder Komponente (↑Generative Grammatik) der Grammatik wie ↑Phonologie, ↑Semantik, ↑Syntax, evt. auch ↑Morphologie u. a.; Sprachanalyse von E. zu E., d. h. von den kleineren zu den größeren sprachl. Einheiten oder umgekehrt: Phonemmerkmal, ↑Phonem, ↑Morphem, ↑Lexem, ↑Syntagma, ↑Phrase, Satz, Paragraph, Diskurs (discourse), Text.

Echofrage ↑Fragesatz

Echolalie, die (gr. lalia = Rede) [auch: Echophrasie]: 1. Nachsprechen gehörter Wörter oder Sätze von Kindern im 1. oder 2. Lebensjahr (↑Spracherwerb).

2. Sprachstörung, spontanes mechanisches Wiederholen gehörter Wörter oder Sätze ohne Verständnis des Nachgesprochenen.

Echophrasie ↑Echolalie

effiziert (lat. efficere = hervorbringen): Bei semantischer Interpretation der ↑Prädikat-↑Objekt-Relation Eigenschaft eines Obj., dessen ↑Referent in der außersprachl. Umwelt durch die im Verb ausgedrückte Handlung erst geschaffen wird; z. B.: *Der Bauherr baut das Haus.* Gw. ↑affiziert.

Eigenname (Nomen proprium): Name einzelner Personen, Familien, Stämme, Völker, wie auch einzelner geographischer Erscheinungen (Ort, Fluß, Gebirge), der nur der jeweiligen Einzelerscheinung, nicht einer ganzen Gattung zukommt; z. B.: *Horst, Hamburg, Alpen.* Gw. ↑Appellativum.
↑auch Konkretum

Eigenschaft: Merkmal einer außersprachl. Erscheinung (↑Denotat) in menschlicher ↑Erfahrung, durch die es sich als zu einer Klasse von Erscheinungen gehörig erweist; hängt sowohl von der Beschaffenheit der Erscheinung als auch von der Art der Beziehung zu anderen Erscheinungen ab; bei Bildung von ↑Begriffen wichtige Unterscheidung in:

a) essentielle (lat. essentia = Wesen)/wesentliche E.: E., die sich beim wechselnden Vergleich mit verschiedenen anderen Erscheinungen nicht ändert, das „Wesen" der Erscheinung betrifft (z. B.: *Mensch* – ⟨über Intelligenz verfügend, zwei Beine habend⟩);

b) akzidentielle (lat. accidentia = durch Zufall Gegebenes)/unwesentliche E.: nur einigen Erscheinungen der Klasse zugehörige, nicht das „Wesen" betreffende E. (z. B.: *Mensch* – ⟨rote Haare habend⟩).

↑auch Abstraktum

Einbettung: ↑Transformation, bei der ein Satz als ↑Konstituente (= Konstituentensatz) in einen anderen Satz (= Matrixsatz) eingefügt wird; z. B.: *Das Kind schreit. + Das Kind hat Hunger.* ⇒ *Das Kind, das Hunger hat, schreit.*

einfacher Satz: Satz, der im Unterschied zum ↑zusammengesetzten Satz keine anderen Sätze als Teilsätze, als unmittelbare oder mittelbare ↑Konstituenten enthält; z. B.: *Der Student geht in die Vorlesung.* – Erweiterter e. S.: *Die leeren Straßen und Plätze der City machen an Wochenenden auf einsame Spaziergänger den etwas unheimlichen Eindruck einer toten Asphalt- und Betonwüste.* – Aber nicht: *Wer wagt, gewinnt.*

einfaches Wort ↑Simplex.

Einfügung ↑Addition.

Einsatz: Bewegung der Stimmritze bei ↑Artikulation eines Vokals im ↑Anlaut; a) leiser E.: gehaucht; Stimmbänder gehen unmerklich in Schwingungen über; b) fester E.: geräuschvoll; Stimmbänder beginnen heftig zu schwingen.

Einwortsatz ↑Satzwort, ↑Spracherwerb.

ektosemantisch (gr. ektos = außerhalb; sema = Zeichen): Eigenschaft einer Sprechstimme, die Aussagen über den Sprecher macht, welche über die eigentliche semantische Information der Äußerung hinausgehen; z.B. Zustand (depressiv), Geschlecht (männlich), Gewohnheiten (Rauchen).

elaboriert ↑Sprachbarriere.

Elativ ↑Komparation.

Element, das [auch: Einheit]: Allg. Terminus für sprachl. Untersuchungs- und Beschreibungs-Objekte oder eine Klasse von Objekten in einem ↑System.

Eliminierung ↑Deletion.

Elision, die (lat. elisum = ausgestoßen): Auslassung, Ausstoß eines Lautes, besonders eines Endvokals vor Vokalanlaut; z. B.: *Fried_und Freud.*

Ellipse, die (gr. ellipsis = das Ausbleiben): Auslassung von ↑Satzgliedern, die je nach Situation zum Verständnis einer ↑Äußerung entbehrlich sind; z. B. elliptischer Satz, bei dem im vollständigen Satz notwendige Glieder wie ↑Subjekt, ↑Prädikat fehlen können; z. B.: *Rauchen verboten!* (< *Rauchen ist hier verboten.*) – *Keine Zeit!* (< *Ich habe keine Zeit.*) ↑ auch Satzwort.

emisch - etisch: In Anlehnung an Unterscheidung zwischen engl. „phonemic“ als der Systemseite (↑Phonemik) und „phonetic“ als der Erscheinungsseite der Laute zugehörig (↑Phonetik) im taxonomischen ↑Strukturalismus gebräuchliche ↑Suffixe bei linguistischer Begriffsbildung: *em(isch)* für Einheiten des Sprachsystems (z. B. phonemisch, ↑Phonem, ↑Graphem, ↑Morphem, ↑Lexem), *etisch* oder kein Suffix für Einheiten der Realisierung im sprachl. Prozeß, in der konkreten Äußerung (z. B. phonetisch, ↑Phon, ↑Graph, ↑Morph, ↑Text).

Emittent, der (lat. emittere = aussenden): Autor/Sprecher/Schreiber eines ↑Textes zusammen mit der für seine Verbreitung verantwortlichen Institution, die bei vielen Texten (z. B. der Massenkommunikation) nicht zu trennen sind; Gw. Rezipient (lat. recipere = empfangen): Hörer/Leser eines Textes.

emotiv ↑Funktion.

Emporie, die: Zeichenarmut innerhalb einer sprachl. Äußerung, so daß sie nur unvollständige Information liefert; z.B.: *Arbeiter gesucht!* (ob einer oder mehrere Arbeiter, bleibt unklar). Gw. ↑Redundanz.

empraktisch (gr. em- = inmitten von; praxis = Handeln): Bei BÜHLER Kennzeichen eines Sprachgebrauchs, bei dem syntaktisch unvollständige Ausdrücke (↑Syntax) durch die „Praxis" der Situation, durch den außersprachl. ↑Kontext verständlich sind und kommunikativ funktionieren; z.B. *Ein Helles!* beim Bestellen eines hellen Biers im Restaurant. ↑auch Ellipse.

endozentrisch (gr. endon = innen): Eigenschaft einer ↑Konstruktion, die als ganze dieselbe ↑Distribution hat, derselben ↑Kategorie angehört wie eine ihrer ↑Konstituenten (diese kann also Stellung/Funktion der ganzen Konstruktion einnehmen);

a) koordinierend (beiordnend); z.B.: *Er traf die Eltern und die Kinder.* (Für NP ‚die Eltern und die Kinder' kann strukturell auch ‚die Eltern' allein stehen; ebensogut aber auch ‚die Kinder'.);

b) subordinierend (nur eine der Konstituenten kann an Stelle der ganzen Konstruktion stehen; sie heißt „Kopf", die andere/n „Ergänzung/en"); z.B.: *Alte Bäume werden gefällt. – Bäume werden gefällt.*

Gw. ↑exozentrisch.

Endsymbole ↑Stemma.

Energeia ↑energetisch.

energetisch (gr. energes = wirksam): Eigenschaft zunächst der Sprache (nach HUMBOLDT: kein „ergon", kein statisches Produkt oder Werk, sondern „energeia", ein dynamisches Phänomen, eine Tätigkeit; bei WEISGERBER: eine „wirkende Kraft"), dann der Sprachwissenschaft, die Sprache als Energeia beschreibt; speziell die in der ↑inhaltbezogenen Grammatik auf die laut- und gestaltbezogene Stufe der Sprachbetrachtung folgenden Stufen 2–4: inhaltbezogene, leistungbezogene, wirkungbezogene Stufe (WEISGERBER); aber auch die ↑Generative Grammatik CHOMSKYS.

Enklise, die (gr. klinein = anlehnen): Verschmelzung eines unbetonten Wortes geringen Umfangs mit einem vorangehenden betonten Wort; meist mit Lautschwächung und/oder Lautverlust verbunden; z.B.: *denkste* < *denkst du, zum* < *zu dem*. Gw. ↑Proklise.

enkodieren ↑kodieren.

Ennalage, die (franz. ennalage = Verwechslung): Aus ↑Nomen und ↑Attribut bestehender Ausdruck, bei dem das Attribut sich inhaltlich nicht auf das syntaktisch zugeordnete Nomen bezieht, sondern auf ein anderes Wort, das entweder in der Wortfolge des Satzes an anderer Stelle steht oder gar nicht aufgeführt wird; oft als Stilblüte demonstriert (*der möblierte Herr* statt: *Herr mit möbliert gemietetem Zimmer*), z.T. aber auch in allg. Sprachgebrauch eingegangen (*schwindelnde Höhe* statt: *Höhe, in der es einen schwindeln kann*).

Entlehnung: Erweiterung des Wortbestandes einer Sprache durch Anleihen bei anderen (National-)Sprachen, aber nicht unveränderte Übernahme eines Wortes (↑Fremdwort);

a) Lehnwort: urspr. Fremdwort, das sich seiner neuen sprachl. Umgebung in Aussprache und/oder Schreibweise, Flexion, Betonung soweit angeglichen hat, daß es heute als integriert, als heimisch gewordenes Wort angesehen werden kann; z.B.: *Mauer* < lat. *murus, Kaffee* < franz. *café*;

b) Lehnprägung: Neubildung eines Wortes für einen aus einer Fremdsprache übernommenen Begriff, aber mit ↑Morphemen der eigenen Sprache oder dt. Ersatz für bekanntes Lehnwort:
- Lehnübersetzung (mechanische Ersetzung der fremden Morpheme durch heimische, ↑Konstituente für Konstituente), z.B.: *Königinmutter* < franz. *reinemère, Fußball* < engl. *football*;
- Lehnübertragung (Verbindung einer Teilübersetzung des fremden Wortes mit einem heimischen Grundwort), z.B.: *Fegefeuer* < lat. *purgatorium*; *Wolkenkratzer* < engl. *scyscraper* (eigentl. Himmelskratzer);
- Lehnschöpfung (Bildung eines formal heimischen Wortes bei Inhaltsübernahme eines fremden Musters), z.B.: *Umwelt* < franz. *milieu*;
- Bedeutungsentlehnung oder Lehnbedeutung: Übernahme eines neuen Inhalts nach fremdem Muster durch bereits vorhandenes heimisches Wort; z.B.: *schneiden* in der Bedeutung ⟨absichtlich übersehen, nicht beachten⟩ nach engl. *to cut*; *Steckenpferd* in Bedeutung ⟨Lieblingsbeschäftigung⟩ nach engl. *hobby(-horse)*.

c) Lehnwendung: Nachbildung einer festen Wortverbindung, bes. eines Sprichwortes; z.B.: lat. *errare humanum est* > *Irren ist menschlich.*

Entropie, die (gr. entrope = Wendung nach innen): Informationsgehalt eines kommunikativen Zeichens (↑Informations-Theorie); je nach Vorhersehbarkeit (Prädiktabilität), nach Neuigkeitsgrad einer Nachricht für den Empfänger mehr oder weniger groß.

Entrundung ↑Rundung.

Epenthese, die (gr. epi = in, nach... hin; thesis = das Setzen): Einfügung von Lauten in ein Wort, um dessen Aussprache zu erleichtern; z.B. *Namen + -lich* > *namentlich*. ↑auch Akzession

Epipher, die (gr. epiphora = das Hinzufügen) [auch: Epiphora]: Wiederkehr desselben Ausdrucks am Ende mehrerer Wortgruppen, Sätze, Absätze; z.B. *Er denkt konsequent, spricht konsequent, handelt konsequent.*

Epiphora ↑Epipher

Episem ↑Grammem.

Epithese ↑Akzession

Epoche ↑Sprachperiode.

Erfahrung: Aus Wahrnehmung, Erleben, Handeln erwachsene Kenntnis und Interpretation der Welt der Gegenstände und Sachverhalte (↑Denotata) durch Sprecher und Hörer, die immer schon Voraussetzung für das Zustandekommen von sprachl. ↑Kommunikation sind (mindestens teilweise gemeinsame Wirklichkeitsvorstellung); auf die sich die Kommunikationspartner beziehen (↑Referenz); aus der Informationen abzuleiten sind, welche die Bedeutung eines sprachl. ↑Textes mitbestimmen. Bei unterschiedlicher E. von Individuen und Gruppen weichen auch die ↑Bedeutungen der verwendeten sprachl. ↑Zeichen und der produzierten bzw. rezipierten Texte voneinander ab, ist Verständigung erschwert. Vgl. ↑Ich-jetzt-hier-Ursprung.

Ergänzung: In ↑Dependenzgrammatik, bes. bei HERINGER: im Unterschied zur fakultativen (bei HELBIG/SCHENKEL zur freien) ↑Angabe die für die Bildung eines ↑akzeptablen, ↑grammatischen Satzes notwendige, obligatorische Satzgliedhinzufügung zum Verb (↑Prädikat), zu dem sie in ↑Interdependenzrelation steht; z. B.: *Der Vater gibt dem Sohn einen Apfel.* Das dreiwertige Verb *geben* verlangt drei E., eine im Nom. (E_1 = der Vater), eine im Akk. (E_2 = einen Apfel), eine im Dat. (E_3 = dem Sohn); bei Fehlen einer E. wäre der Satz ungrammatisch (**Der Vater gibt dem Sohn.*).

Ergänzungssatz ↑Gliedsatz.

ergativ (gr. ergates = Täter, Vollbringer): Eigenschaft des syntaktischen Zusammenhangs zwischen einem Satz mit ↑intransitivem und einem Satz mit entsprechendem ↑transitiven Verb, wobei das Subj. des ersten zum Obj. des zweiten wird und dort ein neues e. Subj. eingeführt wird; z. B.: *Die Schneeflocken treiben. – Der Wind treibt die Schneeflocken.*

Ergon ↑energetisch.

Erinnerungsspanne (memory span): Mit zunehmender Gehirnreife des Kindes wachsende Fähigkeit, immer umfangreichere sprachl. Äußerungen zu erzeugen: Einwortsätze des Einjährigen, Zweiwortsätze des Eineinhalbjährigen ...

Ersatzdehnung: Historischer Lautwandel; germ. kurzer Vokal vor ›nh‹ erscheint im Got. und Ahd. nach Ausfall des ›n‹ und zwischenzeitlicher Nasalierung des Vokals gedehnt als Länge (Nasalspirantengesetz); z. B.: Prät. von *bringen* = germ. **branht-*, got./ahd. *brāhta* (im Nhd. wieder gekürzt zu [a] in *brachte*).

Ersatzprobe ↑Substitution.

Ersetzungsregeln ↑Stemma.

Erweiterung ↑Expansion.

Erstsprache ↑ Bilinguismus

Ethnolinguistik, die (gr. ethnos = Volk, Stamm): Erforschung natürlicher Sprachen (z. B. Indianersprachen in den USA) unter Berücksichtigung des Einflusses anthropologischer, ethnologischer, kulturgeschichtlicher und soziologischer Gegebenheiten auf sprachl. Äußerungen.

Etymologie, die (gr. etymon = das Wahre, das Ursprüngliche): Lehre vom historischen Ursprung der sprachl. ↑Zeichen, ihrer wortbildungsmäßigen Zusammengehörigkeit (etymologische Verwandtschaft; ↑Wurzel, ↑Stamm mit Grundbedeutung) sowie ihrer lautlichen (Lautwandel, ↑Lautgesetze) und inhaltlichen Veränderungen (↑Bedeutungswandel) in der Sprachgeschichte; z. B.: *Gift* = Verbalableitung zu *geben* (altes Suffix -ti, ahd. -t bewirkte ↑Dentalangleichung ›b‹ + ›t‹ > ›ft‹ und Vokalassimilation [ə] > [i], der Auslautvokal schwand) mit der alten Bedeutung ⟨Gabe, Schenkung⟩, die heute noch in *Mitgift* nachwirkt; *heben* = starkes Verb mhd. heben/heven < ahd. heffan/hevan, got. hafjan < germ. Wurzel *haf-/hab-, germ. *hafja entspricht lat. capio < idg. Wurzel *kap- ⟨fassen⟩; etymologisch verwandt sind *Schicksal* und *Geschichte*: *Schicksal, Geschick* und *Schickung* sind gleichermaßen Ableitungen von *schicken* ⟨was Gott schickt⟩, das seinerseits in der alten Bedeutung ⟨machen, daß etwas geschieht; ins Werk setzen⟩, dann in der neueren ⟨abordnen, senden⟩ eine Bildung zu *(ge)schehen* ist, Verbalableitung zu *geschehen* ist *Geschichte* zunächst im Ahd./Mhd. ⟨Ereignis, Hergang⟩, im Frühnhd. dann auch ⟨Erzählung von Geschehenem⟩ und seit KANT und HERDER dann auch ⟨Historie⟩.

Euphemie ↑ Euphemismus

Euphemismus, der (gr. eu = gut; phemi = ich spreche) [auch Euphemie, Hüllwort]: Verhüllende, beschönigende Ausdrucksweise durch gesellschaftliche, religiöse Konvention, aus Gründen der Rücksichtnahme oder des guten Geschmacks; z.B. statt *sterben*: *einschlafen, dahingehen*; statt *dick*: *vollschlank*; statt *stinken*: *duften*. ↑auch Tabuwort.

Exklusion, die (lat. exclusio = Ausschließung): Ausschluß eines Satzgliedes durch ein anderes; beide können nicht zugleich in einem Satz erscheinen; z. B. E. zweier

Genitivattribute zu einem Subst.: **der Entwurf des Bauplanes des Architekten* (für: *der Entwurf des Bauplanes + der Entwurf des Architekten*); aber: *die Vorlage der Akte des Angeklagten* (*des Angeklagten* ist Attribut nicht zu *Vorlage*, sondern zum Attribut *der Akte*: *die Vorlage der Akte + die Akte des Angeklagten*).

exozentrisch (gr. exo = außerhalb): Eigenschaft einer ↑Konstruktion, die eine andere ↑Distribution hat als jede ihrer ↑Konstituenten allein (diese können also nicht Stellung/Funktion der Konstruktion einnehmen); z. B.: *Die Katze liegt vor dem Ofen.* (An die Stelle des dreiteiligen Präpositionalobj. kann weder Präp. *vor*, noch Art. *dem*, noch Subst. *Ofen* treten.). Gw. ↑endozentrisch.

exozentrisches Kompositum ↑Possessivkompositum.

Expandieren ↑Textverarbeitung.

Expansion, die (lat. expandere = ausbreiten) [auch: Expandierung oder Erweiterung]: 1. Sonderform der ↑Substitution: Ersetzung eines fungierenden sprachl. Elements durch 2 oder mehr andere Elemente, wobei die ↑Funktion bewahrt bleibt; Transformationsoperation (↑Transformation): $[X_1]_{X_2} \Rightarrow [X_3 + X_4]_{X_2}$; z. B.:

Der Bundeskanzler gibt ein Interview. ⇒ *Der deutsche Regierungschef gibt ein Interview.* $[Art + N_1]_{NP} \Rightarrow [Art + Adj + N_2]_{NP}$; oder: ⇒ *Der Mann, der die Richtlinien der deutschen Politik bestimmt, gibt ein Interview.* $[Art + N_1]_{NP} \Rightarrow [Art + N_2 + S]_{NP}$;

Strukturbaumveränderung:

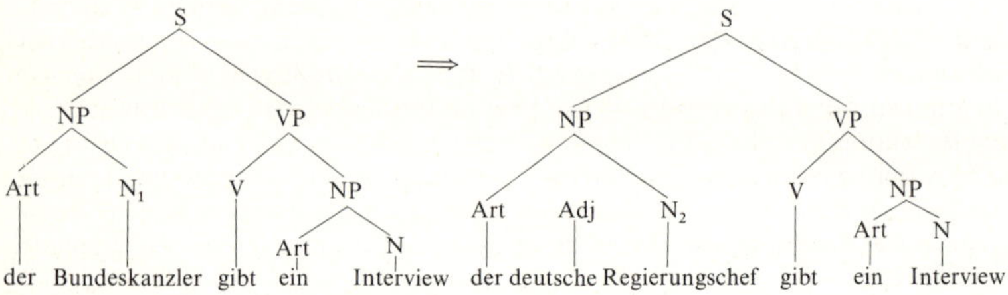

2. Ersetzung eines ↑Kategorialsymbols durch 2 oder mehrere andere in den ↑Formationsregeln der ↑Generativen Grammatik; z. B.: $S \rightarrow NP + VP$ (zu lesen: expandiere Satz zu Nominalphrase + Verbalphrase).

explikativ ↑Relativsatz.

explizit ↑implizit.

Explosivum, das (franz. explosive = zerplatzend) [auch: Verschlußlaut, Explosivlaut oder Okklusivlaut]: ↑Konsonant, gebildet durch zeitweiliges Schließen des

Artikulationsraumes und plötzliches Öffnen, so daß die gestaute Luft explosionsartig entweicht;

a) Media: stimmhaftes E., z.B.: [g] in *gut*;
b) Tenuis: stimmloses E., z.B.: [k] in *Korb*.

expositorisch (lat. expositio = Erklärung, Darlegung): Kennzeichnendes Merkmal einer ↑Textsorte; Eigenschaft von ↑Texten, nichtfiktional, pragmatisch, Gebrauchstext zu sein; im Unterschied zu fiktional-poetischen Texten, der Dichtung oder Literatur i.e.S. ↑auch Funktion.

expressiv ↑Funktion.

Extension ↑Definition.

extranuklear ↑nuklear.

Fachsprache: Sprache eines technisch oder wissenschaftlich orientierten Kommunikationsraumes mit vorwiegend sachbezogener Information und Tendenz zur Standardisierung, Normierung, Formalisierung des Ausdrucks; auffälligstes Merkmal: eigener Fach-Wortschatz (↑Terminologielehre); z.B.: Sprache der Technik, Verwaltung, Diplomatie, des Sports.

faktitiv ↑Aktionsart.

Faktitivum ↑Bewirkungsverb.

fakultativ (lat. facultas = Möglichkeit) [auch: optional]: Nach freiem Ermessen, nicht verbindlich;

1. fakultative Variante: ↑Allophon und ↑Allomorph, wenn sie nicht stellungsbedingt (↑kombinatorisch) auf Grund einer best. Umgebung erscheinen, sondern auf Grund einer Sprecherentscheidung bei der Äußerung; phonologisch z.B. Zungenspitzen-[r] oder Zäpfchen-[R] in *Rose*; morphologisch z.B. /winkel/ oder /winkl/ in *winkelig* – *winklig*.

2. fakultative Ersetzung: In ↑Generativer Grammatik enthalten die generalisierten ↑Formationsregeln oft f. Kategorialsymbole, deren Realisierungen in den Oberflächenstrukturen der Sätze erscheinen, aber auch fehlen können; Notation in runden Klammern (); z.B. NP → (Art) + (Adj) + N (zu lesen: ersetze Nominalphrase durch ein Nomen [z.B.: *Menschen*], durch Nomen und Art. [*die Menschen*], durch Nomen und Adj. [*gute Menschen*] oder durch Nomen, Art. und Adj. [*die guten Menschen*]).

3. fakultative Transformation: In ↑Generativer Grammatik (ältere Stufe) sind nicht alle ↑Transformationen ↑obligatorisch (notwendig), die Durchführung einiger bleibt dem Ermessen, der Ausdrucksintention des Sprechers überlassen; z. B. ↑Permutation von mehr als einem nachgestellten attributiven Adj. in der Nominalphrase des Satzes: *Der Hut, breit und bunt, gefiel ihr gut.* ⇒ *Der breite und bunte Hut gefiel ihr gut.*

4. fakultativer Mitspieler/Aktant: In ↑Dependenzgrammatik setzen HELBIG/SCHENKEL neben ↑obligatorischen Mitspielern des Verbs (↑Ergänzungsbestimmungen, in Zahl und Art an ↑Valenz des Verbs gebundene notwendige Satzglieder) einerseits und freien ↑Angaben (zahlenmäßig unbegrenzte, in jedem Satz beliebig weglaßbare oder hinzufügbare Satzglieder) andererseits eine 3. Gruppe an: nach Zahl und Art an Valenz des Verbs gebundene, aber nicht obligatorische Satzglieder; z. B.: *Er erschrickt vor dem Gedanken.* Präpositionale Nominalphrase kann fehlen, ohne daß der Satz ungrammatisch wird: *Er erschrickt.*; andererseits zeigen ↑Substitutions-Versuche mit dem Verb, daß *vor dem Gedanken* seinen Platz im Stellenplan von *erschrecken*$_{1\,(2)}$ hat (zu lesen: 1 = einwertiges V unter Berücksichtigung des obligatorischen Mitspielers; (2) = zweiwertiges V unter Berücksichtigung des obligatorischen und des f. M.): **Er fürchtet/scheut/zögert/zweifelt vor dem Gedanken.*; dagegen: freie Variante in *Das Kind spielt vor dem Haus. – Das Kind spielt. – Das Kind schreit/sitzt/schläft/liest/lacht … vor dem Haus.*; obligatorischer Mitspieler in *Das Schiff liegt vor Anker. – *Das Schiff liegt.*

faux amis ↑Interferenz.

Feature ↑distinktive Merkmale.

Feldstudie: Erfassung und Auswertung linguistischer Einheiten von noch nicht schriftlich fixierten natürlichen Sprachen durch mündliche Befragung der Sprecher (↑Informant) nach Fragestellungen der ↑Soziolinguistik, Dialektforschung (↑Mundart) und ↑Ethnolinguistik.

Femininum ↑Genus.

Filler ↑Tagmem.

final ↑Adverbial.

Finalsatz ↑Gliedsatz.

finit (lat. finitum = begrenzt): Eigenschaft verbaler Flexionsformen (finites Verb), nach ↑Person und ↑Numerus bestimmt zu sein; Flexionsmorpheme machen Angaben zu den genannten Kategorien; z. B.: *glaub*test: 2. Pers., Sing. Gw. ↑infinit.

Flexion, die (lat. flectere = beugen, verändern) [auch: Beugung]: Veränderung der ↑Wortform oder Syntagmaform zur Angabe der syntaktischen Beziehungen und Funktionen im Satz (vor allem durch Flexions-↑Morpheme);

a) ↑Deklination (F. der kasusbestimmten Satzglieder, bes. der Nomina), z. B.: *den großen Häusern* = NP mit den F.-Merkmalen ⟨Dat.⟩ und ⟨Plur.⟩;

b) ↑Konjugation (F. der Verben), z. B.: *besäßet* = finites Verb mit F.-Merkmalen ⟨2. Pers.⟩, ⟨Plur.⟩, ⟨Konjunktiv II⟩;

c) ↑Komparation/Graduierung (F. der Adjektive nach Positiv, Komparativ, Superlativ), z. B. *schön, schön-er, schön-st*.

Flexionssuffix ↑Suffix.

Fokus, der (lat. focus = Herd, Zentrum): Informationszentrum eines Satzes, auf welches das Mitteilungsinteresse gerichtet ist.

Form ↑Wortform, ↑Formklasse.

Formalisierung, die: Bei Sprachbeschreibung Verwendung einer Metasprache (Sprache über Sprache), die (in engem Kontakt mit moderner Logik) aus definierten graphischen Symbolen und algebraischen Formeln besteht; z. B. Beschreibung des Satzes *Der Autor schreibt ein Buch.*:

a) in ↑Generativer Grammatik:
S → NP + VP (ersetze Satz durch Nominalphrase + Verbalphrase)
NP → Art + N (ersetze Nominalphrase durch Artikel + Nomen)
VP → V + NP (ersetze Verbalphrase durch Verb + Nominalphrase)
Art → der/ein (ersetze Artikel durch ↑Formative *der* und *ein*)
N → Autor/Buch (ersetze Nomen durch Formative *Autor* und *Buch*)
V → schreib- (ersetze Verb durch Formativ *schreib-*);

als Klammerausdruck:
$[[[\text{der}]_{Art} + [\text{Autor}]_{N}]_{NP} + [[\text{schreibt}]_{V} + [[\text{ein}]_{Art} + [\text{Buch}]_{N}]_{NP}]_{VP}]_{S}$;

als Stammbaumskizze (↑Stemma):

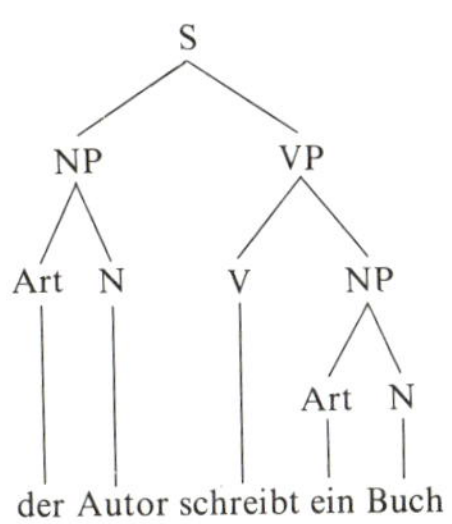

↑ auch Formationsregel;

b) nach HERINGER: K (SF_1, $E_1 + P + E_2$) = zweistelliger Beziehungs-Begriff mit dem 1. Argument vor dem Komma, dem 2. Argument nach dem Komma [zu lesen: $Satzform_1$ (SF_1) konstituiert sich (K) aus den ↑Konjunkten: Ergänzungsbestimmung im Nom. (E_1), Präd. (P) und Ergänzungsbestimmung im Akk. (E_2)].

Formant, der (lat. formare = gestalten, bilden) [auch: ↑Formativ]: Gebundenes ↑Morphem; Sammelbegriff für ↑Affixe und ↑Suffixe; wenn Affix bereits als Oberbegriff für Suffix, Präfix und ↑Infix definiert wird, ist F. synonym mit Affix.

Formationsmarker ↑P-Marker.

Formationsregel (lat. formatio = Gestaltung): Regel zur Beschreibung von Satzstrukturen durch ↑Konstituentenstrukturen in der ↑I-C-Analyse des ↑taxonomischen ↑Strukturalismus oder Regel zur Erzeugung (Generierung) von Sätzen durch den kompetenten Sprecher (↑Kompetenz) in der ↑Generativen Grammatik (in deren ↑Basis, dem Formationsteil der ↑Syntax); darstellbar in Stammbaumskizze (↑Stemma, ↑I-C-Analyse), Klammerung oder Formeln für den Erzeugungsprozeß (Pfeil → ist zu lesen: taxonomisch als „besteht aus", generativ als „wird ersetzt durch / ersetze durch" oder „wird expandiert zu"; Anfangssymbol immer S = Satz, es folgen NP = Nominalphrase und VP = Verbalphrase, dann weitere Kategorialsymbole wie V = Verb, N = Nomen, Art = Artikel u.a., schließlich die ↑Formative aus dem ↑Lexikon); meist ↑binäre Konstituentenanalyse (links vom Pfeil: Eingabekette; rechts vom Pfeil: Ausgabekette); z.B.: *Ein Rind frißt Gras.*

($F._1$) S → NP + VP		
($F._2$) NP_1 → Art + N_1		
($F._3$) VP → V + NP_2	}	eigentliche F. (Grammatik)
($F._4$) NP_2 → N_2		
($F._5$) Art → ein		
($F._6$) N_1 → Rind		
($F._7$) V → fress-	}	Lexikon-Regeln(↑Lexikon)
($F._8$) N_2 → Gras		

↑ auch Formalisierung, Marker, Transformationsregel.

Formativ, das (lat. formare = gestalten, bilden): 1. Gebundenes ↑Morphem = ↑Formant/↑Affix.
2. Flexionsmorphem oder Morphem mit rein grammatischem Inhalt; z.B.: /en/ in Frauen, /daß/ in *Er vermutet, daß die Ware teuer ist.*
3. Abstrakte syntaktische Konstituente des Satzes; im ↑P-Marker der ↑Generativen Grammatik für die Kategorialsymbole der ↑terminalen Kette (Endkette) durch Lexikonregeln einsetzbares Element;
a) lexikalisches F.: Wort/↑Lexem wie in Ersetzungsregeln: N → Wald, Förster, Wetter, Gedanke...; V → pflanz-, jag-, heg-, wachs-, geh-; Art → der, das, ein, eine;

b) grammatisches F.: Morphem zur Kennzeichnung grammatischer Kategorien wie z.B. /t/ in *pflanzt* (3.Pers., Sing., Präs., Indikativ).
↑ auch Formationsregel.

Formklasse: Nach Fries Gruppe von Wörtern mit gleicher syntaktischer ↑Funktion (gleicher ↑Position im Satz) und gleicher grammatisch-struktureller Bedeutung; F. soll den angeblich unbrauchbaren traditionellen Begriff ↑Wortart (Einteilung nach uneinheitlichen Gesichtspunkten) ersetzen; tatsächlich sind die 4 großen F. in den meisten Fällen Parallelen zu Subst., Verb, Adj. und Adv. ↑ auch Distribution und Substitution.

Fortis ↑Aspiration, ↑Opposition.

Frage: Sprechhandlungstyp (↑Sprechakt), der als pragmatische Kategorie (↑Pragmatik) von dem grammatischen ↑Modus Interrogativ (↑Fragesatz) zu unterscheiden ist; F. kann durch Äußerungen verschiedener grammatischer Form erfolgen, z.B.: *Bist du müde?* (Fragesatz); *Du bist sicher müde.* (Aussagesatz). ↑auch Aufforderung.

Fragemethode: In traditioneller ↑Grammatik und in Schulgrammatik Hauptmethode zur Ermittlung der ↑Satzglieder; z.B.: *Heute malt Fritz ein Bild.* Was wird ausgesagt? *malt* = ↑Prädikat. Wer (oder was) malt? *Fritz* = ↑Subjekt. Wen (oder was) malt Fritz? *ein Bild* = Akkusativobjekt. Wann malt Fritz? *heute* = ↑Adverbiale der Zeit.

Fragesatz: Satztyp, inhaltlich zu interpretieren als versuchsweise Bestimmung und Klärung eines Sachverhalts mit Erwartung einer Bestätigung oder Nichtbestätigung durch den Angesprochenen;

a) Entscheidungsfrage (Ja/Nein-Frage), z.B.: *Hast du schon gegessen?*;
b) Ergänzungsfrage (W-Frage, da stets mit Fragewort eingeleitet), z.B.: *Wer ist da?*;
c) Doppelfrage (Entscheidung zwischen 2 Möglichkeiten), z.B.: *Hast du gelogen oder die Wahrheit gesagt?*;
d) mehrzielige Frage (mehrere Fragewörter zielen auf mehrere Unbekannten zugleich), z.B.: *Wer soll wann was wo gesagt haben?*;
e) rhetorische Frage (Scheinfrage ohne Erwartung einer Antwort), z.B.: *Habe ich das nicht gleich gesagt?!*
f) Bestätigungsfrage oder Vergewisserungsfrage (eine best. Annahme liegt vor, die bestätigt oder nicht bestätigt werden soll; fehlende Spitzenstellung des Verbs), z.B.: *Du fährst morgen nach Kiel?*;
g) Suggestivfrage (eine ganz best. gewünschte Antwort wird nahegelegt), z.B.: *Habe ich nicht recht?*;
h) Echofrage (Ausgangsfrage wird in Gegenfrage aufgenommen und umgeformt), z.B.: *Wer das gemacht hat?* < *Wer hat das gemacht?*;

i) Refrainfrage (kurze Vergewisserungsformel wird an Aussagesatz angehängt), z.B.: *Ich seh dich morgen, nicht wahr?*

Fremdsprache ↑Bilinguismus

Fremdwort: Aus einer anderen (National-)Sprache (= Fremdsprache) übernommenes Wort, das in Aussprache und/oder Schreibweise seinen fremden Charakter beibehalten hat, ohne sich der neuen Umgebung anzugleichen (Gw. Lehnwort; ↑Entlehnung); z.B.: *Camping* (engl.), *Trottoir* (franz.), *Giro-Konto* (ital.), *Mensa* (lat.), *Xylophon* (gr.).

Frikativum ↑Spirant.

Frühneuhochdeutsch ↑Sprachperiode.

Fügteil: Nicht flektierbares sprachl. Zeichen, das nicht Satzglied sein kann, sondern nur syntaktische Verbindungen herstellt; bei GLINZ: ↑Präposition und ↑Konjunktion.

Fügungspotenz ↑Valenz.

Fugenelement: In der Wortbildung bei ↑Komposition mögliches Bindeglied zwischen zusammentretenden Morphemen, das diachronisch gesehen auf alte Flexionsendungen zurückzuführen ist, diese syntaktische Funktion aber zugunsten der morphologischen aufgegeben hat; z.B.: *Tag-es-zeit* (Zeit des Tages), *Kind-er-krankheit* (Krankheit der Kinder), aber: *Geschicht-s-buch* (Buch der Geschichte!; das weibl. Subst. hat nie ein Gen.-›s‹ besessen).

Funktion, die (lat. fungi = leisten): 1. Leistung eines sprachl. Elements in best. Zusammenhang, seine Rolle in einem Wirkungsfeld, sein Aufeinander- und Zusammenwirken mit anderen Elementen; Relationsbegriff: F. hat ein Element immer in Beziehung auf ein anderes Element, z.B. kann ein Subst. die F. ↑Subjekt oder ↑Objekt in Beziehung auf den Satz haben. ↑auch Kategorie.
2. Leistung der Sprache, eines Textes; jede F. ermöglicht best. sprachl. Handlungsweise:

a) emotiv oder (nur vom Sender her gesehen:) expressiv: Gefühle, Meinungen ausdrücken oder vernehmen; Stellungnahmen abgeben oder anhören;
b) phatisch: Kontakt mit Partner knüpfen und Kontakt unterhalten;
c) kognitiv oder referentiell: Informationen über Sachverhalte geben oder empfangen; Bericht geben/entgegennehmen; Zusammenhänge darstellen/erfassen;
d) konativ oder (nur vom Sender her:) appellativ oder direktiv: Befehle aussprechen/entgegennehmen; in Denken, Fühlen, Handeln beeinflussen/beeinflußt werden;
e) metasprachlich: über Sprache und Sprachgebrauch informieren/informiert werden;

f) ästhetisch oder poetisch: künstlerische Organisation der Sprachzeichen vornehmen oder mit Genuß nachvollziehen, die über die in den Zeichen vorprogrammierten Zusammenhänge (↑Semantik) hinaus zusätzliche schafft: ästhetische Superstruktur.

Funktionale Grammatik: In dt. ↑Sprachdidaktik nach 1950 vorherrschende Sprachbetrachtung (in DDR vor allem W. SCHMIDT), die grammatische Formen nicht bloß formal („formalistisch"), sondern unter dem Aspekt ihrer jeweiligen ↑Funktion (semantisch-inhaltliche und strukturell-syntaktische), ihrer kommunikativen Leistung im Satz und in der Rede erforscht und darstellt (Formen = Funktionsträger, Auslöser best. Kommunikationseffekte wie z. B. „Befehl" durch die Formen Imperativ, Inf., Part. II, Konjunktiv, Fut.); Sprachunterricht, der nicht nur Sprachwissen, sondern Sprachverstehen vermitteln soll (bewußte Durchdringung und Anwendung muttersprachl. Ausdrucksmöglichkeiten, Einsicht in die Leistungsfähigkeit der Formen, die das sprachl. System zur Verfügung stellt, im Unterschied zum bloßen Drill von ↑Patterns); Ziel: Sicherheit im Erkennen und Anwenden sprachl. Formen je nach ihrer Leistung.

funktionale Satzperspektive: In Prager Schule (MATHESIUS, FIRBAS, BENEŠ) entwickelte aktual-kommunikative Gliederung des Satzes nicht nach formaler Struktur (Subjekt-Prädikat-Schema der traditionellen ↑Grammatik oder von Wertigkeit des Verbs abhängige Ergänzungen in ↑Dependenzgrammatik), sondern nach seiner informationsvermittelnden Struktur mit Unterscheidung von ↑Thema (alte Information, das Bekannte, der Ausgangspunkt für den Sprecher) und ↑Rhema (neue Information, das Unbekannte, der Zweck der Mitteilung). DANEŠ versucht, f. S. satzgrenzenüberschreitend auf Untersuchung von Texten zu übertragen (↑thematische Progression).

Funktionalismus, der (lat. fungi = leisten) [auch: funktionelle Linguistik]: ↑Taxonomischer ↑Strukturalismus der sogen. Prager Schule (Cercle linguistique de Prague, seit 1926; Linguistenkreis um JAKOBSON und TRUBETZKOY, z. B. auch BÜHLER; ↑Funktionalismus), dessen Grundbegriff ↑Opposition sprachl. Elemente auf der distinktiven (bedeutungsunterscheidenden) Funktion (↑distinktive Merkmale) phonologischer Einheiten beruht; z. B. distinktive ↑Phoneme /l/ und /r/ im Oppositionspaar *Land* und *Rand*; Sprache gilt als System funktioneller Einheiten; Begründung der ↑Phonologie als linguistischer Disziplin; Wiedervereinigung der von SAUSSURE streng getrennten ↑synchronischen und ↑diachronischen Sprachwissenschaft (zum ersten Mal historisch-strukturalistische Sprachbetrachtung).

Funktionsverb [auch: Streckformverb]: Bei POLENZ Verb, das feste Verbindung mit einem ↑deverbativen ↑Nomen actionis (meist -ung-Ableitung oder substantivierter Inf.) eingegangen ist, dabei lexikalischen Inhalt ganz verloren oder stark reduziert hat und nur noch grammatische Funktion eines syntaktischen „Leitglieds" erfüllt, während das Subst. den Inhalt der Wortverbindung trägt, welche daneben fortbestehende einfache Verben inhaltlich nuanciert und variiert; z. B.: *in Erwägung ziehen* neben *erwägen, in Erfüllung gehen* neben *sich erfüllen, Beachtung finden, Verwendung erfahren, ins Reden kommen, zum Stehen bringen.*

Funktionswort: Wort mit rein grammatischer Funktion (Kennzeichnung syntaktischer Beziehungen zwischen anderen Wörtern) ohne direkten Bezug zur außersprachl. Wirklichkeit (↑Referenz); z. B.: Konjunktion, Präposition, Pronomen (↑Wortart), ↑auch Leerwort, Synsemantikum.

Futur, das (lat. futurum = künftig) [auch: Zukunft]: ↑Tempus vorausblickender Erwartung eines künftigen verbalen Geschehens oder Seins aus Sicht des Sprechers (F.I); z. B.: *Wir werden ihn besuchen.*; F.II (Futurum exactum): selten gebrauchtes Tempus vorausblickender Erwartung eines dann bereits vollendeten Geschehens oder Seins, einer Vollendung in der Zukunft; z. B.: *Ihr werdet bis dahin zurückgekehrt sein.*

Gammazismus, der (gr. gamma = dritter Buchstabe im gr. Alphabet): Fehlerhaftes Aussprechen von [g] und [k] als [d] und [t], bes. in Kindersprache, z.B. *Tind* statt *Kind, dehen* statt *gehen.*

Gapping, das (engl. gap = Lücke): ‚Lücken schaffende' Tilgung (↑Transformation) eines Verbs, das in parallel strukturierten Teilsätzen eines ↑komplexen Satzes mehrfach erscheint; z. B.: *Ich trinke Bier, Susanne trinkt ein Glas Wein, Wolfgang trinkt Apfelsaft.* ⇒ *Ich trinke Bier, Susanne _____ ein Glas Wein, Wolfgang _____ Apfelsaft.*

Gattungsname ↑Konkretum

Gedächtnis: Fähigkeit zur Speicherung von ↑Informationen über zurückliegende Ereignisse und Sachverhalte, die das gegenwärtige Bewußtsein und Handeln beeinflussen; notwendig für verständnisvolles Aufnehmen, Einordnen und Verarbeiten neuer Wahrnehmungen und Erfahrungen, Voraussetzung für Lernprozesse; Teilprozesse der Aneignung (Einprägen), der Speicherung (Behalten) und der Erinnerung (Abrufen, Wiedergeben);

a) Kurzzeitgedächtnis (auch: operatives G.): begrenzt hinsichtlich Speicherkapazität und Speicherdauer, aber in wichtiger Funktion bei Sprachverarbeitung Satz für Satz (nach Verarbeitung wird syntaktische Form des Satzes vergessen, die Bedeutung des Satzes dagegen behalten);

b) Langzeitgedächtnis: Speicherdauer von Stunden, Tagen, Jahren durch Spurenbildung im Zentralnervensystem, die nicht verlorengehen, deren Abrufung freilich nicht immer störungsfrei gelingt.

gefüllte Pause ↑Pause

Gegenwart ↑Zeitstufe

gehobene Stilebene ↑Stilebene

Gelingen [auch: Glücken]: Die ↑konventionellen Regeln des Sprachgebrauchs erfüllender Verlauf von Sprechhandlungen, an dessen Ende die Absichten des Sprechers vom Hörer verstanden und akzeptiert worden sind; die zu beachtenden Regeln betreffen sprecher- und hörerseitige Voraussetzungen, Intentionen, Verstehens- und Akzeptierungsvorgänge sowie Verpflichtungen (= Konsequenzen) für das zukünftige Verhalten; z. B. muß ein Sprecher, der etwas verspricht, die Absicht haben, das Versprechen auch zu halten, der Hörer muß es verstehen und darf es nicht zurückweisen (weil er den Sprecher vielleicht für unfähig hält, das Versprechen einzulösen, oder weil er ihm Täuschungsabsicht unterstellt), ansonsten kommt es zum Mißlingen der intendierten Sprechhandlung, denn eine Anwendungsbedingung (AUSTIN: happiness conditions / felicity conditions) ist nicht erfüllt.

Gemination, die (lat. geminatio = Verdoppelung): Verdoppelung von Konsonanten (in Aussprache nur von längerer Dauer) in ↑Orthographie zur Bez. von kurzem (offenem) vorausgehendem Vokal; z. B.: ahd. *kus* oder *kuss* (expressive G.), *bitten* (westgerm. ↑Konsonantengemination).

General Semantics ↑Semantik.

generalisiert ↑P-Marker.

Generative Grammatik (lat. generare = erzeugen): Auf CHOMSKY zurückgehende Richtung in der strukturalistischen Sprachwissenschaft, die nicht wie der ↑taxonomische Strukturalismus das Regelsystem eines statischen sprachl. ↑Korpus beschreibt (Strukturbeschreibung aller Sätze, die in dem Korpus vorkommen; ↑I-C-Analyse), sondern das vom Sprecher (unbewußt) beherrschte Regelsystem, das es ihm erlaubt, mit Hilfe einer endlichen Zahl von Regeln unendlich viele Sätze zu erzeugen und zu verstehen (Beschreibung der Entstehung von Sätzen und der Strukturbeziehungen zwischen verschiedenen Sätzen); Untersuchungsgegenstand der G. G. also: Fähigkeit eines idealen Sprechers/Hörers, grammatische Ausdrücke zu erzeugen (↑Kompetenz). Mit Hilfe formalisierter Strukturbeschreibung wird angestrebt, in Formationsteil und Transformationsteil (↑Transformationsgrammatik) grammatische ↑akzeptable, der Sprachnorm entsprechende Sätze bzw. Satztypen einer Sprache aus einem Anfangssymbol S (= Satz) abzuleiten (↑Oberflächenstruktur, ↑Tiefenstruktur).

Generative Semantik: In kritischer Auseinandersetzung mit CHOMSKYS generativer Transformationsgrammatik entstandene Grammatik-Theorie, in der statt der ↑Syntax die ↑Semantik generative Komponente und Basis der Satzbildung ist (LAKOFF, MCCAWLEY, POSTAL); Verringerung der Zahl grammatischer Kategorien auf S, NP und V (in Anlehnung an ↑Prädikatenlogik: V = Prädikat; NP = Argument;

lexikalische (↑Lexem) Zerlegung in semantische Merkmale (↑Dekomposition) und Durchführung von ↑Transformationen bereits vor Einsetzung der Lexeme in den Stammbaum (= prälexikalische Transformationen), z. B. *töten* > bewirken + sterben; sterben > in Zustand geraten + tot sein; tot sein > nicht + lebendig sein. ↑Prädikatanhebung, ↑Subjektanhebung.

Generative Transformationsgrammatik ↑Transformationelle Grammatik, ↑Generative Grammatik.

generische Aussage (engl. generic = allgemein): Sprachl. Ausdruck, der einer Erscheinung eine ständige Eigenschaft zuspricht und sie so einer Klasse von Erscheinungen zuordnet; z. B. kann mit *Karl singt* ein einmaliges, vorübergehendes Ereignis gemeint sein, aber ebenso die Zuordnung einer Eigenschaft im Sinne von: *Karl ist ein Sänger.*

Genfer Schule: Linguistenkreis, der aus SAUSSURES Schülern und Genfer Amtsnachfolgern (vor allem BALLY und SECHEHAYE, den Herausgebern der posthum erschienenen „Cours de linguistique générale") bestand und Hauptaufgabe darin sah, die von SAUSSURE entwickelten Grundbegriffe zu präzisieren und Mißverständnisse zu beseitigen.

Genitiv, der (lat. genitivum = angeboren) [auch: Wesfall]: ↑Kasus des subst. Attributs und des G.-↑Objekts (z. B.: *Der Frack des Kellners hängt im Schrank. – Er bedarf der Ermunterung.*);

a) G. possessivus (Zugehörigkeit, Besitz), z. B.: *das Buch des Freundes;*
b) G. subiectivus (bei verbalsubst. Bezugswort Subj. des verbalen Geschehens), z. B.: *die Heimkehr der Kriegsgefangenen* ⟨*die Kriegsgefangenen kehren heim*⟩;
c) G. obiectivus (bei verbalsubst. Bezugswort Obj. des verbalen Geschehens), z. B.: *der Abbruch des Hauses* ⟨*die Arbeiter brechen das Haus ab*⟩;
d) G. partitivus (umfassenderes Ganzes oder seine Art, von dem das Bezugswort eine Teilmenge bezeichnet), z. B.: *die Hälfte der Zeit, eine Gruppe (fröhlicher) Studenten;*

e) G. qualitatis (Eigenschaft oder Beschaffenheit), z.B.: *ein Mann mittlerer Größe;*

f) G. definitivus/explicativus [auch: G. der Identität] (Eingrenzung, nähere Angabe), z.B.: *die Kunst des Schreibens ⟨das Schreiben ist eine Kunst⟩, das Glück der Zufriedenheit ⟨die Zufriedenheit ist ein Glück⟩.*

Genus, das (lat. genus = Art): 1. Geschlecht bei ↑Nomen und Pronomen:
a) Maskulinum (männl.): *der Bach*;
b) Femininum (weibl.): *die Wand*;
c) Neutrum (sächl.): *das Haus.*

Grammatisches Geschlecht und natürliches Geschlecht (des ↑Referenten) stimmen nicht in allen Fällen überein: *das Mädchen* (sächl. – weibl.); *das Weib.*

2. Betrachtungsweise des Sprechers hinsichtlich eines verbalen Geschehens (G. verbi):
a) ↑Aktiv (z.B.: *schlägt*);
b) ↑Passiv (z.B.: *wird geschlagen*).

Geräuschlaut ↑Konsonant.

Germanisches Spirantengesetz ↑Dentalangleichung.

Germanistik, die: Wissenschaft und Lehre von der dt. Sprache und ihren historischen Vorstufen; i.w.S. auch Wissenschaft von der dt.-sprachigen Literatur (unterteilt in Alt-G.: bis 16. Jh. und Neu-G.: vom 17. Jh. bis zur Gegenwart).

Geschlecht ↑Genus.

geschlossen ↑offen

geschlossene Klasse ↑offene Klasse.

Gleichgröße ↑Größe.

Gleitlaut: Einführung eines die Aussprache erleichternden, zungenlösenden Lautes nach best. Konsonanten, bes. in der historischen Entwicklung des Dt.; z.B.: mhd. *mân/môn* ⟨nhd. *Mond*; *namentlich* (⟨Namen + lich), *eigentlich* (⟨eigen + lich).

Gliedsatz [auch: Nebensatz]: Unselbständiger, nicht isoliert vorkommender, sondern von einem übergeordneten Hauptsatz abhängiger Satz, der auch als ↑Satzglied oder Äquivalent eines Satzgliedes (und damit nach HERINGER als Ergänzungssatz, Angabesatz oder Attributsatz) angesehen werden kann. Je nach repräsentiertem Satzglied unterscheidet man:
a) Subjektsatz: *Wer wagt, gewinnt.* (vgl.: *Der Mutige gewinnt.*);
b) Objektsatz [auch: Ergänzungssatz]: *Er weiß, was er sagt.* (vgl.: *Er weiß etwas.*);

c) Prädikativsatz: *Ich bin, was ich bin.* (vgl.: *Ich bin ein Berliner.*);
d) Adverbialsatz: *Er kommt, sobald er Zeit hat.* (vgl.: *Er kommt morgen.*);
e) Attributsatz: *Auf den Feind, der gefährlich ist, achtet er.* (vgl.: *Auf den gefährlichen Feind achtet er.*).

Je nach Anschluß- oder Einleitewort unterscheidet man:
- Satz ohne Anschlußwort, z. B.: *Er sagte, er habe geschlafen.*;
- Relativsatz (mit Relativ-Pron. oder Relativ-Adv.), z. B.: *Der Mann, der gestern angerufen hat, ist da. – Er fand den Schlüssel dort, wo er ihn versteckt hatte.*;
- indirekten Fragesatz (Interrogativ-Pron. oder Interrogativ-Adv.), z. B.: *Er wollte wissen, wer ihm den Streich gespielt hatte. – Wann er kommen würde, wußte niemand.*;
- Konjunktionalsatz (Konjunktion), z. B.: *Er schwieg, weil er Angst hatte.*;

Adverbial- oder Umstandssätze sind je nach Art des ↑Adverbials zu differenzieren:
- Modalsatz (Art und Weise): *Er schreit, als steckte er am Spieß.*;
- Temporalsatz (Zeit): *Er kam, als er mit seiner Arbeit fertig war.*;
- Lokalsatz (Ort): *Er steht, wo man ihn so leicht nicht finden wird.*;
- Kausalsatz (Grund): *Weil er eine Strafe befürchtet, läuft er fort.*;
- Konditionalsatz (Bedingung): *Wenn du dir viel Mühe gibst, wird es gehen.*;
- Konsekutivsatz (Folge): *Das Vorhaben gelang, so daß alle zufrieden waren.*;
- Finalsatz (Zweck, Absicht): *Er reiste in den Kurort, um sich dort zu vergnügen.*;
- Konzessivsatz (Einräumung): *Er schwieg, obwohl er sehr überrascht war.*;
- Instrumentalsatz (Mittel): *Er grüßte, indem er den Hut zog.*

Gleichzeitigkeit ↑Tempusgebrauch

Glimpfsprache ↑Ammensprache

Glossar, das (gr. glossa = Äußerung, Worte): Wörterverzeichnis in alphabetischer, bisweilen in systematischer Anordnung.

Glosse, die (gr. glossa = Zunge, Sprache): In alte fremdsprachliche, handschriftlich abgefaßte Texte eingetragene Übersetzung und Erläuterung eines Wortes; je nach Stellung unterschieden:
a) Interlinear-G. zwischen den Zeilen;
b) Marginal-G. am Rande;
c) Kontext-G. direkt in die fortlaufende Textzeile und gleichzeitig mit der Vorlage geschrieben.

Glossematik, die (gr. glossa = Sprache; Äußerung, Worte): Linguistische Theorie HJELMSLEVS und der sich um ihn versammelnden Kopenhagener Schule: Kombinatorik der Glosseme, der nicht weiter analysierbaren sprachl. Grundelemente (lautliche = ↑Keneme und inhaltliche Merkmale = ↑Plereme); als linguistisch relevant gilt an der Sprache nicht die Substanz (= universalsprachlicher Stoff = Substanz des Ausdrucks und des Inhalts: Sprachlaute [phonetisches Material] und Widerspiegelung der Sachverhalte außersprachl. Wirklichkeit; auf ihnen sind die Systeme der Einzelsprachen je verschieden aufgebaut: phonologische und semantische Ordnungen), sondern nur die Form des Ausdrucks (geistige Vorstellung von den Sprachlauten, die Art, wie sie im Kommunikationsprozeß aufgenommen und angewendet werden) und die Form des Inhalts (geistige Vorstellung von der Wirklichkeit, die Art, wie sie durch die Sprache begriffen und gegliedert ist).

Glottal, der (gr. glottis = Stimmritze im Kehlkopf) [auch: Laryngal; gr. larynx = Kehlkopf]: ↑Konsonant, im Kehlkopf durch Verengung der Stimmritze gebildet; z. B.: ›h‹ in *hier*.

Glottogonie, die (gr. glotta = Sprache; gone = Erzeugung): Theorie vom Ursprung, von der Entstehung menschlicher Sprache; alle Hypothesen spekulativ, da einigermaßen gesicherte Erkenntnisse über Sprache höchstens 6000 Jahre zurückreichen, die Menschheitsentwicklung aber schon 1 Million Jahre andauert;

a) Nachahmungstheorie: Sprache zunächst Nachahmung von Tierlauten (z.B. *Kuckuck*) und Geräuschen (z.B. *plumps, platsch*);
b) Interjektionstheorie (auch: Naturlauttheorie): Sprache zunächst als Schreie, Ausrufe, als Ausdruck emotionaler Zustände ausgestoßen (z.B. ↑Interjektionen *au!*, *ah!*);
c) synergastische Theorie (gr. syn = zusammen mit; ergasia = Tun, Arbeit): Sprache entstand aus gemeinsamer Arbeitsplanung und Arbeitsbewältigung der Urmenschen.

Gotisch: Ostgerm. Dialekt mit früher, umfangreicher schriftlicher Überlieferung (WULFILAS Bibelübersetzung aus dem 4. Jh.); wegen ostgerm. Besonderheiten nicht immer als Vorstufe des (aus dem Westgerm. entwickelten) Ahd. anzusehen.

Gradadverb (auch: Adverb des Maßes): ↑Adverb, das den Grad eines Merkmals bezeichnet, z.B. *sehr, kaum, ganz* (*Er ist sehr groß.*).

graduierbar (lat. gradus = Stufe, Grad): Steigerungsfähig; Eigenschaft der meisten Adj. und Adv., neben der Grundform (z. B.: *hoch*) Vergleichsformen bilden zu können: Komparativ *höher* (*als ein anderer*) und Superlativ *höchst/am höchsten* (*von allen*). Einige Adj. nicht g., da ihre Bedeutung keine Gradunterschiede zuläßt, z. B.: *schwanger* (**schwangerer*), *dreieckig*, *uralt*. ↑ auch Komparation, Flexion.

Grammatik, die (gr. grammatike = Sprachlehre): 1. Beschreibung des Baus und der Funktion einer Sprache als Wissenschaft oder ihr Resultat im Lehrbuch der Sprachlehre; urspr. dreiteilig: Lautlehre, Formenlehre, Satzlehre;

a) deskriptive G.: beschreibt synchron den Sprachstand einer best. Zeit, vornehmlich den der Gegenwart;
b) historische G.: betreibt geschichtliche Untersuchung des Sprachbaus;

2. System von Regeln, im Gehirn des kompetenten Sprechers (↑Kompetenz) einer Sprache gespeichert (vom Linguisten ins Bewußtsein gerufen), nach denen sprachl. Elemente aus kleinen Bestandteilen aufgebaut und miteinander zu größeren Einheiten kombiniert werden, nach denen alle ↑akzeptablen Sätze einer Sprache erzeugt werden (↑Generative Grammatik).

Grammatikalität [auch: Grammatizität]: Eigenschaft ↑grammatischer Ausdrücke; korrekte, den Regeln der ↑Grammatik entsprechende Bau- und Bildungsweise.

grammatisch (gr. grammatikos = des Lesens und Schreibens kundig) [auch: grammatikalisch]: 1. ↑Grammatik betreffend.

2. Eigenschaft eines Ausdrucks, der den Regeln der Grammatik entspricht, nach diesen Regeln korrekt gebildet ist (Gw. ungrammatisch; Notation mit vorangestelltem Stern*); zwischen voll g. und ungrammatisch Zwischenstufen, Hierarchie von Grammatikalitätsgraden; z.B.: *Der Mann vererbt sein Haus nicht. – ?Der Mann sein Haus nicht vererbt. – *?Nicht der Mann sein Haus vererbt. – *Der Mann vererbt nicht. – **Nicht Mann der vererbt.*
↑ auch akzeptabel.

Grammatischer Wechsel: Auf die historischen Lautveränderungen der ↑Lautverschiebungen, des ↑VERNERschen Gesetzes und des ↑Rhotazismus zurückzuführender Wechsel von ›f‹ und ›b‹, ›d‹ und ›t‹, ›h‹ und ›g‹, ›s‹ und ›r‹ in den ahd./mhd. Stammformen etymologisch verwandter Wörter und in verschiedenen Flexionsformen eines Wortes; im Nhd. durch Ausgleich meist beseitigt; z.B.: mhd. *heven* ⟨heben⟩ – *huoben* ⟨hoben⟩, nhd. *dürfen* – *darben*; mhd. *snîden* ⟨schneiden⟩ – *sniten* ⟨schnitten⟩; mhd. *sweher* ⟨Schwiegervater⟩ – *swâger* ⟨Schwager⟩; nhd. *ziehen – zog, gezogen*; mhd. *verliusen* ⟨verlieren⟩ – *verlurn* ⟨verloren⟩; nhd. *gewesen – waren.*

Grammem, das (gr. gramma = das Schreiben): Nach ZIERER kleinstes sprachl. ↑Zeichen auf der Ebene der Grammatik (im Unterschied zum ↑Lexem, dem kleinsten Zeichen auf der Ebene des ↑Lexikons), bestehend aus Episem (= Inhalt, Bedeutung) und Tagmem (äußere Form).

Graph, das (gr. graphein = schreiben): Konkretes Schriftzeichen, kleinste informative Einheit in schriftlichen Sprachäußerungen (Text) im Unterschied zu einem bloßen Strich ohne Mitteilungswert; Produkt der Segmentierung von Geschriebenem, aber im Unterschied zum ↑Graphem noch nicht klassifiziert.

a) Majuskel: alphabetischer Großbuchstabe, z.B. ›B‹;

b) Minuskel: alphabetischer Kleinbuchstabe, z.B. ›b‹.
↑auch Allograph.

Graphem, das (gr. graphein = schreiben): Buchstabe; Klasse aller Schriftzeichen (↑Graph) mit gleicher distinktiver Funktion; Notation in spitzwinkligen (Spitze nach innen gerichtet) Klammern: ›‹; G. nicht in jedem Fall visuelle Entsprechung zum ↑Phonem; z.B.: in *Schal* repräsentiert sch nur ein Phonem /ʃ/ (↑Opposition *Schal* – *Wal*), aber 3 G.: ›s‹ wie in *so*, ›c‹ wie in *Creme*, ›h‹ wie in *hoch*; in *Wal* und *kahl* wird das eine Phonem /a:/ einmal durch 1 G. ›a‹, einmal durch 2 G. repräsentiert: ›a‹ und ›h‹. ↑ auch Allograph.

Graphemik, die: Lehre von den Schriftzeichen (↑Graphem) unter dem Aspekt ihrer ↑distinktiven Merkmale und ihrer Stellung im System (Alphabet).

Graphetik, die: Lehre von den materiellen Elementen, die visuelle Sprach-↑Kommunikation ermöglichen, unter dem Aspekt der Art der Verschriftung; 4 Haupttypen graphischer Elemente:

a) Piktogramm (lat. pictus = gemalt, abgebildet): Bildzeichen, z.B. frühe Hieroglyphen oder gekreuztes Eßbesteck als internationaler Hinweis auf Restaurant oder Speisewagen;
b) Ideogramm (lat. idea = Idee): Begriffszeichen ohne bildliche Assoziation des Referenzobjekts; z.B. manche Verkehrszeichen wie Halteverbot und Vorfahrtstraße;
c) Logogramm (gr. logos = Wort): Wortzeichen wie z.B. einfache Ziffern als Zahlzeichen (*3*) oder § für Paragraph, % für Prozent, + für plus;
d) Phonogramm (gr. phone = Stimme): Lautzeichen mit Entsprechungen zwischen ↑Phonem und ↑Graphem. Alphabetschriften stellen von Zufälligkeiten und Widersprüchlichkeiten der ↑Orthographie beeinträchtigte Phonographien dar, im Unterschied zu den reinen Phonem-Transskriptionen, z.B. *sehr* [ze:r] mit 4 Graphemen, aber 3 Phonemen.

Graphologie, die (gr. graphein = schreiben; logos = Ausdruck, Kunde): Im Unterschied zur ↑Graphemik Lehre von den persönlichkeitsabhängigen Merkmalen einer Handschrift; bes. Form-, Raum-, Bewegungsmerkmale, Tempuszeichen und Schreibdruck werden als Ausdruck individueller Persönlichkeit gedeutet.

Grenzsymbol, das: Zeichen für Satzgrenze in ↑Generativer Grammatik; Notation: #

Größe: Deklinierbares, fallbestimmtes ↑Satzglied bei Glinz;
a) Grund-G. (Subjekts-Nom.): *Der Knabe lacht.*;
b) Gleich-G. (↑Prädikativum im Nom. oder Akk.): *Er ist Fischer. – Ihr nennt ihn einen Lügner.*;
c) Ziel-G. (Objekts-Akk.): *Er holt das Buch.*;
d) Zuwend-G. (Objekts-Dat.): *Er glaubt dem Knaben.*;
e) Anteil-G. (Objekts-Gen.): *Er erinnert sich des Vorfalls.*;
f) Lage-G. (Präpositionalkasus): *Er sitzt auf dem Stuhl.*
↑ auch Angabe.

größenbezügliches Formwort ↑ Pronomen.

Grundform ↑infinit.

Grundgröße ↑Größe.

Grundmorphem ↑Morphem.

Grundstufe ↑Komparation.

Grundwort ↑Determinativkompositum.

Grundwortschatz: Teil des ↑Wortschatzes einer Sprache (z. B. Grunddeutsch) mit dem höchsten Gebrauchswert, der sich aus der statistischen Häufigkeit des Wortgebrauchs (Häufigkeitswörterbuch) und der Verfügbarkeit von Wörtern zur Bewältigung wichtiger ↑Kommunikationssituationen (↑Disponibilität), dem Vorkommen in unterschiedlichen ↑Textsorten (Streuung) und der Produktivität in der ↑Wortbildung (häufiges Element in ↑Komposita, ↑Derivaten, ↑Präfixbildungen) ergibt. Die 1000 häufigsten Wörter machen etwa 80% eines Durchschnittstextes aus, 4000 Wörter etwa 95%. Der durchschnittliche Sprecher der dt. Sprache verwendet von den 5–10 Millionen dt. Wörtern nur 6000–10000, Goethe gebrauchte etwa 20000.

Guttural, der (lat. guttur = Gurgel): ↑Konsonant, mit Hilfe von Zunge und Gaumen gebildet;

a) palatal: Annäherung der Zunge an den harten vorderen Gaumen (lat. palatum); z. B. [j] in *ja*;

b) velar: Zunge gegen weichen hinteren Gaumen, das Gaumensegel (lat. velum = Segel), gerichtet; z. B. [g] in *ganz*.

Häufung ↑Cluster.

Halbvokal: 1. [auch: Halbkonsonant]: Laut, der je nach Position im Wort als ↑Vokal oder ↑Konsonant erscheint; z.B.: germ. ›j‹ und ›w‹ im Ahd. als ›i‹ und ›u‹/›o‹, wenn sie im absoluten ↑Auslaut erscheinen (adh. *seo* ⟨See⟩ mit dem Genitiv *sewes* ⟨des Sees⟩).

2. Im Nhd. die sonoren Laute [l], [m], [n], [r], die von ↑Artikulation und ↑Akustik her eher Vokale sind (Geräuschhaftigkeit und relative Offenheit des Rachen-, Mund- und Nasenraumes), aber wie Konsonanten nicht als Silbenträger auftreten können.

Handlungssatz ↑Satz.

Handlungsverb ↑Verb.

Hapaxlegomenon, das (gr. hapax = einmal; legein = sagen): Wort, das nur ein einziges Mal belegt ist, z.B. in der altnordischen Dichtung EDDA das Verb *hlóa* = ⟨brüllen, tosen⟩.

Haplologie, die (haploos = einfach; logos = Wort) [auch: Silbenschichtung]: Vereinfachung zweier gleich oder ähnlich klingender Laute oder Silben, die unmittelbar aufeinander folgen und so die Aussprache erschweren; z.B. *Zauberin* < *Zaubererin*. ↑dagegen Dittologie.

Hauptsatz ↑Satz.

Heischeform: ↑Konjunktiv, sofern mit ihm zu einer Handlung aufgefordert wird, z.B.: *Gelobt sei der Herr! Er gebe dir Frieden!*

Heischesatz: Zusammenfassung verschiedener Satztypen, in denen unterschiedliche Grade des Begehrens ausgedrückt werden (z. B. Bitte, Wunsch, Empfehlung, Forderung, Befehl):
a) mit Imperativ: *Gib mir das Buch!*;
b) mit Konjunktiv I: *Man höre auf seine Worte!*;
c) mit Konjunktiv II: *Könnte ich mich doch nur an ihm rächen!*;
d) mit Indikativ: *Du machst erst deine Schularbeiten!*;
e) mit infiniter Verbform (Infinitiv oder Partizip): *Alles aufstehen! – Stillgestanden!*.

Heteronymie, die (gr. heteros = verschieden; onoma = Name): Auftreten von Ausdrücken gleicher inhaltlicher Dimension (oft Wortpaare, die sich nur durch ein ↑semantisches Merkmal unterscheiden) mit verschiedenen Wortstämmen/Grundmorphemen (↑Morphem); z.B.: *Samstag – Sonnabend*; *Vetter – Base* (im Unterschied zu: *Cousin – Cousine*).

Hiat, der (lat. hiatus = das Schnappen): Unmittelbares Zusammentreffen zweier Vokale in 2 aufeinander folgenden Silben ohne verbindenden, die Aussprache glättenden Konsonanten; z. B.: *Europäer, liebe Eltern*; in Wortbildung oft durch Einfügen eines Zwischenkonsonanten vermieden, z. B.: *Amerika-n-er, Tokio-t-er.*

High-Varietät ↑Diglossie

Hilfsverb: Verb, das nicht allein, sondern nur zusammen mit einem „Vollverb" die Funktion ↑Prädikat ausüben kann; wird zur Bildung ↑analytischer Flexionsformen (z. B. mehrteiliges Präd. im Perfekt) herangezogen und büßt dabei seinen lexikalischen Inhalt ein: *sein, haben, werden* (die es alle 3 auch als Vollverben gibt, z. B. in *Ich habe ein Haus.*); z. B.: *Ich bin gelaufen. – Ich habe gewonnen. – Ich werde aussagen.*

Historiolinguistik: Erforschung und Beschreibung geschichtlicher Sprachveränderungen, des ↑Sprachwandels, seiner Ursachen und Tendenzen.

Historische Grammatik ↑Grammatik.

Hochsprache ↑Sprache, ↑Standardsprache.

Holophrase, die (gr. holos = ganz; phrastikos = zum Reden gehörig) [auch: Einwortsatz]: Aus einem Wort bestehende Äußerung im Rahmen des kindlichen ↑Spracherwerbs, der die Bedeutung eines ganzen Satzes zukommt, z.B.: *Mama* = ⟨Da kommt Mama.⟩ oder ⟨Wo ist Mama?⟩.

Homograph, das (gr. homos = gleich; graphein = schreiben): Wort oder Wortform, das/die bei unterschiedlicher Lautstruktur mit einem/einer anderen in der Schreibweise übereinstimmt; z.B.: *Tenor*: [tenóːr] ⟨hohe Männerstimme⟩ – [téːnɔr] ⟨Inhalt, Wortlaut⟩. ↑auch Homonymie.

Homonymie, die (gr. homos = gleich; onoma = Name): Übereinstimmung der Signifikanten (Lautgestalt/Schriftbild) mehrerer sprachl. ↑Zeichen bei Verschiedenheit der Signifikate (Inhalte/Bedeutungen):

a) bei gleichem Klang und verschiedener Schreibweise (↑Homophon), z.B.: [leːrə]: ›*Lehre*‹ und ›*Leere*‹;
b) bei gleicher Schreibweise und verschiedenem Klang (↑Homograph), z.B.: ›*modern*‹ [móːdərn] ⟨faulen, verwesen⟩ – [moːdέrn] ⟨neuartig, auf der Höhe der Zeit⟩;
c) bei gleichem Klang und gleicher Schreibweise, z.B.: ›*Kiefer*‹ [kiːfər] ⟨Baumart⟩ – ⟨Schädelknochen⟩; ›*Ball*‹ [bal] ⟨runder Körper⟩ – ⟨Tanzfest⟩.

Bei rein ↑synchronischer Betrachtung (ohne Berücksichtigung der etymologischen Verwandtschaft) wären auch *Schloß*$_1$ ⟨Gebäude⟩ und *Schloß*$_2$ ⟨Vorrichtung zum Schließen⟩ wegen starker Auseinanderentwicklung der Bedeutungen Homonyme. H. mehrerer ↑Morpheme: *Lehrer* (Nomen agentis: einer, der), *Kinder* (Plur.), *älter* (Komparativ).

Homophon, das (gr. homos = gleich; phone = Laut, Klang): Sprachl. Zeichen, das mit einem anderen, inhaltlich und/oder morphologisch verschiedenen lautlich, aber nicht in der Schreibweise übereinstimmt; z.B.: *mahlen* – *malen* [maːlən]; *Chor* – *Korps* [koːr]; *Lerche* – *Lärche* [lɛrçə]. ↑auch Homonymie.

Hüllwort ↑Euphemismus

hybrides Wort: ↑komplexes Wort, aus ↑Morphemen verschiedener Sprachen gebildet; z.B.: *Auto-mobil* (gr. + lat.).

Hyperkorrektismus, der (gr. hyper = über ... hinaus; lat. correctum = verbessert, berichtigt): Abweichender, fehlerhafter sprachl. Ausdruck, der gerade aus dem Bemühen des Sprechers entstanden ist, die Regeln der Sprache zu beachten, vermeintliche Nachlässigkeiten zu korrigieren; bes. Überanpassung des Sprechers einer Gruppensprache an das Regelsystem einer anderen, gesellschaftlich mit höherem Prestige ausgestatteten Gruppensprache oder einer Standardsprache: die Regeln der Zielsprache werden auch in Fällen angewandt, in denen sie dort gar nicht gelten; z. B. bildet der die Präteritalformen starker Verben meidende Schwabe (*i han gfragt* für *ich fragte*) im Gespräch mit einem Norddeutschen die ‚hyperkorrekte' Form *ich frug* in Analogie zu *tragen, trug*, obwohl *fragen* im Hdt. schwach flektiert.

Hypersatz (gr. hyper = über): Metakommunikativer (↑kommunikative Kompetenz) Ausdruck in Satzform, der die kommunikative Absicht (↑Intention) des Sprechers/Schreibers eines Satzes oder ↑Textes angibt, meist unter Verwendung sprechaktbezeichnender (↑Sprechakt) Verben; z. B.: *Max behauptet, die Wahrheit gesagt zu haben.*

Hypertext (gr. hyper = über): Über dem einzelnen ↑Text liegendes Gesamtwerk eines Autors, das dem Einzeltext eine best. Position verleiht und seinen Inhalt mitbestimmt.

Hyperthema ↑thematische Progression.

Hyponymie, die (gr. hypo = unter, dabei; onoma = Name): Sonderfall partieller (teilweiser) ↑Synonymie: Inklusion (↑Distribution), Einschluß einer Bedeutung in die andere mit weiterem Umfang; z. B. ist ⟨Tier⟩ als semantische Komponente in ⟨Vogel⟩, ⟨Fliege⟩, ⟨Hund⟩ enthalten; *Veilchen, Tulpe, Rose* sind Hyponyme von *Blume*, *Blume* ist ihnen superordiniert; totale Synonymie (die es kaum gibt) wäre eine wechselseitige H.

H. ist hierarchisches Aufbauprinzip des ↑Lexikons:

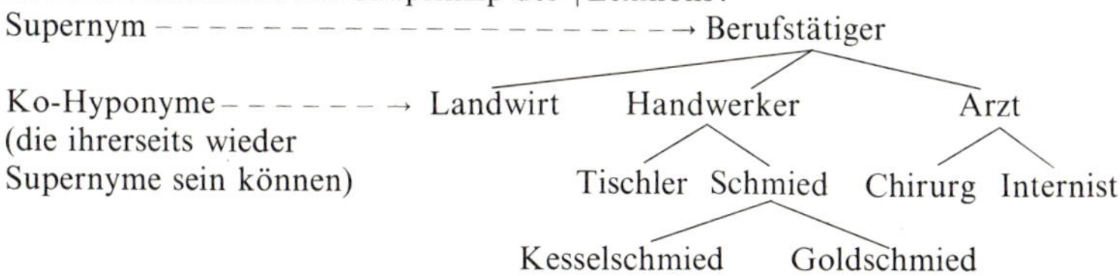

Hypostase, die (gr. hypostasis = Substanz): Verselbständigung eines sprachl. Ausdrucks durch nachträgliche durchgängige ↑Flexion urspr. adverbialer oder kasueller (↑Kasus) Formen; z. B.: *zu Frieden* > *zufrieden* > *zufriedener; (des) Mittags* > *mittags.*

Hypostasierung, die (gr. hypostasis = Standhaftigkeit): Wortartwechsel, bei dem im Unterschied zur ↑Konversion und ↑Ableitung das Ausgangswort in flektierter Form verwendet wird; z.B. *des Rechts > rechts*; *des Flugs > flugs*; *ich schweige > geschweige*.

Hypotaxe, die (gr. hypotaxis = Unterordnung): Subordinierendes Gefüge von Satzgliedern oder Sätzen (Satzgefüge), bei dem mehrfache (durch Konj. inhaltlich spezifizierte) Unterordnung (↑Gliedsatz 1., 2., 3. Grades) und Überordnung (Abhängigkeit vom Hauptsatz oder nächsthöheren Gliedsatz) vorliegen kann; z.B.: [*Ich glaube,*]$_{HS}$ [*daß er erkannt hat,*]$_{GS_1}$ [*wie man es anfangen muß,*]$_{GS_2}$ [*wenn man es im Leben zu etwas bringen will.*]$_{GS_3}$. Gw. ↑Parataxe.

I-C-Analyse, die (I-C-A = Immediate Constituent Analysis = unmittelbare Konstituentenanalyse): Auflösung einer komplexen sprachl. Einheit in ihre Bestandteile (↑Konstituenten) und Beschreibung der Anordnung der Konstituenten (Konstituentenstruktur); Schritt für Schritt (stufenweise) werden zunächst die unmittelbaren Konstituenten der größeren Einheit festgestellt, dann auch sie in ihre Bestandteile zerlegt bis hinab zu den kleinsten Einheiten (vom Satz bis zu den ↑Morphemen oder gar den ↑Phonemen); Notation in Stammbaumskizze (↑Stemma) oder Klammerung; z.B.:

a) I-C-A eines Satzes: *Der Hund beißt den Fremden.*

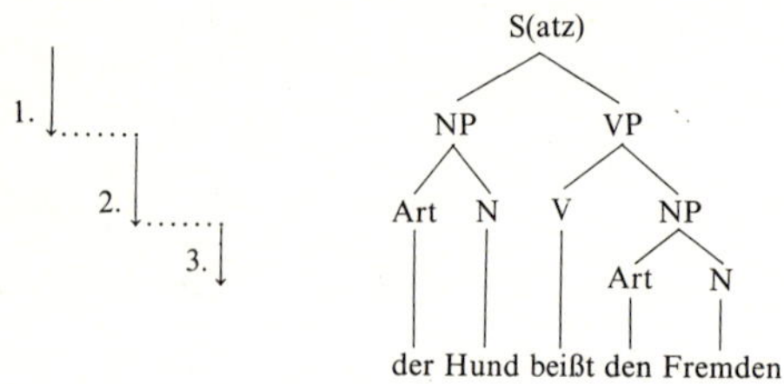

[[[der] + [Hund]] + [[beißt] + [[den] + [Fremden]]]]

$[[[\text{der}]_{Art} + [\text{Hund}]_N]_{NP} + [[\text{beißt}]_V + [[\text{den}]_{Art} + [\text{Fremden}]_N]_{NP}]_{VP}]_S$

b) I-C-A eines Wortes: *unverkäuflich.*

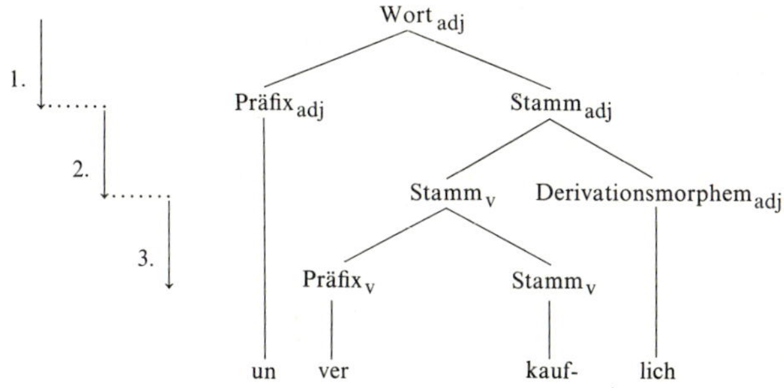

$$[[\mathrm{un}]_{\mathrm{Präfix}_{adj}} + [[[\mathrm{ver}]_{\mathrm{Präfix}_{v}} + [\mathrm{kauf\text{-}}]_{\mathrm{Stamm}_{v}}]_{\mathrm{Stamm}_{v}} + [\mathrm{lich}]_{\mathrm{Deriv.}_{adj}}]_{\mathrm{Stamm}_{adj}}]_{\mathrm{Wort}_{adj}}$$

Ich-jetzt-hier-Ursprung (ego-nunc-hic-origo): Als Grundlage jedes Kommunikationsaktes notwendiges Selbstbewußtsein des Kommunizierenden, in dem das Ich des Sprechers/Hörers sich seiner Position gegenüber anderen vergewissert (und Intentionen ihnen gegenüber entwickelt) und den temporalen und lokalen Kommunikationsraum gegenüber anderen (realen und möglichen/vorgestellten) abgrenzt (häufig explizit ↑deiktisch, z. B. durch Verwendung von *ihr, gestern, gleich, dort*).

Ich-Laut ↑Ach-Laut

Icon ↑Zeichen.

idealisieren: Von Mängeln und Abweichungen in der Wirklichkeit absehend etwas einer abstrakten Idee, seinem Idealtypus annähern; z. B. ist Sprach-↑Kompetenz der ↑Generativen Grammatik eine Abstraktion, die auf Annahme eines idealisierten Sprechers/Hörers basiert, den es als Realität (z. B. ohne Wortschatzlücken) nicht gibt.

Ideogramm ↑Graphetik.

Idiolekt ↑Sprache.

Idiom ↑Lexem.

idiomatisch: Eigenschaft der Idiome; ↑Lexem.

Idiomatisierung, die (gr. idios = allein, besonders): Verdunklung oder Verlust der morphologischen Durchsichtigkeit (De-Motivierung) eines Wortes, so daß das Gesamtwort nicht mehr als Konstruktion aus seinen semantisch-morphologischen

Einzelelementen erkennbar ist; es gibt verschiedene Grade der ↑Motivation bzw. ihrer Beseitigung durch historische I. mit allmählichen Übergängen; z. B.: *Messer* heute synchron gesehen unmotiviertes einfaches Wort (↑Simplex), geht aber diachron gesehen auf westgerm. *mati-sahs* = ⟨Speise-Schwert⟩ zurück, war also einmal motivierte Zusammensetzung; *Augenblick* heute noch morphologisch-strukturell motiviert als Zusammensetzung aus *Auge* und *Blick*, hat sich aber inhaltlich von seinen Bestandteilen gelöst, semantisch idiomatisiert: ⟨kurze Zeiteinheit⟩; *Kirchturm* vollständig motiviert: ⟨Turm der Kirche⟩.

Idiotikon, das (gr. idiotikos = gewöhnlich): Mundarten-Lexikon als Ergebnis lexikologischer Dialektforschung; z. B. Schwäbisches, Schlesisches, Hamburger Wörterbuch.

Illokution, illokutiv ↑Satzsemantik, ↑Sprechakt.

illokutiver Indikator (lat. illoqui = zu jemandem sprechen; indicatum = angegeben, angezeigt): Partikelwort oder Kurzphrase mit der Funktion, einen sonst kommunikativ vieldeutigen Satz zu vereindeutigen; z. B.: *bitte, doch, he, ja, nanu, nicht wahr?, ja oder nein?* in: *Du kannst jetzt bitte gehen.* (Kennzeichnung des Aufforderungscharakters) – *Du kannst ja jetzt gehen.* (Ratschlag) – *Du kannst jetzt bestimmt gehen.* (Überzeugungsversuch von Fähigkeit oder Erlaubnis).

Immediate Constituent Analysis ↑I-C-Analyse.

Imperativ, der (lat. imperare = befehlen): ↑Modus des Verbs, in dem der Sprecher seinen Wunsch nach Realisierung ausgesagten Geschehens oder Seins zum Ausdruck bringt (Aufforderungs-, Befehlsform); z. B.: *Denkt nach!* ↑ auch Heischesatz.

Imperfekt ↑Präteritum.

Implikation, die (lat. implicatio = Verflechtung): Konsequenz, semantische Schlußfolgerung, die mit einer Äußerung notwendig gekoppelt, mitgegeben ist; z. B.: *Der Arzt heilte das Kind.* (I. = Ein krankes Kind wurde gesund.) – *Nur mit Mühe gelang es der Firma, den gesetzten Liefertermin einzuhalten.* (I. = Die Firma hat rechtzeitig geliefert.) Gelegentlich ergeben sich sprachl. Suggestivschlüsse bei nahe liegender, aber tatsächlich nicht zwingender, nicht vorhandener I.; z. B.: *Der Hausherr hat nicht dafür gesorgt, daß alle etwas zu trinken hatten.* (Scheinbare I.: Es hatten nicht alle genug zu trinken. – Tatsächlich kann die Hausfrau alle versorgt haben.) – *Sie hatte den Mut, ihm ihre Meinung zu sagen.* (Suggerierte, aber logisch nicht notwendige I.: Sie hat ihm ihre Meinung gesagt.)

implizit (lat. implicite = verbunden, verknüpft): Eigenschaft einer Aussage, in einer anderen enthalten zu sein, ohne ausdrücklich erwähnt, ohne durch einen eigenen Ausdruck repräsentiert zu sein; kann expliziert (Gw. explizit), d.h. durch einen eigenen Ausdruck verdeutlicht werden; z.B. *Der Hund ist vor 10 Minuten verendet.* (I. Aussage: Er hat vor 20 Minuten noch gelebt.) – *Du sprichst zu laut.* (I. Aufforderung: Sprich leiser!) – *Hans kommt gleich.* (Explizierung der ↑illokutiven Beziehung: *Ich versichere / warne / verspreche euch: Hans kommt gleich.*).

inchoativ ↑Aspekt, ↑Aktionsart.

Indefinitpronomen ↑Pronomen.

Index ↑Zeichen.

Indikativ, der (lat. indicare = anzeigen): ↑Modus des Verbs; allgemeingültige, neutrale Aussageweise ohne besondere modale Differenzierung; z.B.: *Er denkt nach.*

indirekte Rede ↑Rede.

indirekter Fragesatz ↑Gliedsatz.

Individuativum, das (lat. individuum = unteilbar): Gegenstandsname; Subst., das im Ggs. zum ↑Kontinuativum ein Einzelding benennt; z.B.: *Haus, Fuchs.*

Indoeuropäisch ↑Indogermanisch.

Indogermanisch [auch: Indoeuropäisch]: Durch Sprachvergleich (↑Sprachverwandtschaft) rekonstruierte prähistorische Vorstufe einer Gruppe verwandter Sprachen im europ. und vorderasiatischen Raum etwa im 3. Jht. v. Chr. (Indisch, Iranisch, Armenisch, Albanisch, Illyrisch, Griechisch, Italisch, Keltisch, Baltisch, Slawisch, Germanisch).

Inferenz, die (lat. inferre = hineintragen, folgern): In ↑Textlinguistik (WIENOLD) die Möglichkeit des Textrezipienten (↑Emittent), aus ↑Texten etwas auf seine Lebensverhältnisse zu übertragen, den Textinhalt zu den eigenen ↑Erfahrungen in Beziehung zu setzen.

infinit (lat. infinitum = unbestimmt, allgemein): Eigenschaft einiger Wortformen des Verbs, keine Angaben über Person und Numerus zu enthalten;

a) Infinitiv: Grundform des Verbs; einfache Nennung eines Geschehens oder Seins (Morphem /en/); z.B.: *singen, regnen, denken, sich ärgern*;

b) Partizip (lat. participere = teilnehmen; hier: an den Eigenschaften des Nomens und des Verbs: ↑Deklination, Ableitung vom Verb) [auch: Mittelwort]: Part. I (Mittelwort der Gegenwart) drückt gegenwärtigen Ablauf eines Geschehens, Andauern eines Zustands/Seins aus; z. B.: *singend, sich erholend, trauernd, hängend*; Part. II (Mittelwort der Vergangenheit) drückt Vollzug, Vollendung eines Geschehens oder Seins aus; z. B.: *gesungen, geregnet, geglänzt*.

Infinitivsatz ↑satzwertig.

Infix, das (lat. infigere = hineinheften): Gebundenes ↑Morphem, das bei Wortbildung in ein Grundmorphem (in den Stamm) eingefügt oder zwischen Grundmorpheme gesetzt wird; z. B.: *sinken* geht auf ahd. *si-n-kan* zurück, das neben wurzelverwandtem ahd. *sigan* ⟨tröpfelnd fallen⟩ steht; *Krieg-s-ereignis* (↑Fugenelement). ↑ auch Affix, Präfix, Suffix.

Informant, der (lat. informare = bilden, unterrichten): Sprecher einer natürlichen Sprache (Muttersprache), der dem Linguisten bei synchronischen Untersuchungen ↑Informationen über die Sprache liefert (native speaker) oder der als Linguist sich selbst befragt und informiert, ob eine Äußerung in der Sprache möglich ist oder nicht und ob 2 Äußerungen identisch sind oder verschieden. ↑ auch Kompetenz, introspektiv.

Information, die (lat. informatio = Vorstellung): Nachricht, Mitteilung eines dem Empfänger noch nicht bekannten Sachverhalts (mit Hilfe von Zeichen); Einheit für Informationswert einer Nachricht: ↑Bit.

ingressiv ↑Aspekt, ↑Aktionsart.

inhärent (lat. inhaerere = drinstecken): Eigenschaft kontextfreier, vom Kontext unabhängiger Merkmale eines sprachl. Elements; z. B.: ⟨+V⟩, aber nicht ⟨+Prät.⟩ in *sie sang*. ↑ auch kontextsensitiv.

Inhalt: ↑Bedeutung; neben der Lautgestalt 2. Seite des sprachlichen ↑Zeichens (Signifié oder Signifikat) oder einer Zeichenfolge (Morphem-I., Wort-I., Satz-I.).

inhaltbezogen: Eigenschaft einer Sprachbetrachtung, die nicht die lautliche Seite der Sprache zum konstanten Ausgangspunkt ihrer Untersuchungen macht (lautbezogen) und ihr dann „Bedeutungen" zuordnet, sondern Sprachinhalte an den Anfang und in die Mitte jeder Sprachanalyse stellt.

Inhaltbezogene Sprachwissenschaft: Von Weisgerber, Trier und Porzig begründete und vor allem in der Germanistik der Bundesrepublik Deutschland verbreitete ↑energetische Sprachwissenschaft, die durch laut-, inhalt-, leistung- und wirkungbezogene Untersuchungen den geistigen Aneignungs- und Anverwandlungsprozeß außersprachl. Wirklichkeit mit den Mitteln der Sprache (↑Zwischenwelt), im „Worten der Welt" durch die Sprachgemeinschaft beschreibt, mit deren Sprache die nachrückende Generation zugleich ein ganzes ↑„Weltbild" der Sprache übernimmt.

Inhaltsfigur ↑semantisches Merkmal.

Inhaltskomponente ↑Komponente, ↑semantisches Merkmal.

Initial symbol ↑Stemma.

Initialwort ↑ Kürzung.

Inklusion ↑Distribution.

Inkompatibilität ↑Kompatibilität.

Inlaut: Laut oder Lautgruppe im Innern eines Wortes; z. B.: *Wille*. ↑ auch Anlaut, Auslaut.

Innatismus, der (engl. innate = angeboren): Rationalistische Theorie des Spracherwerbs, die sprachl. Grundfähigkeiten als bereits angeboren, nicht als erst durch Erfahrung und Lernen erworben betrachtet.

innensyntaktisch: Eigenschaft der ↑Funktion eines Beziehungsmittels im Satz (↑Syntax), die Beziehungen der ↑Satzglieder innerhalb des Satzes zu kennzeichnen (z. B.: Kasus oder Wortstellung); außensyntaktische Beziehungen (z. B. Numerus, Tempus, ↑Aktionsart) der Satzglieder zielen dagegen auf die Verhältnisse der außersprachl. Wirklichkeit (z. B. ob der ↑Referent von *Frau/en* ein oder mehrere Wesen darstellt).

Input ↑Black-box.

Insertion ↑Addition.

Instruktionsstruktur ↑Anweisungsstruktur.

instrumental ↑Adverbial.

Instrumentalsatz ↑Gliedsatz.

Integration ↑Interferenz.

Intension ↑Definition.

intensiv ↑Aktionsart.

Intensivbildung: In ↑Wortbildung ↑deverbatives Verb, das inhaltlich eine Verstärkung des im Grundwort Gemeinten zum Ausdruck bringt; z. B.: *zerbrechen* ⟨entzwei brechen⟩, *nachprüfen, umändern.*

Intention, die (lat. intentio = Absicht): Absicht, die ein Sprecher/Schreiber mit seiner Mitteilung an seine(n) Hörer/Leser verfolgt; Redeabsicht, Redezweck; z. B. Information, Belehrung, Aufklärung, Unterhaltung, Vermittlung ästhetischen Genusses, Erbauung, Bewußtseinsveränderung, Verhaltensänderung.

Interdental ↑Dental.

Interdependenzrelation, die (lat. inter = zwischen, untereinander; dependere = abhängen): Gegenseitiges Abhängigkeitsverhältnis mindestens zweier Satzteile, die nicht allein, sondern nur zusammen in einem Satz vorkommen können ($X_1 + X_2$); z. B. Verb und Ergänzungsbestimmung in: *Es regnet. – Die Bauarbeiter frühstücken. – Die Maschine braucht Öl.* ↑ auch Dependenzrelation.

Interferenz, die (lat. inter = zwischen; ferre = tragen): 1. Verletzung einer sprachl. Norm durch Beeinflussung, Einwirken von sprachl. Elementen einer Sprache auf (laut-, bedeutungs- oder schriftähnliche) Elemente einer anderen, aber auch auf Elemente derselben Sprache:

a) phonetische I.: ‚deutsche' Aussprache von engl. *thing* ⟨Sache⟩ wie engl. *sing* ⟨singen⟩, da es im Dt. keinen dentalen Spiranten [θ] gibt;
b) grammatische I.: fehlerhafte morphologische oder syntaktische Übertragung, z. B. der dt. Satzgliedfolge: *Er kommt immer rechtzeitig.* > **He comes always in time*;
c) semantische I.: engl. *to realise* (in der Bedeutung ⟨bemerken⟩) darf nicht mit dt. *realisieren* übersetzt werden [auch: faux amis = ‚falsche Freunde' genannt].

2. Vorgang und Ergebnis jedes Kontaktes zwischen verschiedenen Sprachen mit gegenseitiger Beeinflussung:

a) Transferenz: Übertragung einer Erscheinung der Sprache A (= Fremdsprache) in das System der Sprache B (= Muttersprache), z. B. lexikalische T. vom Dt. ins Engl.: *autobahn, kindergarten, ablaut*; in umgekehrter Richtung: *Striptease, Quiz, Babysitter*;

b) Integration: Eingliederung einer Erscheinung der Sprache A (= Fremdsprache) in das System der Sprache B (= Muttersprache), z. B. graphemische I.: Großschreibung engl. Substantive im Dt. (*der Boom, Swimmingpool*); lexikalische I.: *Ticket* anders als im Engl. im Dt. vornehmlich für Flugverkehr, gegenüber *Fahrkarte, Fahrschein, Billet*.

↑auch Fremdwort, Entlehnung.

Interjektion, die (lat. interiectio = Zwischenruf) [auch: Ausrufewort oder Ausdruckswort]: Kein Wort im eigentlichen Sinne (des sprachl. ↑Zeichens), sondern expressives Lautgebilde zum unmittelbaren Ausdruck innerer Zustände, Empfindungen (z. B. Überraschung, Schmerz, Freude); spontan in Sprechsituation entstanden, wenn auch bis zu einem gewissen Grade konventionalisiert; Stellung außerhalb des Satzes; z. B.: *oh!, au!, ah!*.

Interjektionstheorie ↑Glottogonie

Interlinearglosse ↑Glosse

Interlinearversion, die (lat. inter = zwischen; linea = Zeile): In alte fremdsprachliche, handschriftlich verfaßte Texte fortlaufend zwischen die Zeilen geschriebene Wort-für-Wort-Übersetzung; z.B. ahd. I. der Benediktinerregel. ↑auch Glosse.

intermittierend ↑Liquid.

Internalisierung, die (engl. internal = innerlich): Beim Spracherwerb: Aufbau eines sprachl. Regelsystems im „Inneren" des Kindes durch Übernahme der Regeln aus der gehörten Sprache.

Internationales Phonetisches Alphabet ↑Lautschrift

Internationalismus, der (lat. inter = zwischen; natio = Volk): Wort, das in vielen Nationalsprachen, international gebräuchlich, ohne Übersetzung verständlich ist; bei der engen Verflechtung der modernen Staaten in Wissenschaft, Technik, Wirtschaft und Politik werden mit best. Erscheinungen und Theorien auch die entsprechenden Termini technici (Fachausdrücke) übernommen; z.B.: *Atom, Radio, Taxi, Oekonomie, Republik.*

Interpolation, die (lat. interpolatio = Veränderung): In ↑Textlinguistik Ergänzung eines ↑Textes um sprachl. Elemente durch Hörer/Leser (Rezipient) aufgrund seiner ↑Erfahrung (Vorwissen) oder mit Hilfe von Informationen des ↑Kontextes, zur Herstellung einer annehmbaren ↑Textkohärenz; z.B.: *Er wurde sofort ins Krankenhaus gebracht. Eine Schwester* (zu interpolieren: *Kranken-* oder *des Krankenhauses*) *holte den diensttuenden Arzt.*

Interpretation, die (lat. interpretatio = Auslegung): In ↑Generativer Grammatik Zuordnung der beiden ↑Komponenten ↑Phonologie und ↑Semantik zur zentralen Komponente ↑Syntax;

a) phonologische I.: lautliche und graphische Realisierung syntaktischer Strukturen;
b) semantische I.: Zuordnung von Bedeutungsstrukturen und syntaktischen Strukturen.

Interpretative Semantik: Beschreibung der Bedeutung sprachl. ↑Zeichen, bes. von Sätzen, im Rahmen des Modells der ↑Generativen Grammatik, mit ↑Syntax als zentraler generativer Komponente und ↑Semantik als interpretativer Komponente; Satzinhaltsinterpretation durch Vereinigung der Merkmale einzelner ↑Formative zur Gesamtbedeutung des Satzes mit Hilfe von ↑Projektionsregeln. ↑dagegen: Generative Semantik.

Interrogativpronomen ↑Pronomen.

Intonation, die (lat. intonare = ertönen): Verlauf der Stimmtonhöhe bei Artikulation eines Wortes/Satzes/Textes mit auf- und absteigender Kurve und Tonhöhenbrüchen; z. B. Markierung einer Behauptung/Bestätigung durch sinkende, einer Frage durch steigende Tonhöhe am Satzende: a) *Du sagst die Wahrheit.* – b) *Du sagst die Wahrheit?*

Intonationsmuster (intonation marker): Tonfall sprachl. Äußerungen, der semantisch interpretierbar ist; bereits bei Einwortsätzen des Kleinkindes zu unterscheiden (↑Spracherwerb):

a) feststellender Tonfall: *Mami.* = ⟨Da ist die Mami.⟩;
b) fragender Tonfall: *Mami?* = ⟨Wo ist die Mami? Kommt die Mami?⟩;
c) auffordernder oder expressiv – betont feststellender Tonfall: *Mami!* = ⟨Mami soll kommen! Da ist die Mami! ...⟩.

intransitiv (lat. in- = nicht; transitio = Übergang) [auch: nichtzielend]: Eigenschaft best. Verben, die kein direktes ↑Objekt, Akk.-Obj., nach sich ziehen können und kein persönliches Passiv bilden; z. B.: *schimpfen* in *Die Mutter schimpft.* – **Die Mutter schimpft den Knaben.* – **Der Knabe wird von der Mutter geschimpft.* im Unterschied zu ↑transitivem *ausschimpfen* in *Die Mutter schimpft den Knaben aus.*

introspektiv (lat. introspicere = hineinsehen): In sich hineinschauend; Eigenschaft der Untersuchungsweise, bei der ein Linguist sein eigener ↑Informant ist, seine eigene Sprachkompetenz analysiert (Gefahr subjektiver, schwer nachprüfbarer Aussagen und Spekulationen).

Inventar, das (lat. inventum = angetroffen, gefunden): Bestand an Sprachelementen, den das System einer Sprache aufweist; jede Sprache hat z. B. ein begrenztes I., d. h. eine best. Anzahl von Phonemen (meist zwischen 30 und 60), dagegen ein unbegrenztes Lexem-I. mit unendlich vielen, durch Wortbildung ständig zu vermehrenden Wörtern:

a) geschlossenes I.: Anzahl der Elemente ist begrenzt, genau festgelegt, nicht vermehrbar; z. B. Phonem-I.;
b) offenes I.: Elemente sind vermehrbar; z. B. Lexem-I.

Inversion, die (lat. invertere = umdrehen): Umkehrung der als „normal" angesehenen Folge der Satzglieder: ↑Subjekt, ↑Prädikat, ↑Objekt (z. B.: *Sie deckt den Tisch.*) zur Folge: finites Verb des Präd., Subj., wenn ein anderes Glied als das Subj. an der Spitze des Satzes steht (z. B.: *Schnell deckt sie den Tisch.*); auch bei Spitzenstellung des Verbs im Fragesatz ohne Fragewort, z. B.: *Deckt sie den Tisch?*.

irreal ↑Konjunktiv.

Isoglosse, die (gr. isos = gleich; glossa = Äußerung): 1. Linie auf Karte eines Sprachatlas, die Verbreitungsgebiet eines Wortes begrenzt.
2. Verbreitungsgebiet sprachl. Erscheinungen, Gebiet mit gleichen Spracherscheinungen.
↑auch Areallinguistik.

isomorph (gr. isos = gleich; morphe = Gestalt): Eigenschaft sprachl. Elemente gleicher Struktur, gleicher Bauweise (gleiche Anzahl von Konstituenten, diese jeweils mit gleichen Beziehungen zueinander); z. B. morphologisch i.: *unverzeihlich, unausstehlich, unbeschreiblich, unvergeßlich, unerklärlich.*

Isotopie eines Textes, die (gr. isos = gleich; topos = Rang) [auch: Semrekurrenz]: In strukturalistischer Darstellung der Bedeutungsstrukturen von ↑Texten bei GREIMAS das wiederkehrende Auftreten (↑Rekurrenz) eines ↑semantischen Merkmales (↑Sem) in den Wörtern eines Textes als wichtige Bedingung für ↑Textkohärenz; Arrangement mehrerer Wortbedeutungen auch über Satzgrenzen eines Textes hinaus zu inhaltlichen Komplexen auf der Grundlage teilweiser semantischer Übereinstimmung und Differenz der Wortbedeutungen und/oder auf der Grundlage erfahrener Zusammenhänge zwischen Erscheinungen und Sachverhalten *(z. B.: Zwei Musikkritiker treffen sich nach dem Konzert. Einer hat die Sängerin hinter der Bühne gesprochen.)*. I. ist auf einer einzigen Ebene möglich oder auf mehreren I.-Ebenen, von denen dann aber eine dominant sein muß (um für Hörer/Leser den „roten Faden" für das Textverständnis abzugeben). Bei „komplexer I." können sich zwei verschiedene I.-Ebenen in einem mehrdeutigen Ausdruck (↑Polysemie, ↑Monosemierung) überschneiden *(z. B.: Am Telefon. „Hier Schuhhaus Tritt!" – „Oh, ich fürchte, ich habe die falsche Nummer gewählt." – „Macht nichts, wir tauschen um.")*.

Item-and-Arrangement-Grammar: Grammatik, die sprachl. Strukturelemente (engl. items) und deren Anordnung (engl. arrangement) beschreibt (HOCKETT), indem sie ein ↑Korpus von Äußerungen analysiert (↑taxonomischer Strukturalismus); im Unterschied zur Item-and-Process-Grammar (Strukturelement-und-Prozeß-Grammatik), die Sprache nicht als etwas Statisches, sondern Dynamisches beschreibt (Erzeugungsprozeß der ↑Generativen Grammatik).

Iteration, die (lat. iterativus = wiederholend) [auch: Wortverdoppelung]: Verdoppelung eines Wortes zum Zweck größeren Nachdrucks: *neinnein, bittebitte*; zur Lautmalerei (↑onomatopoetisch): *Kuckuck*; in der Kindersprache: *eiei, auau, Wehweh*; gelegentlich mit ↑Ablaut: *Singsang, Ticktack.*

iterativ ↑Aktionsart.

Iterativbildung (lat. iteratum = wiederholt): In ↑Wortbildung ↑deverbatives Verb, das inhaltlich eine Häufigkeit/Wiederholung des im Grundwort Gemeinten zum Ausdruck bringt; z. B.: *streicheln* = ⟨häufig (und zart) streichen⟩; *sticheln* = ⟨wiederholt stechen⟩; *tänzeln.*

Iterativum ↑Numerale.

Jargon, der (franz. jargon = Ausdrucksweise best. Klassen oder Berufe): Soziale, berufliche Gruppensprache mit Sonderwortschatz, aber mit Grammatik und Grundwortschatz der Gemeinsprache (Nationalsprache); z. B. Rotwelsch (rot = Bettler; welsch = fremdartig), auch Gauner-J. genannt, dessen aus dem Jiddischen (Sprache der osteurop. Juden; mhd. Elemente, hebr. und slaw. beeinflußt), der Sprache der Zigeuner, dem Franz. und Ital. stammendes, mit mancherlei umschreibenden oder verhüllenden Neubildungen durchsetztes Lexeminventar z. T. Bestandteil der nhd. Umgangssprache geworden ist; z. B.: *Stromer* 〈Landstreicher〉, *blechen* 〈Geld geben〉, *schwänzen* 〈herumschlendern > versäumen〉.

Jiddisch ↑Jargon.

Junggrammatiker: Leipziger Schule von Sprachwissenschaftlern (wie H. Paul, W. Braune, E. Sievers, O. Behaghel, F. de Saussure in seiner frühesten Phase), die Ende des 19. Jhs. in Anlehnung an naturwissenschaftliche Methoden historische Sprachwissenschaft betrieben (vor allem den Lautwandel mit ausnahmslos wirkenden ↑Lautgesetzen beschrieben); Ergebnis z. B. die noch heute benutzten Grammatiken des Got., Ahd., Mhd. von Paul und Braune; Abkehr von Methoden der J. beim späteren Saussure und dem Strukturalismus (Betonung der Synchronie, Gegenwartssprache, Systemcharakter der Sprache) sowie bei der ↑Inhaltbezogenen Sprachwissenschaft (statt lautbezogener inhaltbezogene Untersuchungen).

Junktion, die (lat. iunctum = verbunden): Syntaktische Relation in der ↑Dependenzgrammatik (Heringer) zwischen durch Junktiv (z. B. Konj. *und*) oder ohne Junktiv koordinierten, nicht einander unter- und übergeordneten Einheiten des Satzes; z. B.: *Das Wasser dampft, kocht, brodelt, zischt*. Verbindung von gleichberechtigten Knoten im ↑Stemma; z. B.: *Menschen und Tiere sind Lebewesen.*

Bei Tesnière:

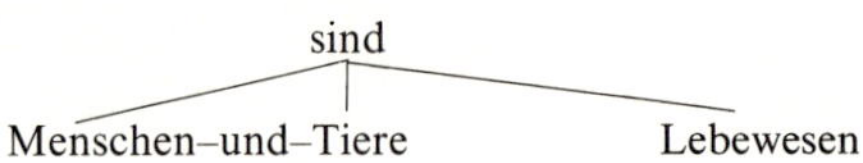

bei Heringer:

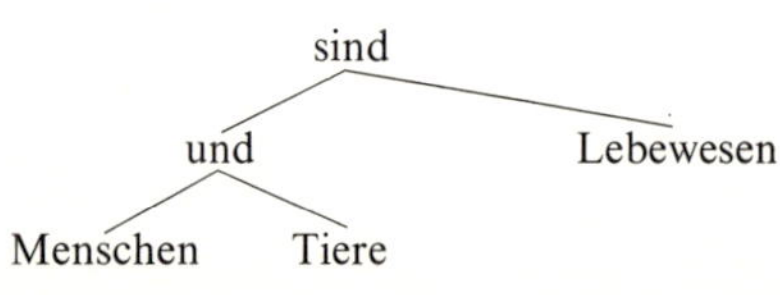

a) totale J.: Mehrere Sätze sind in einem einzigen vereint; z. B.: *Menschen sind Lebewesen. + Tiere sind Lebewesen. > Menschen und Tiere sind Lebewesen. – Schwalben fangen Mücken. + Schwalben fangen Fliegen. + Schwalben fressen Mücken. + Schwalben fressen Fliegen. + Spinnen fangen Mücken. + Spinnen fangen Fliegen. + Spinnen fressen Mücken. + Spinnen fressen Fliegen. > Schwalben und Spinnen fangen und fressen Mücken und Fliegen.*

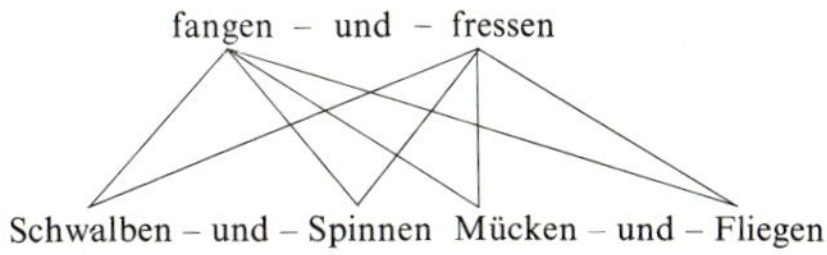

b) partielle J.: Mehrere Sätze treffen sich nur in einem Element, sind sonst voneinander verschieden; z. B.: *Der Mann trinkt Bier. + Der Mann fährt Auto. > Der Mann trinkt Bier und fährt Auto.*

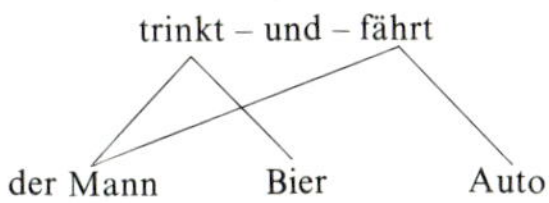

Junktiv ↑Junktion.

Junktur, die (engl. juncture von lat. iunctura = Verbindungsstelle, Fuge): Grenze zwischen aufeinander folgenden (linearen) sprachl. Einheiten, die sich als Sprechpause niederschlägt; z. B. J. zweier ↑Phoneme /l/ und /e/ in *lebendig* und *beliebt*, zweier ↑Morpheme in (*Sie holte*) *Spargel, der* (*gekocht werden sollte.*) und (*Sie holte*) *Spar-geld-er* (*von der Bank.*); *Nach-teile*, aber *Nacht-eile*; *Ver-sehen,* aber *Vers-ehen.*

Juxtaposition, die (lat. iuxta = dicht daneben; ponere = setzen): In ↑Wortbildung die historisch ältere Zusammensetzung (↑Komposition) freier ↑Morpheme ohne Flexionselement (z.B. *Meerenge*) im Ggs. zu den jüngeren Zusammensetzungen mit flektiertem ersten Glied (z.B. *Meeresbrandung*).

Kante ↑Stemma.

Kardinalzahl ↑Numerale.

Kasus, der (lat. casus = Fall): 1. Wortform bei der Flexion von Nomen, Adj. und Pron. (↑Deklination) zur Kennzeichnung syntaktischer Beziehungen (Einordnung einer Einzelvorstellung in den Sinnbezug einer Gesamtäußerung):

a) ↑Nominativ (Wer?): *Der Vogel pfeift.*;
b) ↑Akkusativ (Wen?): *Er baut einen Tisch.*;
c) ↑Dativ (Wem?): *Er begegnet dem Freund.*;
d) ↑Genitiv (Wessen?): *Er hat den Gang eines Seemannes.*;
Casus rectus (gerader Fall) heißt der Nom., Casus obliquus (schiefer Fall) heißen Akk., Dat. oder Gen.; Markierung der K. in formalisierter Notation mit Hilfe von Indizes in genannter Reihenfolge a–f, nach Spalte A oder nach B:

	A	B
a) Nomen im Nom.	N_1	N_0
b) Nomen im Akk.	N_2	N_1
c) Nomen im Dat.	N_3	N_2
d) Nomen im Gen.	N_4	N_3
e) Nomen im Präp.-K.	N_5	$N_{präp}$
f) Nomen im Gleichsetzungs-K.	N_6	

2. Abstrakte logisch-semantische Relation zwischen NP und V bei FILLMORE (↑Kasusgrammatik).

Kasusgrammatik: Grammatiktheorie FILLMORES, in der Satzstrukturen auf folgendes Grundmuster zurückgeführt werden: Verb (= Prädikat) + eine oder mehrere ↑Nominalphrasen (= Argumente), die jeweils durch eine bestimmte logische Kasusrelation an Verb (in seiner jeweiligen Bedeutung) gebunden sind; Kasus ist dabei Terminus für eine semantisch-syntaktische Beziehung in der ↑Tiefenstruktur des Satzes, von FILLMORE nach Zahl und Art als universell (↑Universalien) angesehen, nicht zu verwechseln mit ↑Kasus als nominaler Flexionsform (traditionelle grammatische Relationen wie ‚Subjekt', ‚Objekt' gehören dagegen zur Oberflächenstruktur):

a) Agent [auch: Agentiv] (engl.: wirkende Kraft): NP bezeichnet den (meist belebten) Verursacher eines Geschehens, den Auslöser einer Handlung; z. B.: *Hans liest das Buch.*;
b) Experiencer (engl. to experience = erfahren, erleiden): NP bezeichnet Lebewesen, das eine Erfahrung macht, als Ergebnis eines Geschehens einen psychologischen Vorgang erfährt; z. B. *Er friert in dem ungeheizten Zimmer. Er ist durstig. Er bemerkt den heißen Tee.* (Er hat Wahrnehmungserlebnisse.);

c) Instrument[al] (engl. Werkzeug, Vorrichtung): NP bezeichnet Mittel, Ursache oder Stimulus eines Geschehens; z.B.: *Er heizt das Zimmer mit einem Elektroofen.*, auch: *Der Elektroofen heizt das Zimmer.*;
d) Object[iv] (engl.: Gegenstand, Objekt): von NP Bezeichnetes erfährt eine Veränderung; z.B. *Er heizt das Zimmer.*, auch: *Das Zimmer erwärmt sich.*;
e) Source (engl.: Quelle, Ursprung): von NP Bezeichnetes ist Ausgangspunkt eines Geschehens; z.B.: *Er geht aus dem Zimmer. Er erhält vom Briefträger seine Post.*, auch: *Dessen Mantel trieft vor Nässe.* (= Nässe trieft von dessen Mantel.);
f) Goal (engl.: Ziel): NP bezeichnet Zielpunkt eines Geschehens; z.B.: *Er geht in die Küche.*;
g) Place [auch: Location] (engl. place = Platz, Ort; location = Lage): NP bezeichnet Ort eines Geschehens; z.B.: *In der Küche kocht er Tee.*;
h) Time (engl.: Zeit): NP bezeichnet Zeitpunkt oder Dauer eines Geschehens; z.B.: *Um 16 Uhr trifft er seine Freundin Helga.*;
i) Result [auch: Faktitiv] (engl. result = Ergebnis, Folge; factitive = bewirkend): NP bezeichnet etwas, das als Ergebnis eines Geschehens erst durch dieses entsteht; z.B.: *Helga näht sich ein Kleid. Sie schneidet ein Loch in das Muster.*

Katapher ↑Proform.

Kategorialsymbol: Graphisches Symbol für syntaktische ↑Kategorie in ↑I-C-Analyse (↑Stemma); z.B.: S = Satz, NP = Nominalphrase, VP = Verbalphrase, N = Nomen, V = Verb, Adj = Adjektiv, Art = Artikel, Pron = Pronomen, Präp = Präposition, Konj = Konjunktion.

Kategorie, die (gr. kategorein = aussagen): Klasse oder Gruppe, der sprachl. Elemente angehören, zugeordnet werden; Einteilungsbegriff (z.B. K. der ↑Wortart oder des Sing.). ↑ auch Funktion.

kausal ↑Adverbial.

Kausalsatz ↑Gliedsatz.

kausativ ↑Aktionsart.

Kenem, das (= leere Einheit): Bei HJELMSLEV kleinste Einheit auf der Ebene der Form des Ausdrucks, ohne Inhalt. ↑ auch Plerem, Glossematik.

Kern ↑Morphem.

Kernsatz: 1. Bei GLINZ Satzbautypus mit ↑finitem Verb an 2. Stelle (*Es war ein Sonntag. – Weil er schwitzte, öffnete er das Fenster.*); im Unterschied zum Stirnsatz mit finitem Verb an 1. Stelle (*Gib mir die Hand! – Frierst du?*) und Spannsatz mit finitem Verb an letzter Stelle, aber Fügteil an 1. Stelle (*Ich weiß, daß dort immer noch ein unbewohntes Haus steht.*).

2. In älterer Fassung der ↑Generativen Grammatik minimaler, einfach strukturierter Aussage-Satz, der nicht weiter reduzierbar ist, ohne daß der selbständige Satzinhalt zerstört wird; der nur mit Konstituentenstruktur-Regeln und ausschl. ↑obligatorischen (keinen ↑fakultativen) Transformationsregeln erzeugt wird; aus dem durch weitere Transformationen andere Sätze abgeleitet werden können (derived sentences); K. darf nicht mit ↑Tiefenstruktur verwechselt werden; z. B.: *Es schneit. – Der Weg ist breit. – Die Puppe trägt ein Kleid.*

Kindersprache: In jedem Stadium des kindlichen ↑Spracherwerbs eigenständige ↑Sprache, die nicht einfach als noch unfertige Erwachsenensprache verstanden werden darf, sondern ein eigenes Regelsystem besitzt; z. B. kann der ‚Einwortsatz' weder dem Wort noch dem Satz der Standardsprache der Erwachsenen zugeordnet werden.

Kinesik, die (gr. kinema = Bewegung): Untersuchung von Mimik und Gestik als nichtsprachlichen oder ↑parasprachlichen visuellen Formen der ↑Kommunikation: Gesichtsausdruck, Blickrichtung, Körperbewegungen, Distanz zum Gesprächspartner als Ausdruck von Freude, Überraschung, Angst, Trauer, Ärger, Interesse usw.

Klammerform ↑Satzklammer.

Klammerform: In ↑Wortbildung Aussparung eines mittleren Bauelements, so daß die beiden äußeren Glieder eine Klammer bilden, z.B. *Apfelblüte < Apfelbaumblüte*; *Fernamt < Fernsprechamt.*

Klassem, das: Bei HERINGER intentionales Merkmal einer ↑Leerstelle; das Gemeinsame aller möglichen Füller einer Leerstelle; Teil der Bedeutungsbeschreibung eines ↑Plerems; z. B. Adj. in *Der ... Turm stürzt ein.*

Klassenkalkül ↑Klassenlogik.

Klassenlogik [auch: Klassenkalkül]: Während ↑Prädikatenlogik Begriffe, Bestandteile von ↑Aussagen in ihrem Inhalt (als Prädikatoren) betrachtet, untersucht K. deren Umfang. Dabei können zwei Klassen zusammen nach unterschiedlichen Mustern eine neue Klasse bilden:

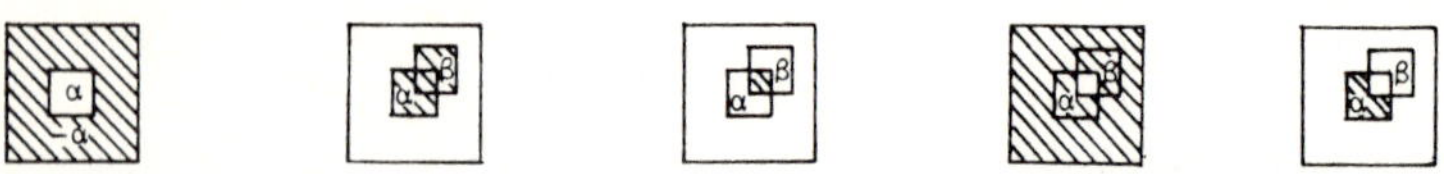

$-\alpha$	$\alpha \cup \beta$	$\alpha \cap \beta$	$\alpha \parallel \beta$	$\alpha - \beta$
Komplement	Vereinigung	Durchschnitt	Ausschluß	Differenz

Klassifikation, die [auch: Klassifizierung]: Zweite der beiden Grundoperationen ↑taxonomisch-strukturalistischer Linguistik: nach Zerlegung (↑Segmentierung) einer sprachl. Einheit werden die gewonnenen Segmente best. Klassen zugeordnet, deren Angehörige durch gemeinsame Merkmale miteinander verbunden und von Angehörigen anderer Klassen abgehoben sind; z. B.: *Der Student lacht.*: Morphem /lach/ erscheint in Kombination mit Konjugationsmorphem /t/ (vgl. *spricht, denkt, arbeitet*), gehört deshalb wie /sprech/ oder /denk/, aber im Unterschied zu /der/, zur Klasse der Verben; Lexem *Student* erscheint im Satz mit vorangestelltem Art. (gehört wie *Wald*, aber im Unterschied zu *dumm* zur Klasse der Subst.) und zusammen mit dem Verb *lachen* (gehört nach semantischer Verträglichkeit wie *Mädchen*, aber im Unterschied zu *Tisch* oder *Katze* zur Klasse der Subst. mit dem semantischen Merkmal ⟨menschlich⟩).

Knacklaut: Bei ruckartiger Öffnung der geschlossenen Stimmlippen durch plötzliches Freiwerden angestauter Luft entstehender Laut; im Dt. stets vor vokalischem Wort- oder Silbenanlaut gesprochen, aber graphisch nicht repräsentiert; als Kennzeichen der Silbenabgrenzung im zusammengesetzten Wort *Spiegelei* ⟨gebratenes Ei⟩ Unterscheidungsmerkmal gegenüber dem abgeleiteten Wort *Spiegelei* ⟨Tätigkeit des Spiegelns⟩ ohne K.

Knoten: Schnittpunkt der von unmittelbaren ↑Konstituenten im ↑Stemma ausgehenden Linien (Äste); Platz für ein ↑Kategorialsymbol, das die Konstituenten am anderen Ende der Äste und die durch sie gebildete horizontale Kette ↑dominiert;

z. B.:

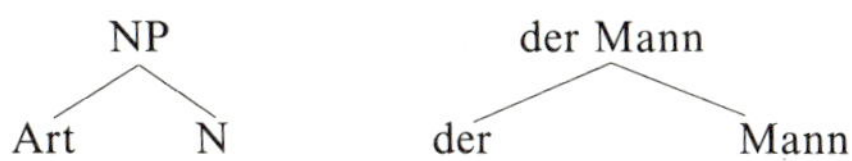

Kode, der (engl. code = Chiffrierschlüssel): Vereinbartes Zeicheninventar und Regelsystem zur Zeichenverknüpfung als Grundlage einer Vorstellungs- und Nachrichtenübermittlung (↑Kommunikation); ein Sprach-K. besteht aus 3 Komponenten:

a) semantischer K.: Inventar der Zeichen, die den Vorstellungen des Sprechers inhaltlich entsprechen (z. B.: *Wasser, koch-...*);

b) syntaktischer K.: Regeln zur Kombination der Zeichen (↑Morpheme), zur Fügung ihrer Inhalte zu Satzinhalten (z. B.: *Das Wasser kocht.*);

c) phonologischer K.: Regeln zur Kombination von Lauten zu ↑Phonem-Ketten, welche die Redeinhalte, Satzinhalte repräsentieren (z. B.: [d + a + s + v + a + s + s + ə + r + k + ɔ + x + t]). ↑ auch kodieren.

Kode-Wechsel (code-switching): Überwechseln von einem ↑Kode in einen anderen (z. B. von Dialekt zu Standardsprache, von gesprochener zu geschriebener Sprache), von einer schichtenspezifischen Strategie verbaler Planung und Handlung (↑Sprachbarriere, ↑verbale Deprivation) in eine andere.

kodieren (engl. to code = chiffrieren) [auch: enkodieren]: Verschlüsseln (Gw. entschlüsseln = d e k o d i e r e n) als Tätigkeit des Sprechers (bzw. Hörers) beim Sprechvorgang: aus dem Inventar konventioneller sprachl. Zeichen wählt er diejenigen, welche seinen mitzuteilenden Vorstellungen entsprechen, von denen er annimmt, daß sie beim Hörer (Gesprächspartner) die gleichen Vorstellungen wecken. Tatsächlich sind ↑Kodes zweier Sprecher einer Sprache immer nur partiell deckungsgleich, so daß den Zeichen und Zeichenkombinationen unterschiedliche Bedeutungen und Nebenbedeutungen zugeordnet werden können. Dadurch kann Dekodierung zu anderen Vorstellungen beim Hörer führen, als der Sprecher es bei der Kodierung beabsichtigt hat, die ↑Kommunikation also gestört sein.

Kognition, die (lat. cognitio = Erkenntnis): Kenntnis, Erkenntnis; Sprache übernimmt auf dem Weg über Begriffsbildung (Benennung, Ordnung und Speicherung von Erfahrungen) und syntaktischen Regelerwerb Stütz- und Steuerungsfunktion für das D e n k e n (↑Psycholinguistik); während des ↑Spracherwerbs verbinden sich k o g n i t i v e (= erkenntnismäßige) und sprachl. Prozesse untrennbar miteinander; Denkprozesse können angesehen werden als inneres, vorwegnehmendes Probehandeln mit sprachl. repräsentierten äußeren Erscheinungen und Vorgängen.

kognitiv ↑Kognition, ↑Funktion.

Kognomen ↑ Beiname

Kohärenz ↑Textkohärenz.

Kollektivum, das (lat. colligere = zusammenfassen): Nominale Sammelbez., in der eine Mehrzahl von Einzelerscheinungen als Einheit gesehen wird; z. B.: *Gebirge* ⟨Gesamtheit mehrerer Berge⟩, *Christenheit* ⟨Gesamtheit der Christen⟩, *Obst* ⟨Gesamtheit genießbarer Früchte von Bäumen, Sträuchern, Blattgewächsen⟩.

Kollokation, die (lat. collocatio = Zusammenstellung): Wiederkehrende assoziative (↑Assoziation) Wortverbindung, der häufiges gemeinsames Auftreten in Redeteilen entspricht; z. B.: *Nacht* und *dunkel* in *dunkle Nacht*. ↑auch wesenhafte Bedeutungsbeziehungen.

Kombination ↑Wortbildung.

kombinatorisch (lat. combinatio = Vereinigung von je 2 Größen): Stellungsbedingt, unter Einfluß der sprachl. Umgebung, des ↑Kontextes;

a) kombinatorische Variante: Allophon oder Allomorph, die nur in best. Umgebung erscheinen, dort als einzige erscheinen können; phonologisch z.B. [ç] nach hellem, [x] nach dunklem Vokal wie in *ich* und *ach*; morphologisch z.B. umgelauteter Vokal vor ›i‹ der Folgesilbe (↑Umlaut): also: /nord/ –/nörd/ wie in *Norden* und *nördlich*;

b) kombinatorischer Lautwandel: gegenseitige artikulatorische Beeinflussung benachbarter Laute bei ↑diachronischer Betrachtung (z.B. ↑Dentalangleichung: germ. [b] wird vor [t] zu [f] wie in *graben* – *Gruft*) im Unterschied zum kontextunabhängigen Lautwandel (z.B.: idg. [d] zu germ. [t] wie in lat. duo – engl. two).

Kombinierbarkeit ↑Kompatibilität.

Kommunikation, die (lat. communicare = sich besprechen): Zwischenmenschliche Verständigung durch Verbindungsaufnahme und Informationsaustausch (mit den Mitteln der Sprache); Form sozialen Handelns mit den Rollen Sender/Sprecher (S) und Empfänger/Hörer (H) sowie dem Träger der übermittelten Nachricht, der sprachl. Zeichenkette (Medium: M); K.-Modell (stark vereinfacht):

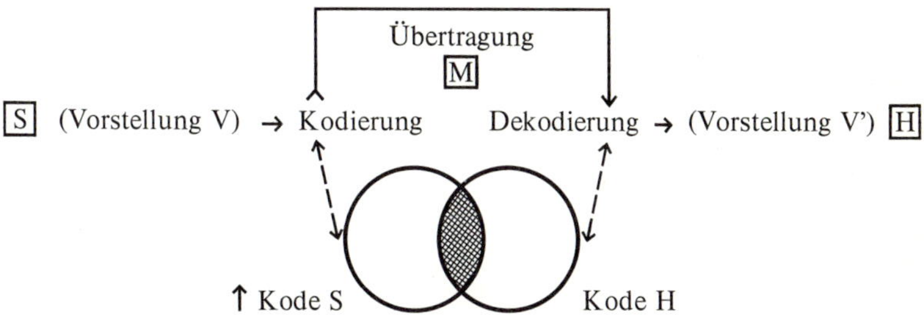

Kommunikationsmodell ↑Modell.

Kommunikationssituation: Außersprachl. Bedingungen, die sprachl. ↑Kommunikation ermöglichen und bestimmen; nach WUNDERLICH u.a.: Person des Sprechers, angesprochene Person(en), Zeit, Ort, außersprachl. Äußerungen und begleitende Handlungen, Intuition des Sprechers, vom Sprecher mitgebrachte Voraussetzungen (Wissen, Fähigkeiten, Motivation, Annahmen, Erwartungen, Situationsverständnis, Gefühlslage, Ermüdungszustand usw.) und Absichten, von Angesprochenen gehegte Erwartungen. ↑auch symmetrisch.

kommunikativ: Eigenschaft best. Wahrnehmungen, die für den Empfänger von Bedeutung sind und sein weiteres Handeln beeinflussen (relevant sind) und vom Sender mit best. Bedeutung als verstehbar intendiert (↑Intention), vom Empfänger als so intendiert verstehbar sind; z.B. ist der Versprecher im Schlußwort des Angeklagten: *Ich schließe mich den Ausreden* (statt: Ausführungen) *des Herrn Verteidigers an.* für den Hörer mit psychologischen Elementarkenntnissen bedeutungsvoll und aufschlußreich, vom Angeklagten aber nicht intendiert und deshalb nicht k.

kommunikative Kompetenz: Nach HABERMAS Fähigkeit, linguistische ↑Kompetenz zur Kommunikation zu gebrauchen, sprachl. Interaktionen durchzuführen, sich mit Gesprächspartnern dialogisch zu verständigen. Teilfähigkeiten der k. K. (nach WUNDERLICH): Jeder Kommunizierende muß

a) einen Begriff von Realität und aus ihr ableitbarer Welten haben;
b) Kontakt herstellen und kontrollieren können;
c) Wahrnehmungs-, Erinnerungs- und Antizipationsvermögen besitzen;
d) ein Bewußtsein seines ↑Ich-jetzt-hier-Ursprungs haben;
e) soziale Rollen eingehen und soziale Beziehungen neu herstellen können;
f) Metakommunikation (= Kommunikation über Kommunikationsvorgänge) durchführen können;
g) linguistische Kompetenz besitzen;
h) parasprachliche und außersprachliche Kommunikationsmittel einsetzen und verstehen können.

↑ auch Kommunikationssituation.

Kommutation, die (lat. commutatio = Veränderung, Wechsel): In ↑Dependenzgrammatik (z. B. bei HERINGER) Austausch eines Satzteils durch einen anderen, zu dem er in paradigmatischer ↑Relation steht; z. B. kommutieren die ↑Syntagmen *der Mutige* und *wer wagt* in *Der Mutige gewinnt. – Wer wagt, gewinnt.* ↑auch Substitution.

Komparation, die (lat. comparare = vergleichen) [auch: Graduierung]: Steigerung des Adj. oder Adv., also der Merkmalbez., beim Vergleich sprachl. Vorstellungen bzw. ihrer ↑Referenten mit gleichen Merkmalen;

a) Positiv (Grundstufe), z. B.: *Der Baum ist hoch / so hoch wie jener. – Peter lacht oft.*;
b) Komparativ (Vergleichsstufe I): höherer Grad einer Eigenschaft (Suffix: -er), z. B.: *Der Baum ist höher als das Haus. – Peter lacht häufiger als Paul.*;
c) Superlativ (Vergleichsstufe II = Höchststufe): höchster Grad einer Eigenschaft (Suffix: -est/st), z. B.: *Der Baum ist der höchste. – Peter lacht am häufigsten.*;
d) Elativ (inhaltlich bestimmbare Sonderform eines absoluten Superlativs): formale Übereinstimmung mit Superlativ, aber nicht den höchsten, sondern allgemeiner einen sehr hohen Grad bezeichnend (ohne Vergleichsglied), z. B.: *Ich habe es mit größtem Bedauern vernommen. – Ich bin zutiefst empört.*

↑auch Flexion.

Komparativ ↑Komparation.

Komparative Linguistik ↑Kontrastive Linguistik.

Komparativsatz (lat. comparare = vergleichen) [auch: Vergleichssatz]: Modaler Gliedsatz, der Art und Weise durch einen Vergleich bestimmt, mit *als* oder *wie* eingeleitet wird; z. B.: *Der Schüler ist jetzt fleißiger, als er es vor einem Jahr gewesen ist. – Er ging so leise, wie ein Einbrecher durch das Haus schleicht.*; weitere Konjunktionen: *als ob, wie wenn, je.*

Kompatibilität, die (franz. compatible = vereinbar) [auch: Verträglichkeit]: Syntaktisch-semantische Anschließbarkeit einzelner Lexeme im Syntagma oder Satz; z. B.: *helfen + suchen* in *Er hilft ihm beim Suchen.*; *blond + Bart* in *Er trägt einen blonden Bart.* Gw. Inkompatibilität: Unverträglichkeit, z. B.: *helfen + gesucht werden* in **Er hilft ihm beim Gesuchtwerden.*; *blond + Kleid* in **Sie trägt ein blondes Kleid.*
↑ auch Selektion.

kompensatorische Spracherziehung ↑verbale Deprivation.

Kompetenz, die (lat. competere = zu etwas fähig sein): Fähigkeit des Sprechers/Hörers einer Sprache, mittels begrenzter Anzahl von Elementen und Regeln unbegrenzte Anzahl von Sätzen dieser Sprache zu verstehen und zu bilden (Beherrschung von Satzerzeugungsregeln), indem er einer unbegrenzten Menge von Bedeutungsstrukturen eine unbegrenzte Menge von Lautstrukturen zuordnet; Grundbegriff der ↑Generativen Grammatik-Theorie (CHOMSKY); Sprachbeherrschung des kompetenten Sprechers schließt Fähigkeit zur Entscheidung ein über Identität zweier Äußerungen (*Roland steht vor dem Bremer Rathaus.*: Satz bleibt derselbe, ob mit Zäpfchen-R oder Zungen-R gesprochen), über Zugehörigkeit eines Ausdrucks zur eigenen Sprache (*Der Knabe lacht.*; aber nicht: ***De rama brit.* oder: *He jumps over the wall.*), über den Grad der Abweichung (↑akzeptabel, ↑grammatisch) eines Ausdrucks vom Regelsystem, über Fähigkeit zum Urteil über Mehrdeutigkeit (↑Polysemie) und über inhaltliche oder formale Gleichheit oder Ähnlichkeit von Ausdrücken (inhaltlich gleich: *Ich sang das Lied. – Das Lied wurde von mir gesungen.*; inhaltlich davon verschieden: *Das Lied von mir wurde gesungen.*, aber doch noch ähnlicher als: *Man sang viele schöne Lieder.*; formalstrukturell gleich: *Die Mutter backt einen Kuchen. – Der Nachbar baut eine Garage.*; *Ein Vater liebt seine Kinder.* ist formal ähnlicher als: *Hans schenkt Grete einen Blumenstrauß.*). ↑ auch Performanz, kommunikative Kompetenz.

Komplement, das (lat. complementum = Ergänzung): ↑Obligatorische ↑Konstituente der ↑Verbalphrase, mit Ausnahme des Verbs selbst; ↑Ergänzungsbestimmung, syntaktisch zur „Vervollständigung" des Verbs notwendig; z. B.: *Er schreibt einen Brief.* Gw. ↑Adjunkt.
↑ auch Klassenlogik.

komplementär ↑Distribution, ↑symmetrisch.

Komplementärform ↑Suppletivform.

komplexer Satz (lat. complexum = umfassend, umschließend): Satz, der aus einem Matrixsatz und mindestens einem Konstituentensatz (↑Einbettung) besteht; z. B.: *Ich habe den Geschäftsfreund, der uns vor zwei Wochen ein Angebot machte, das uns annehmbar erschien, heute angerufen.* ↑ auch einfacher Satz, zusammengesetzter Satz.

komplexes Symbol, das (lat. complexum = umfassend; gr. symbolon = Erkennungszeichen): Merkmalmenge (↑inhärent und ↑kontextsensitiv), die bei ↑Subkategorisierung der ↑Lexeme einem ↑Kategorialsymbol im ↑Stemma zugeordnet wird (Notation in eckigen Klammern, jedes Merkmal mit ± je nach An- oder Abwesenheit).

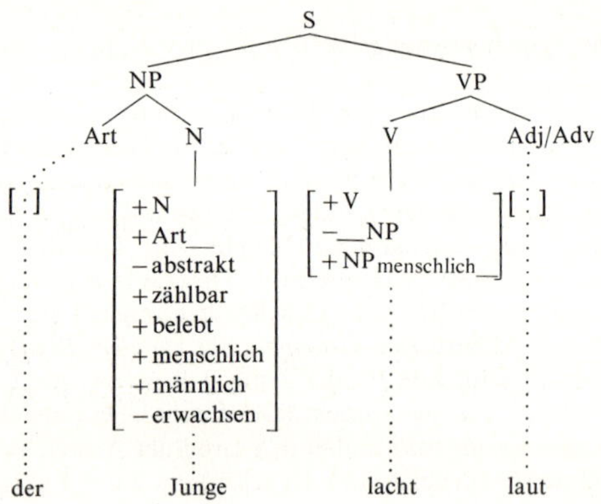

Vor- oder nachgesetztes __ bezeichnet vorangehende oder folgende Umgebung einer Einheit; z. B.: $+NP_{menschlich}$__ ist zu lesen: Es geht eine NP mit dem semantischen Merkmal ⟨menschlich⟩ voraus; −__NP: Es folgt keine NP.).

komplexes Wort: Aus mehr als einem wortbildenden ↑Morphem bestehendes Wort, im Unterschied zum einmorphemigen e i n f a c h e n W o r t (↑Simplex); z. B.: *Hut-krempe, Un-dank, könig-lich, aus-lachen.* ↑Wortbildung.

Komponente, die (lat. componere = zusammensetzen, bilden): 1. Bestandteil eines größeren Ganzen, einer sprachl. Einheit; bes. I n h a l t s k o m p o n e n t e: Teil der Bedeutung eines ↑Zeichens, auch ↑semantisches Merkmal (semantic marker), das auf die kognitiven (die Erkenntnis betreffenden) Fähigkeiten des sprechenden

Menschen verweist und auf die für ihn (auf Grund seiner Lebenserfahrung) relevanten Aspekte eines Umwelt-↑Referenten; z.B.: ⟨±abstrakt⟩, ⟨±zählbar⟩, ⟨±belebt⟩, ⟨±menschlich⟩, ⟨±männlich⟩ ....
2. Teilsystem der Sprachbeschreibung in der ↑Generativen Grammatik; z.B. syntaktische K., semantische K. (↑Ebene).

Komponentenanalyse, die (lat. componere = zusammensetzen; gr. analysis = Auflösung): Beschreibung der Bestandteile (↑Komponenten) einer sprachl. Einheit und der durch ihre Kombination gebildeten Struktur; bes. auf semantischer Ebene (Beschreibung der semantischen Merkmale eines sprachl. ↑Zeichens), z.B.:

Mädchen

[⟨+belebt⟩
⟨+menschlich⟩
⟨+weiblich⟩
⟨−erwachsen⟩]

Statt Reihenfolge vom allg. zum besonderen Merkmal wäre Nennung denkbar, die Gewicht und Stärke eines Merkmals im jeweiligen Lexem berücksichtigt; z.B. ist in *Frau* ⟨+weiblich⟩ wohl zentraler als das auch vorhandene Merkmal ⟨+erwachsen⟩, in *Gattin* ⟨+verheiratet⟩ zentraler als ⟨+belebt⟩, in *Mutter* ⟨+leibliche Nachkommen 1.Grades habend⟩ zentraler als ⟨+erwachsen⟩; durch ↑Redundanz-Regeln ließe sich Nennung eines Merkmals, das in einem anderen notwendig vorausgesetzt ist, vermeiden; z.B. schließt ⟨+menschlich⟩ immer ⟨+belebt⟩ ein. ↑ auch komplexes Symbol.

Komposition, die (lat. componere = zusammensetzen): Zusammensetzung als Vorgang oder Art der ↑Wortbildung: 2 oder mehr freie ↑Morpheme (gelegentlich auch ein ↑unikales Morphem) werden zu einem Wort zusammengefügt (↑Kompositum).

Kompositum, das (lat. componere = zusammensetzen): Produkt der ↑Komposition: aus 2 oder mehr freien Morphemen zusammengesetztes Wort; z.B.: *Ofenrohr, Roll-schuh-kauf*; mit Fugenelement: *Tag-es-zeit, Wirt-s-haus, Beamt-en-bestechung*. Historische Wortbildungslehre bezeichnet K. ohne Fugenelement (Nomina in reiner Stammform) als eigentliche oder echte Zusammensetzungen, dagegen K. mit alter Flexionsendung, die dem syntaktischen Verhältnis des voranstehenden zum folgenden Morphem entspricht, als uneigentliche oder unechte Zusammensetzungen. Nach inhaltlichen Gesichtspunkten (semantisches Verhältnis der Konstituenten zueinander) gliedert man in:
a) ↑Determinativ-K., z.B.: *Sommerhitze* = ⟨Hitze des Sommers⟩;
b) ↑Possessiv-K., z.B.: *Dickkopf* = ⟨einer, der einen „dicken“ Kopf hat⟩;
c) ↑Kopulativ-K., z.B.: *Hemdhose* = ⟨Hemd und Hose zugleich⟩.

konativ ↑Funktion.

Kondensation ↑Univerbierung.

Kondensieren ↑Textverarbeitung.

konditional ↑Adverbial.

Konditionalsatz ↑Gliedsatz.

Konfiguration, die (engl. configuration = Gestalt): Bei WEINREICH geordnete Menge semantischer Merkmale (im Unterschied zum ↑Cluster): $(X_1 \rightarrow X_2) \neq (X_2 \rightarrow X_1)$; z. B.: ⟨Möbel⟩ und ⟨sitzen⟩ als Teilmerkmalmengen in der Gesamtmenge der Bedeutung von *Stuhl*, da beide nicht einfach addiert werden, sondern kompliziertere Beziehung miteinander eingehen: ⟨Möbel zum Darauf-Sitzen⟩.

Konfrontative Linguistik ↑Kontrastive Linguistik.

Kongruenz, die (lat. congruens = übereinstimmend): 1. Übereinstimmung der Nominalflexion des Subj. und der Verbalflexion des Präd. eines Satzes in ↑Person und ↑Numerus; z. B.: *Du schreibst einen Brief.* (2. Pers. Sing.) – *Feuerwehrmänner retteten sie.* (3. Pers. Plur.).
2. Übereinstimmung der Flexion syntaktisch zusammengehöriger Nomina, Art., Attribute und Pron. nach ↑Genus, ↑Kasus, Numerus und Pers.; z. B.: *Der kleine Junge hat seine Peitschen verloren.* (NP_1 = Mask., Nom., 3. Pers., Sing.), (NP_2 = Fem., Akk., 3. Pers., Plur.).
↑auch semantische Kongruenz.

Konjugation, die (lat. coniugatio = Verknüpfung): Flexion des Verbs; sein Formenwechsel (Flexionsmorpheme) unter Einfluß des jeweiligen Geschehensträgers (Pers. und Numerus), der Zeit (↑Tempus) und der Aussageweise des Sprechers (↑Genus verbi und ↑Modus). Gw. ↑Deklination.

Konjunkt, das (lat. coniungere = verknüpfen): Bei HERINGER ↑Position, die zu einer anderen in syntaktischer ↑Relation steht, mit ihr zusammen (formalisiert durch + verbunden) im Satz erscheinen kann; z. B. die beiden Positionen ↑Attribut und ↑Nomen im Syntagma *hohe Bäume* (Attr. + N). ↑ auch Adjunkt.

Konjunktion, die (lat. coniunctio = Verknüpfung) [auch: Bindewort]: Wortart, die als Bindeglied beim Zusammenfügen einzelner Satzglieder oder Sätze zu Satzkonstruktionen dient und dabei Verhältnis der Glieder oder Teilsätze zueinander kennzeichnet;

a) koordinierende K. (beiordnend, nebenordnend):
- kopulativ (anreihend) wie *und* in *Er kam und ging.*;
- disjunktiv (ausschließend) wie *oder* in *Weinst oder lachst du?*;
- adversativ (entgegensetzend) wie *aber* in *Er feiert selten, aber dann auch richtig.*;
- kausal (begründend) wie *denn* in *Ich komme morgen, denn heute paßt es schlecht.* u. a.;

b) subordinierende K. (unterordnend):
- adversativ wie *während* in *Die einen gingen zur Arbeit, während die anderen faulenzten.*;
- temporal (zeitlich) wie *als* in *Er stand auf, als der Wecker klingelte.*;
- modal (Art und Weise) wie *indem* in *Er grüßte, indem er den Hut zog und sich verbeugte.* u.a.;

Satzreihe ist eine koordinierende Verbindung von Teilsätzen, Satzgefüge eine subordinierende (aus Haupt- und Gliedsätzen bestehende).
↑ auch Parataxe, Hypotaxe.

Konjunktionalsatz ↑Gliedsatz.

Konjunktiv, der (lat. coniunctivus = abhängig): Historisch im Dt. mit dem ↑Optativ verschmolzener ↑Modus des Verbs, in dem der Sprecher ausgesagtes Geschehen oder Sein als möglich, aber nicht erwiesen, oder als wünschenswert einschätzt; Modus, in dem der Sprecher zur Realisierung eines Geschehens auffordert; Modus, in dem der Sprecher ein Geschehen oder Sein als „referiert" kenntlich macht (indirekte ↑Rede); z.B.: *Er habe nun gelogen oder nicht, wir müssen die Aussage überprüfen. – Man beachte dieses Zeichen! – Man sagt, er habe viel Geld geerbt.*

Im Unterschied zum K.I (K. Präsens) bezeichnet K.II (K. Präteritum) hypothetische Setzungen, in denen der Sprecher ausgesagtes Geschehen oder Sein als irreal (nicht wirklich, nur denkbar) einschätzt (daneben wie K.I Kennzeichnung des Referierten in indirekter Rede); z.B.: *Hätte er Zeit gehabt, wäre er gekommen. – Wenn du die Reifeprüfung bestanden hättest, könntest du jetzt studieren. – Sie sagten, sie bedauerten den Zwischenfall sehr.*

Konklusion ↑logischer Schluß, ↑Argumentation.

Konkretum, das (lat. concretum = körperlich): ↑Nomen, das im Ggs. zum ↑Abstraktum sinnlich wahrnehmbare Erscheinungen bezeichnet;
a) Stoffname: *Wasser, Milch*;
b) Eigenname: *Egon, Ostsee*;
c) Gattungsname: *Fisch, Maler, Wolke.*

Konnektor, der (engl. to connect = verbinden; von lat. connexus = Verbindung): sprachl. Element, das Sätze miteinander verknüpft, Beziehungen zwischen ihnen herstellt, sie zum ↑Text macht;
a) morphologischer K., z.B.: *Es wurde dunkel. Deshalb schaltete er das Licht an.*;
b) semantischer K., z.B.: *Es wurde dunkel. Er schaltete das Licht an.*

Konnexion, die (franz. connexion = Verknüpfung): In ↑Dependenzgrammatik hinter der linearen Wortfolge der Rede verborgene, abstrakte Beziehung zwischen den einzelnen Konstituenten des Satzes: Abhängigkeitsrelation im hierarchischen Aufbau der nur oberflächlich linearen Redekette; graphische Darstellung im ↑Stemma (d e p e n d e n c y - t r e e, bei dem Kanten/Äste im Unterschied zum ↑P-Marker der ↑Generativen Grammatik K. markieren); z. B.: *Er lacht.* = Satz aus 3 Elementen: *er, lacht* und der K. der beiden, graphisch dargestellt:

Daneben sind auch 2- oder mehrfache Gabelungen möglich:

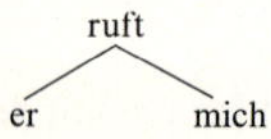

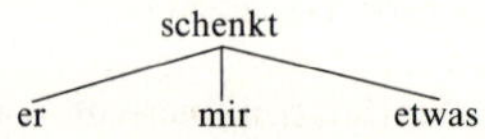

K. besteht nicht nur zwischen Verb und Aktant oder Umstand (↑Dependenzgrammatik), sondern auch zwischen diesen und den ihnen untergeordneten Gliedern, denen wiederum andere untergeordnet sein können:

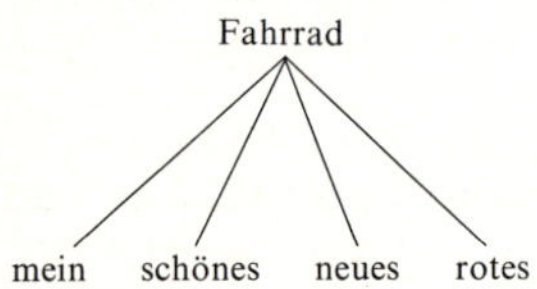

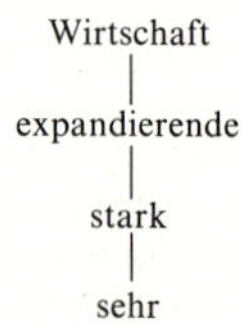

Der Satz *Unser Mannschaftsführer überreichte seinem ersten Spielpartner unseren neuen, blau gestreiften Vereinswimpel.* sieht im Stemma folgendermaßen aus:

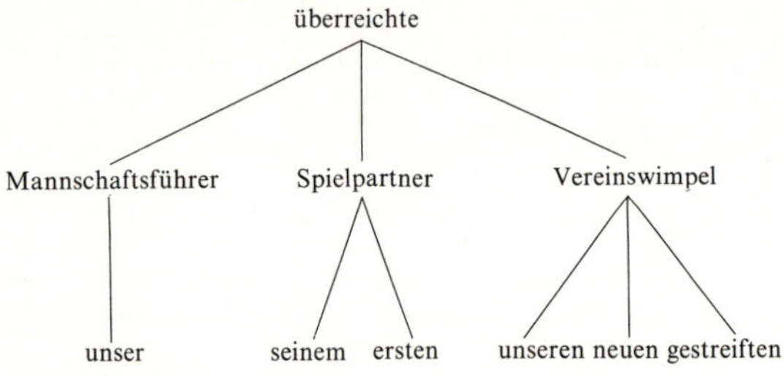

↑ auch Dependenzrelation, Interdependenzrelation.

Konnexionsanweisung ↑Anweisungsstruktur.

Konnotat, das (lat. connotare = mit bezeichnen): Wortinhalt neben dem rein begrifflichen Inhalt (↑Denotat); Komplex z. B. emotionaler Begleitvorstellungen, die ein Wort hervorruft; z. B. ist *Krebs* nicht nur medizinischer Terminus für eine Krankheit mit objektiv und nüchtern feststellbaren Symptomen, sondern Schrekkenswort für viele Menschen, von dessen Komponenten ⟨plötzlich und überraschend auftretend⟩, ⟨meist unheilbar⟩, ⟨sehr schmerzhaft⟩, ⟨häufige Todesursache⟩ Bedrohung ausgeht.

konnotativ: Im Ggs. zu ↑denotativ nicht den begrifflichen Inhalt (Bedeutungskern, Bez. eines bloßen Sachverhalts), sondern die im sprachl. Zeichen mit enthaltenen inhaltlichen Nebenkomponenten, Bedeutungsnuancen betreffend; z. B. beziehen sich *Ehemann* und *Gemahl* auf das gleiche ↑Denotat ⟨Ehepartner + männlich⟩, k. zeigen sich Unterschiede: *Gemahl* gehört gehobener Sprache mit feierlichem Ton an, drückt Verehrung für die (sozial hochgestellte) gemeinte Person aus; *Ehemann* ist nüchterne „Sachbezeichnung".

konsekutiv ↑Adverbial.

Konsekutivsatz ↑Gliedsatz.

Konsequenzanweisung ↑Anweisungsstruktur.

Konsonant: Text siehe nächste Seite, hier:
Schematische Darstellung [↑Matrix (mit Lautschrift des Internationalen Phonetischen Alphabets, IPA)]:

					Gutturale							
	Labiale		Dentale		Palatale		Velare		Uvular		Glottal	
	stimmhaft	stimmlos	stimmhaft	stimmlos	stimmhaft	stimmlos	stimmhaft	stimmlos	stimmhaft	stimmlos	stimmhaft	stimmlos
Explosiva	[b]	[p]	[d]	[t]			[g]	[k]				
Spiranten/Frikativa	[v]	[f]	[z]	[s]	[j]	[ʃ] [ç]		[x]				[h]
Nasale	[m]		[n]				[ŋ]					
Liquide – Lateral			[l]									
Liquide – Vibranten			[r]						[R]			
Affrikatae		[pf]		[ts]				[kch]				

Beispiele: [v] in *Wasser*, [z] in *Vase*, [s] in *Haß*, [ʃ] in *schade*, [ç] in *ich*, [x] in *Dach*, [ŋ] in *bang*, [ts] in *Katze*.

Konsonant, der (lat. consonare = zusammen ertönen) [auch: Mitlaut oder Geräuschlaut]: Ohne Hilfe eines benachbarten ↑Vokals schwer wahrzunehmender Laut; beim Ausatmen durch zeitweilige Hemmung, Einengung des Luftstromes auf best. Art, an best. Ort gebildet;
a) ↑stimmlos (bei Ruhestellung der Stimmbänder), z. B. [p];
b) ↑stimmhaft (bei Mitschwingen der Stimmbänder), z. B. [b];
Einteilung nach Artikulationsart (↑Affrikate, ↑Explosivum, ↑Liquid, ↑Nasal, ↑Spirant) sowie nach Artikulationsstellung und dem bei der Bildung dominierenden Organ (↑Dental, ↑Glottal, ↑Guttural, ↑Labial, ↑Uvular).
Schematische Darstellung hierzu s. Seite 99!

Konsonantengemination, die (lat. consonare = zusammen ertönen; geminatio = Verdoppelung): Historische Lautveränderung im Westgerm.: Verdoppelung (↑Gemination) inlautender Konsonanten außer ›r‹ bei unmittelbar folgendem ›j‹ (seltener: ›r‹, ›l‹, ›m‹, ›n‹); z. B.: got. *bidjan* – westgerm. *biddjan* – ahd. *bitten* (2. Lautverschiebung: ›dd‹ > ›tt‹).

Konstituente, die (lat. constituere = gemeinsam aufstellen): Morphem, Morphemkonstruktion, Wort, Syntagma, Teilsatz, sofern sie als Bestandteil einer größeren Einheit, einer ↑Konstruktion gesehen werden;
a) unmittelbare K.: K., in die sich eine Konstruktion direkt zerlegen, in einem Schritt segmentieren läßt; z. B.: *verehrungswürdig* in *Verehrung* und *würdig* (daneben Fugen-›s‹);
b) mittelbare K.: K., die bei weiterer Segmentierung einer komplexen Konstruktion erscheinen; z. B.: *verehrungswürdig* in einem 2. Schritt in *verehren* und *-ung*, in einem 3. in *ver-* und *ehren*.
↑ auch I-C-Analyse.

Konstituentenanalyse ↑I-C-Analyse.

Konstituentensatz ↑Einbettung.

Konstituentenstruktur ↑I-C-Analyse.

Konstruktion, die (lat. constructio = Zusammenfügung): Größere sprachl. Einheit, die aus unmittelbaren (immediate constituents) und mittelbaren ↑Konstituenten (bis hin zu den letzten, nicht weiter segmentierbaren ultimate constituents) besteht, im ↑Stemma als Knoten, der 2 oder mehr Konstituenten am anderen Ende der Kanten/Äste dominiert; ↑I-C-Analyse.

Kontaktstellung ↑Distanzstellung.

Kontamination, die (lat. contaminatio = Verunreinigung) [auch: Wortkreuzung]: Sonderform der Wortbildung; Zusammenziehung zweier Wörter, von denen das eine den 1. Teil, das andere den 2. seines Lautkörpers aufgibt (meist scherzhaft oder polemisch verwendet); z. B.: *Aufkläricht* < *Aufklärung* und *Kehricht*; *Stagflation* < *Stagnation* und *Inflation*.

Kontext, der (lat. contextus = Verwebung): Umgebung einer sprachl. Einheit, ihr Zusammenhang mit:
a) gesprochener oder geschriebener Rede (Parole): sprachl. K.;
b) der Gesprächslage, den Handlungen der beteiligten Personen und den Begleitumständen der Rede: Situations-K.;
c) dem gesamten kulturellen Hintergrund der Rede: kultureller K. (OTTO).
AMMER stellt neben den sprachl. K. i. e. S. noch den Zusammenhang eines Elements mit Intonation, Tonstärke und Tempo der Rede: emotionaler K.

kontextbeschränkt ↑kontextsensitiv.

Kontextglosse ↑Glosse

kontextsensitiv (lat. contextus = Verwebung; sensus = Empfindung) [auch: kontextbeschränkt]: Eigenschaft best. ↑Formationsregeln (meist sind sie dagegen kontextunabhängig) in der älteren ↑Generativen Grammatik, die Ersetzung der Kategorialsymbole nur in best. Umgebung zulassen: $a \rightarrow b$ in Umgebung $x + \_\_ + y$; oder bei Notation mit Schrägstrichen (gelesen: „wenn“): $a \rightarrow b / x + \_\_ + y$; z. B.:

$$\text{Art} \rightarrow \begin{Bmatrix} \text{der}/0\_\text{N} + \text{Nominativ, Maskulinum} \\ \text{den}/0\_\text{N} + \text{Akkusativ, Maskulinum} \end{Bmatrix}$$

(0 = Symbol für beliebigen Kontext).

Kontinuativum, das (lat. continuus = zusammenhängend): 1. Stoffname; nominale Bez. für nicht zählbare Stoffe; deshalb ohne Plur.-Bildung und nicht mit unbest. Art. zu gebrauchen; die bezeichnete Stoffmasse wird nur als Einheit gesehen, nicht als Summe isolierbarer Teile; z. B.: *Milch, Butter; *eine Milch, *mehrere Butter.* ↑ auch Individuativum.

2. ↑Verb der Dauer, bei Perfektbildung mit *haben*; z. B.: *Er hat drei Stunden gelesen.* Im Unterschied zum Verb der Veränderung (Diskontinuativum), bei Perfektbildung mit *sein*; z. B.: *Er ist über die Straße gelaufen.*

Kontraktion, die (lat. contrahere = zusammenziehen): Zusammenziehung zweier benachbarter Vokale zu einem Vokal oder ↑Diphthong; z. B. die im Mhd. häufige K. über (schwindenden) Medien (↑Explosivum) (b, d, g): *hân* neben *haben; gereit* neben *geredet; lît* neben *liget* (= nhd. *liegt*). ↑auch Synalöphe

Kontrast, der (lat. contra = gegenüber, gegen): 1. Syntagmatische ↑Relation eines ↑Phons zu anderen (Abgrenzung von seiner Umgebung); z. B. in *Narbe* kontrastieren [n] und [a] und [r] und [b] und [ə].
2. Paradigmatische ↑Relation zwischen Sprachelementen (bei LYONS im Unterschied zur syntagmatischen „Kombination", der Verbindbarkeit zu Gruppen und Komplexen); Glieder von Oppositionspaaren kontrastieren miteinander; z. B. heben sich /m/ und /h/ in *Mut* und *Hut* gegenseitig voneinander ab, /lich/ und /isch/ in *kindlich* und *kindisch, blau* und *grün* in *Sie kaufte ein blaues Kleid.* und *Sie kaufte ein grünes Kleid.*
↑ auch Relation, Opposition.

kontrastiv ↑Distribution.

Kontrastive Linguistik (contrastive linguistics) [auch: Komparative oder Konfrontative L.]: Vergleich zweier oder mehrerer Sprachen auf allen ↑Ebenen mit Hilfe desselben Grammatikmodells, im Hinblick auf strukturelle Gemeinsamkeiten und Unterschiede. ↑ auch Interferenz.

konventionell (lat. conventio = Übereinkunft, Verabredung): Eigenschaft sprachl. Regeln (lexikalischer, grammatischer und pragmatischer Regeln), nicht auf naturgegebene Weise festzuliegen, sondern durch Vereinbarung der Sprecher zustande gekommen zu sein und dadurch Geltung zu haben; z. B.: Zuordnung von Signifikant und Signifikat im sprachl. ↑Zeichen; kommunikative Handlungsmuster wie das Grüßen, Versprechen etc. (bei Verhaltensplanung werden die Handlungen der Partner gedanklich vorweggenommen, bei tatsächlicher Erfüllung der Reaktionserwartung erfolgt Verstärkung der Erwartung zukünftigen Handelns unter ähnlichen Umständen; so werden Regularitäten allmählich zu Konventionen, mit deren Einhaltung durch den Partner man rechnen darf).

Konverse, die (lat. conversum = umgekehrt, umgewendet): Bez. für das ↑Passiv als Produkt einer Vertauschungsaktion aus dem Aktiv-Satz: Subjekt des Aktiv-Satzes erscheint im Passiv-Satz in Form eines Präpositional-Ausdrucks, direktes Objekt des Aktiv-Satzes in Subjekt-Funktion; z. B.: *Die Mutter ruft Hans.* > *Hans wird von der Mutter gerufen.*

Konversion, die (lat. convertere = sich umwenden, umkehren): Sonderform der ↑Wortbildung; Wechsel von einer ↑Wortart in die andere, aber im Unterschied zur ↑Derivation ohne formale, morphologische Veränderung; z. B.: *treffen* (Verb) > *das Treffen* (Subst.); *tief* (Adj.) > *das Tief* (Subst.).

konzessiv ↑Adverbial.

Konzessivsatz ↑Gliedsatz.

Kookkurrenz, die (lat. cooccurrere = sich zugleich einfinden): Zusammenvorkommen, gemeinsames Auftreten mehrerer sprachl. Elemente in einer Äußerung /

einem Satz; z. B.: Temporal-Adv. der Zukunft und temporales Flexionsmorphem Futur: *Morgen werden wir in Urlaub gehen.*; K. best. Elemente kann ungrammatisch (↑grammatisch) sein, z. B. Temporal-Adv. der Vergangenheit und temporales Flexionsmorphem Futur: **Gestern werden wir in Urlaub gehen.*

koordinierend ↑Konjunktion.

Kopenhagener Schule ↑Glossematik.

Kopfwort ↑Kurzwort.

Kopula, die (lat. copula = Band): 1. Das Verbum *sein* mit seinen finiten Formen; kann als Teil des ↑Prädikativums, als Bindeglied mit bes. großer Fügungspotenz (↑Valenz) vielerlei Aussagen zur Bez. eines Daseins oder Soseins mit einem Subj. verknüpfen;

a) identifizierend (gleichsetzend): *Diese Frau ist meine Tante.*;
b) attributiv (charakterisierend oder einordnend): *Der Hund ist hungrig. – Der Hund ist ein Haustier.*;
c) lokativ: *Die Bushaltestelle ist vor der Verkehrsampel.*

Von vielen Linguisten wird K. dagegen nur als Quasi-Symbol, rein grammatisches Quasi-Verb = inhaltsleerer Träger für Tempus-, Modus-, Aspekt-, Person- und Numerusangabe verstanden. – Außerdem erscheint *sein* aber auch nicht-kopulativ als „Vollverb" in existentieller Funktion (das Sein aussagend), z. B.: *Gott ist!*
2. Die beiordnende ↑Konjunktion *und.*

kopulativ ↑Konjunktion, ↑Kopula.

Kopulativkompositum, das (lat. copulatio = Verknüpfung) [auch: Dvandva = ‚Paar', Additionswort, Reihenwort]: Aus 2 oder mehr freien ↑Morphemen zusammengesetztes Wort (↑Kompositum), dessen Konstituenten einander gleichgeordnet sind; ihre Inhalte erscheinen in der Bedeutung des K. summiert; z. B.: *Strumpfhose* = ⟨Strumpf und Hose zugleich⟩; *Strichpunkt* = ⟨Einheit von Strich und Punkt: Semikolon⟩; *Gottmensch* = ⟨Christus als Mensch und Gott zugleich⟩.

Ko-Referenz, die (lat. co- = zusammen, zugleich; referre = auf etwas beziehen) [auch: Referenzidentität]: Bezug zweier oder mehrerer ↑Konstituenten eines ↑Textes auf dasselbe ↑Referenz-Objekt in der außersprachl. Wirklichkeit; z. B.: *Meiers haben sich einen Hund angeschafft. Das Tier ist noch sehr jung, ein Dackel, glaube ich. Er tollt gern im Garten herum.* ↑*auch Proform.*

Korpus, das (lat. corpus = geordnetes Ganzes; Gesamtheit): Klar abgegrenzte und dann nicht mehr erweiterte oder gekürzte Menge unveränderter mündlicher oder schriftlicher Äußerungen, die in traditioneller Sprachwissenschaft und im taxonomischen ↑Strukturalismus, nicht aber in der ↑Generativen Grammatik (↑Transformation), als Untersuchungsmaterial zur Grundlage der Sprachbeschreibung gemacht wird.

Korrelat, das (lat. con- = zusammen, zugleich; relatio = Zurücktragung, Gegenüberstellung): Wort, das mit einem anderen in syntagmatischer Wechselbeziehung steht; beide Partner eines korrelativen Paares fordern sich wechselseitig, setzen einander voraus; z. B.: *alles, was* (nicht etwa: **alles, das*); *darum, weil* (nicht: **darum, damit*); *insofern, als.*

Korrelation, die (lat. correlatio = Wechselbeziehung): Verhältnis zwischen zwei Reihen von ↑Phonemen, die paarweise in bezug auf das gleiche ↑distinktive Merkmal gegenübergestellt werden, z.B. stimmhafte /b/, /d/, /g/ gegenüber stimmlosen /p/, /t/, /k/. ↑auch Opposition.

Kreuzklassifikation ↑Subkategorisierung.

Kürzung: Neben Kombination und Konversion 3. Typ der ↑Wortbildung, bei der aus der Vollform eines Wortes durch Tilgung von Phonemen/Graphemen eine Kurzform entsteht:

a) ↑Kurzwort: Anfang bzw. Ende der Vollform oder Kombination aus beiden; z. B.: *Uni* (< Universität), *Bus* (< Omnibus), *Bierdeckel* (< Bierglasdeckel);
b) Initialwort: Kürzung auf die Anfangsbuchstaben der Morpheme der Vollform, entweder mit Aussprache nach Buchstabennamen, z. B.: *LKW* (< Lastkraftwagen), *CDU* (< Christlich- Demokratische Union), oder mit Aussprache ihres zusammengezogenen Lautwertes, z. B.: *Flak* (< Fliegerabwehrkanone), *UNO* (< United Nations Organization);
c) Abkürzung (↑Abbreviation): nur in geschriebener Sprache gekürzt, als Vollwort ausgesprochen; z. B.: *g* (< Gramm), *Dr.* (< Doktor).

Kurzzeitgedächtnis ↑Gedächtnis

Kundgabefunktion ↑Sprache.

Kunstwort: Nicht aus lebender Sprache übernommenes, sondern künstlich gebildetes Wort, bes. in Wissenschaft und Technik, häufig aus gr. und lat. ↑Morphemen bestehend; z.B. *Telegramm, Penicellin, Neutron.*

Kurzwort: In ↑Wortbildung ↑Kürzung der Vollform eines Wortes, bei der nur der Anfang oder das Ende erhalten bleibt (Kopfwort wie *Kilo* < Kilogramm, *Ober* < Oberkellner; Schwanzwort wie *Cello* < Violoncello, *Bahn* < Eisenbahn), eine Zusammensetzung der Anfänge mehrerer Morpheme (*Kripo* < Kriminalpolizei, *Fewa* < Feinwaschmittel) oder eine Kombination von Anfang und Ende, Kopf und Schwanz (*Motel* < Motorhotel, *Autobus* < Automobilomnibus, *Krad* < Kraftrad) erfolgt.

Labial, der (lat. labium = Lippe): ↑Konsonant, mit Hilfe der Lippen gebildet;
a) bilabial: Zusammenpressen von Unter- und Oberlippe; z.B. [p] in *Park*;
b) labiodental: Unterlippe wird gegen obere Schneidezähne gedrückt; z.B. [f] in *faul*.

labiodental ↑Labial.

Lagegröße ↑Größe.

Langage, die (franz. langage = Ausdrucksweise, Sprache): Nach Terminologie SAUSSURES: Sprachfähigkeit, (physiologisches und intellektuelles) Vermögen des Menschen, Sprache zu erlernen und zu gebrauchen (= faculté de langage). ↑ auch Sprache.

Language acquisition ↑Spracherwerb.

Language acquisition device ↑Spracherwerbsmechanismus.

Langue ↑Sprache.

Langzeitgedächtnis ↑Gedächtnis

Laryngal ↑Glottal.

Lasswellsche Formel: In ↑Pragmatik und ↑Texttheorie übernommene (variierte, erweiterte) Fragestellung von HAROLD D. LASSWELL (Analysator politischer Rede) zur Untersuchung sprachl. Handelns in ↑Kommunikationssituationen: Who says what in which channel to whom with what effect? = Wer sagt was über welchen Kanal zu wem mit welcher Wirkung? (meist variiert zu: Wer spricht zu wem, in welcher Sprachvariante, wann, wo, über welche Themen, mit welcher Absicht, mit welchen sozialen Konsequenzen?).

lateral ↑Liquid.

Laut: Akustisch wahrnehmbare Erscheinung unterschiedlicher Qualität; bei Ausatmung entstehender Luftstrom wird durch Hindernisse auf seinem Weg in Schwingungen versetzt und mit Hilfe der Artikulationsorgane (↑Artikulation) ausgeformt. ↑ auch Phon, Konsonant, Vokal.

Lautgesetz: Vor allem von den ↑Junggrammatikern postulierte Beschreibungsform für historische Lautveränderungen = nach „ausnahmslos" wirkenden Gesetzmäßigkeiten (positivistische Sprachwissenschaft; Historismus) verlaufende Vorgänge; z.B. ↑VERNERsches Gesetz oder Entwicklung einzelner Laute vom Idg. bis zum Nhd. in historischen Grammatiken.

Lautlehre ↑Phonologie, ↑Phonetik.

Lautschrift (auch: Transskription): Genaue schriftliche Wiedergabe der gesprochenen Sprache in ihrer lautlichen Erscheinung (↑Phonetik); jedes ↑Phon bzw. jedes ↑Phonem wird möglichst eindeutig durch ein Schriftzeichen bezeichnet; gebräuchlichste L. ist das Internationale Phonetische Alphabet (API):

Zeichen der API	Bezeichnung des Lautes und der Lautqualität	Beispiele mit Umschrift
(1) Vokale und Diphthonge		
[ɑ]	dunkler *A*-Laut	*Wahl* [vɑ:l], *mühsam* ['my:zɑ:m], *Statik* ['ʃɑ:tɪk]; *Bagatelle* [bagɑ'tɛlə]
[a]	heller *A*-Laut	*Wall* [val], *aufwachsen* ['aofvaksən], *kompakt* [kɔm'pakt]; *Cäsar* ['tsɛ:zar]
[e]	geschlossener *E*-Laut	*Ehre* ['e:rə], *Urheber* ['u:rhe:bər], *Halogen* [halo'ge:n]; *Legion* [le'gɪo:n]
[ɛ]	offener *E*-Laut	*Ähre* ['ɛ:rə]; *Fontäne* [fɔn'tɛ:nə]; *abwärts* ['apvɛrts], *heftig* ['hɛftɪç]; *Prospekt* [pro'spɛkt]; *Exil* [ɛ'ksi:l]
[ə]	schwachtoniger *E*-Laut	*Kavallerie* [kɑvalə'ri:]; *Rabe* ['rɑ:bə]
[i]	geschlossener *I*-Laut	*Stiel* [ʃti:l], *wieso* [vi:'zo:]; *probieren* [pro'bi:rən]; *Finale* [fi'nɑ:lə]
[ɪ]	offener *I*-Laut	*still* ʃtɪl]; *ranzig* ['rantsɪç]; *Solist* [zo'lɪst]; *Insekt* [ɪn'zɛkt]
[ĭ]	nichtsilbischer *I*-Laut	*Produktion* [produk'tsĭo:n]
[o]	geschlossener *O*-Laut	*Robe* ['ro:bə]; *abholen* ['apho:lən]; *Zone* ['tso:nə]; *Moment* [mo:'mɛnt]
[ɔ]	offener *O*-Laut	*Robbe* ['rɔbə]; *ausgenommen* ['aosgənɔmən]; *Song* [sɔŋ]; *korrekt* [kɔ'rɛkt]
[ø]	geschlossener *Ö*-Laut	*nötig* ['nø:tɪç]; *aussöhnen* ['aoszø:nən] *monströs* [mɔn'strø:s]; *möbilieren* [mø'bli:rən]
[œ]	offener *Ö*-Laut	*plötzlich* ['plœtslɪç]; *Streichhölzer* ['ʃtraeçhœltsər]
[u]	geschlossener *U*-Laut	*klug* [klu:k]; *Eigentum* ['aegəntu:m]; *Statur* [ʃta'tu:r]; *numerieren* [nume'ri:rən]
[ʊ]	offener *U*-Laut	*lustig* ['lustɪç]; *aufrunden* ['aofrʊndən]; *korrupt* [kɔ'rʊpt]; *Ultimatum* [ʊlti'mɑ:tʊm]
[y]	geschlossener *Ü*-Laut	*Güte* ['gy:tə]; *ausglühen* ['aosgly:ən]; *Vestibül* [vɛsti'by:l]; *Type* ['ty:pə], *Pyramide* [pyrɑ'mi:də]
[ʏ]	offener *Ü*-Laut	*Brücke* ['brʏkə]; *unmündig* ['ʊnmʏndɪç]; *Ypsilon* ['ʏpsilən]; *Symbol* [zʏm'bo:l]
[ae] oder [a͜e]	Diphthong *ei* (*ai*)	*Leib* [laep]; *abstreifen* ['apʃtraefən]; *Eidechse* ['aedɛksə]; *Eidophor* [aedo'fo:r]; *Main* [maen]; *Anrainer* ['anraenər]
[ao] oder [a͜o]	Diphthong *au*	*brauen* ['braoən]; *Brauerei* [braoə'rae]; *Fauna* ['faonɑ]; *Mausoleum* [maozo'le:ʊm]
[ɔø] oder [ɔ͜ø]	Diphthong *eu* (*äu*)	*scheu* [ʃɔø]; *überschäumen*; ['y:bərʃɔømən]; *Euphrat* ['ɔøfrat]; *Europa* [ɔø'ro:pɑ]

Zeichen der API	Bezeichnung des Lautes und der Lautqualität	Beispiele mit Umschrift
(2) Konsonanten		
[m]	Nasallaut *m*	*Mond* [mo:nt]; *zahm* [tsɑ:m]; *Motto* ['mɔto·]; *Verbum* ['vɛrbʊm]
[n]	Nasallaut *n*	*nach* [nɑ:x]; *Bein* [baen]; *Note* ['no:tə]; *Ozon* [o'tso:n]
[ŋ]	Nasallaut *ng*	*Schwung* [ʃvʊŋ]; *Angora* [aŋ'go:rɑ]
[l]	Stimmhafter seitlicher Engelaut *l*	*Last* [last]; *Nebel* ['ne:bəl]; *Libelle* [li'bɛlə]; *Lokal lokal* [lo'kɑ:l]
[r]	*R*-Laut	*Rille* ['rɪlə]; *Geschirr* [gə'ʃɪr]; *Region* [re'gĭo:n]; *Archiv* [ar'çi:f]
[f]	stimmloser Reibelaut *f*	*falten* ['faltən]; *reif* [raef]; *Figur* [fi'gu:r]; *Oktav* [ɔk'tɑ:f]
[v]	stimmhafter Reibelaut *w*	*walten* ['valtən]; *Violine* [vio'li:nə]
[s]	stimmloser Reibelaut *s*	*stoßen* ['ʃto:sən]; *Spaß* [ʃpɑ:s]; *Skelett* [ske'lɛt]; *konfus* [kɔn'fu:s]
[z]	stimmhafter Reibelaut *s*	*versenden* [fɛr'zɛndən]; *Sekunde* [ze'kʊndə]
[ʃ]	stimmloser Reibelaut *sch*	*schleichen* ['ʃlaeçen]; *morsch* [mɔrʃ]; *Strapaze* [ʃtra'pɑ:tsə]; *musisch* ['mu:ʒɪʃ]
[ʒ]	stimmhafter Reibelaut *sch*	*Regie* [re'ʒi:]; *Etage* [e'tɑ:ʒə]
[ç]	stimmloser vorderer Reibelaut *ch* (sogenannter „*Ich*-Laut")	*reichen* ['raeçən]; *Verzicht* [fɛr'tsɪçt]; *wendig* ['vɛndɪç]; *Chemiker* ['çe:mikər]; *Ichthyosaurus* [ɪçtyo'zaorʊs]
[j]	stimmhafter vorderer Reibelaut *j*	*jubeln* ['ju:bəln]; *Jura* ['ju:rɑ·]
[x]	stimmloser hinterer Reibelaut *ch* (sogenannter „*Ach*-Laut")	*Kuchen* ['ku:xən]; *Koch* [kɔx]; *Achat* [ɑ'xɑ:t]; *Epoche* [e'pɔxə]
[h]	Hauchlaut *h*	*Hauch* [haox]; *Hotel* [ho'tɛl]
[p]	stimmloser Verschlußlaut *p*	*prüfen* ['pry:fən]; *hopp* [hɔp]; *Laub* [laop]; *Pokal* [po'kɑ:l]; *Reptil* [rɛp'ti:l]; *Bob* [bɔp]
[b]	Stimmhafter Verschlußlaut *b*	*bleiben* ['blaebən]; *Bombast* [bɔm'bast]
[t]	stimmloser Verschlußlaut *t*	*teilen* ['taelən]; *Welt* [vɛlt]; *Feld* [fɛlt]; *Tenor* [te'no:r]; *violett* [vio'lɛt]; *Summand* [zʊ 'mant]
[d]	stimmhafter Verschlußlaut *d*	*dulden* ['dʊldən]; *Diät* [di'ɛ:t]
[k]	stimmloser Verschlußlaut *k*	*Kiefer* ['ki:fər]; *Geschenk* [gə'ʃɛŋk]; *Teig* [taek]; *klassisch* ['kla'sɪʃ]; *Tank* [taŋk]; *Katalog* [kɑtɑ'lo:k]
[g]	stimmhafter Verschlußlaut *g*	*beglaubigen* [bə'glaobɪgən]; *Geograph* [geo'grɑ:f]

· nach Vokalen zur Kennzeichnung der reduzierten (halben) Vokallänge, z.B. *Jena* ['je:nɑ·]
(Kennzeichnung der Vokalkürze: kein besonderes Zeichen, z.B. *Fall* [fal])

˘ über nichtsilbischen Vokalen, z.B. *Region* [re'gĭo:n]

˜ über nasalierten Vokalen, z.B. *Autun* [o'tœ̃·]

' Hauptakzent vor der betonten Silbe, z.B. *Energie* [enɛr'gi:]

ˌ Nebenakzent vor der betonten Silbe, z.B. *Elektroenergie* [e'lɛktroenɛrgˌi:]

Lautverschiebung: Historische Veränderung des Konsonantensystems

a) bei Abspaltung des Germ. vom Idg.: 1. oder Germanische L.; aspirierte (behauchte) Tenues (↑Explosivum) idg. ph, th, kh und einfache Tenues idg. p, t, k > stimmlosen ↑Spiranten germ. f, þ, χ (h) wie in lat. *pater* > engl. *father* / nhd. *Vater*; lat. *tres* > engl. *three*; lat. *centum* > nhd. *hundert*; aspirierte Mediae (↑Explosivum) idg. bh, dh, gh > stimmhaften Spiranten germ. ƀ, đ, ǥ (später > b, d, g) wie in idg. **bhrater* > got. *broþar* / nhd. *Bruder*; idg. **dhur-* > engl. *door*; idg. **ghostis* / lat. *hostis* > got. *gasts*; Mediae idg. b, d, g > Tenues germ. p, t, k wie in lat. *labi* > engl. *to sleep*; lat. *decem* > engl. *ten*; lat. *genu* > nhd. *Knie*;

b) bei Ausgliederung des Dt. aus dem Gemeingerm., jedoch nur im Hdt., nicht im Ndt. durchgeführt: 2. oder Hochdeutsche L.: Tenues p, t, k > stellungsbedingt entweder (nämlich im Anlaut, im Inlaut nach Konsonant, in der ↑Gemination = Verdoppelung) ↑Affrikaten pf, tz/z, kch/ch wie in engl. *plant* / nhd. *Pflanze*; engl. *heart* / nhd. *Herz*; engl. *to drink* / ahd. (alem. und bair.) *trinkhan* oder (nämlich in vokalischer Nachbarschaft) Doppelspiranten ff, ss, hh/ch wie in engl. *open* / nhd. *offen*; engl. *to eat* / nhd. *essen*; engl. *to make* / nhd. *machen*; Mediae b, d, g (mit unterschiedlicher Durchsetzungskraft) > Tenues p, t, k wie in got. *sibja* / nhd. *Sippe*; engl. *daughter* / nhd. *Tochter*; engl. *to give* / ahd. (alem.) *keban*.

Lautzuwachs ↑Akzession

Leerstelle [auch: Planstelle]: Freier Platz, den in der Theorie der ↑Dependenzgrammatik die Verben (je nach ↑Valenz einen oder mehrere) gleichsam um sich eröffnen und der durch best. syntaktische Funktionsträger besetzt werden muß (notwendige ↑Ergänzungsbestimmungen), wenn ein ↑akzeptabler Satz entstehen soll; z. B.:

	verurteilt	
Der Richter	*verurteilt*	*den Gesetzesbrecher.*

Leerwort (mots vide): Bei Tesnière Funktionswörter: ↑Translative und Junktive, (↑Junktion), die im Unterschied zu Vollwörtern wie Substantiven, Verben, Adjektiven keinen referenzsemantischen (↑Referenz-Semantik) Wert haben, sondern nur grammatischen. ↑auch Synsemantikum.

Legasthenie, die (gr. legein = lesen; astheneia = Kraftlosigkeit, Schwäche): Lese-Rechtschreib-Schwäche; Störung im Aufbau der Lese- und Schreibfähigkeit bei sonst intakter und relativ guter Intelligenz und Lernleistung; typische Merkmale: Reversion = seitenverkehrtes Schreiben und Lesen von Buchstaben und Zahlen (z. B.: *b – d*; *ei – ie*), Inversion = gestürztes Schreiben (z. B.: *M – W*; *u – n*), Umstellungen (z. B.: *ist – tsi*; *die – dei*; *und – dun*), Zusammenschreibungen (z. B.:

bistu < *bist du*; *geter* < *geht er*), Auslassungen (z.B.: *banf* < *Bahnhof)*; multikonditionale Verursachung aus Vererbung, Reifungsverzögerung, Milieueinfluß, Hirnschaden: Raumlage-Labilität, Gestaltgliederungs- und Differenzierungsschwäche, Wortbild-Speicherungsschwäche;

a) literale L.: Unfähigkeit, die Beziehung zwischen sprachl. Laut und graphischem Lautzeichen herzustellen (= schwere Form der L.);
b) verbale L.: Schwierigkeiten beim Umsetzen von Lautfolgen in Buchstabenfolgen eines Wortes und umgekehrt (zeitliches Nacheinander von ↑Phonemen gegenüber räumlichem Nebeneinander von ↑Graphemen) sowie beim Speichern von Silben- und Wortbildern (= leichtere Form der L.).

Lehnbedeutung, -bildung, -schöpfung, -übersetzung, -übertragung, -wendung, -wort ↑Entlehnung.

Lekt, der (gr. legein = sprechen): Eine mehrerer möglicher sprachl. Variationen, die grundlegende syntaktische und/oder phonologische Ähnlichkeiten miteinander aufweisen (und deshalb als Teile eines übergeordneten sprachl. Systems angesehen werden können), sich andererseits durch best. Merkmale deutlich voneinander unterscheiden:

a) Dialekt (↑Mundart): mit best. geographischer Verbreitung in einem Kultur- und Sprachraum; z.B. Schwäbisch;
b) Soziolekt (↑Sprache): von Personengruppe mit best. Position, mit best. Status innerhalb einer gesellschaftlichen Organisation gesprochen; z.B. Soldatensprache;
c) Chronolekt: an best. Punkt ihrer historischen Entwicklung gesprochene Sprache (vgl. ↑Sprachperiode); z.B. Gegenwartsdeutsch.

Lemma, das (gr. lemma = das Herausgenommene): Stichwort in einem Wörterbuch oder einem Kommentar (aus laufendem Text herausgenommen und zur weiteren Erläuterung nach vorn gesetzt).

Lenis ↑Aspiration, ↑Opposition.

Lentoform ↑Allegroform

Lesart: Eine best. inhaltliche Repräsentation (↑Semantik), eine best. ↑Bedeutung eines ↑Morphems, Wortes, ↑Satzgliedes, Satzes;

a) lexikalische L.: Menge der ↑semantischen Merkmale + Menge der Selektionsbeschränkungen (↑Selektion) eines sprachl. Elementes;
b) abgeleitete L.: durch Anwendung von ↑Projektionsregeln aus zwei oder mehr lexikalischen L. entstanden. ↑auch Polysemie.

Level ↑Ebene.

Lexem, das (gr. lexis = Wort): Freies ↑Morphem (kann allein, ohne Verknüpfung mit einem anderen Morphem als Wort erscheinen), das kontextunabhängig auf best. Gegenstände und Erscheinungen der außersprachl. Wirklichkeit bezogen ist, oder entsprechende Morphemkonstruktion, sofern sie eine nicht auflösbare semantische Einheit bildet; Bauelement des Wortschatzes, Einheit des ↑Lexikons; z.B.: *Haus, Freude, lachen, spaßig, Turmuhr, unaufhörlich*; neben Einzelwortlexemen Wortgruppenlexeme (semantisch unauflösbare, lexikalisierte Wortgruppen wie *Weißes Haus* = ⟨Regierungsgebäude in Washington⟩) und Idiome (lexikalisierte feste Wortverbindungen und Redewendungen wie *auf die Palme bringen* oder *Maulaffen feilhalten*), deren Inhalt nicht durch Syntax-Regeln aus den Inhalten ihrer Bestandteile ableitbar ist.

Lexik, die: Anderer Terminus für ↑Lexikon, den Wortschatz einer Sprache.

Lexikalisierung: Verwandlung eines (mehrgliedrigen) sprachl. Elementes in ein Einzelwort oder ein Element, das als Entsprechung (↑Äquivalenz) eines einzelnen Wortes fungiert; Aufnahme eines sprachl. Ausdrucks in das ↑Lexikon einer Sprache, als fester Bestandteil des konventionellen lexikalischen, begrifflich-inhaltlichen Inventars sprachl. Zeichen (↑Lexem); z.B.: *silberner Löffel > Silberlöffel*; aber: *goldene Uhr*, nicht **Golduhr*.

Lexikographie ↑Lexikon.

Lexikologie ↑Lexikon.

Lexikon, das (gr. lexis = Wort): Inventar der überkommenen ↑Lexeme einer Sprache (Wortschatz); internalisiertes Wissen des kompetenten Sprechers einer Sprache um dies Inventar sowie um die semantisch-syntaktischen Merkmale der Lexeme; Untersuchungsgegenstand der Lexikologie oder (in schriftlicher Darstellung) Produkt der Lexikographie (Wörterbuchherstellung).

Lexikoneintrag, der (dictionary entry): Wörterbuchangaben; enthalten für jedes Stichwort = ↑Lexem:

a) phonologische Information (Artikulationsweise in Lautschrift und orthographische Repräsentation);
b) grammatische Information (Wortart, syntaktische Subkategorien [↑Subkategorisierung], morphologische Eigenschaften, wie z.B. Flexionsklasse, ↑Umlaut in best. Flexionsformen);
c) semantische Information (Bedeutung = Anzahl und Formation der inhaltlichen Merkmale/Komponenten; nach KATZ/FODOR: semantic markers und semantic distinguishers);
d) Information über ↑Selektions-Beschränkungen (selection restrictions); grammatische (z.B. Unverträglichkeit von intransitivem Verb und Akk.-Obj.) und lexikalisch-semantische Restriktionen (z.B. Unverträglichkeit eines

Verbs mit dem Merkmal ⟨Subj.: +belebt⟩ und eines Nomens in Subj.-Stellung mit dem Merkmal ⟨ –belebt⟩ wie in **Die Säge stirbt.*).

Ligatur, die (lat. ligatum = vereinigt): Verschmelzung zweier ↑Graphe zu einer Einheit; z.B.: *ß* (< sz).

linear (lat. linea = Linie, Richtschnur): Eindimensional-geradlinig und kontinuierlich verlaufend; von ihrem lautlichen Charakter herrührende Eigenschaft der Sprache: zeitliche (mündlich) oder räumliche (schriftlich) Abfolge der Einheiten mit jeweils nur einem vorausgehenden und einem folgenden Nachbarn; aus Linearität der Sprache folgt distinktiver Wert der Reihenfolge sprachl. Einheiten: *Neger* [ne:gər] und *Regen* [re:gən] oder *Mal* [ma:l] und *lahm* [la:m] besitzen die gleichen Phoneme, Bedeutungsunterschied der Lexeme beruht auf jeweils anderer Reihenfolge.

Linguistik, die (lat. lingua = Sprache): 1. Wissenschaft und Lehre von der Sprache, allgemeine Sprachwissenschaft.
2. Moderne Sprachwissenschaft (des 20. Jhs.), die direkt oder indirekt auf Saussure zurückzuführen ist, Sprache als ein ↑Inventar von ↑Zeichen, ↑Strukturen und Erzeugungsmechanismen ansieht, ihre mündlichen und schriftlichen Erscheinungsformen im weiteren Zusammenhang von ↑Kommunikation und Interaktion (Sprache als soziales Handeln) untersucht, dabei nachweisbare, intersubjektiv gültige Ergebnisse anstrebt (empirische, exakte Wissenschaft) und deskriptiv, nicht präskriptiv-normativ verfährt (dagegen: ↑Sprachkritik, ↑Sprachdidaktik. ↑ auch Angewandte Linguistik.

Liquid, der (lat. liquidus = fließend, ausströmend): Volltönender, stimmhafter ↑Konsonant, bei dessen Bildung die Luft schwingend und kontinuierlich dem Mund entströmt;

a) lateral (Seitenlaut): Zunge verschließt Mitte des Mundes, Luft entweicht auf einer Seite oder auf beiden Seiten; z.B. [l] in *Liebe*;

b) vibrierend (Vibrant = Schwinglaut): Zungenspitze oder Zäpfchen zittert, flattert (intermittierend = regelmäßig unterbrochener Luftstrom); z.B. Zungenspitzen-R [r] und Zäpfchen-R [R].

logischer Schluß [auch: Schließen, Schlußfolgerung]: In Logik an best. Regeln (Schlußregeln) gebundene Ableitung von ↑Aussagen (Konklusion = Schlußfolgerung, Schluß) aus anderen, vorgegebenen Aussagen (Prämisse = Voraussetzung). Bei wahren (↑Wahrheit) Prämissen enthält l. S. Kraft eines Beweises; z.B.:
(gegebene) 1. Prämisse: *Karl ist größer als Gerd.*
(gegebene) 2. Prämisse: *Gerd ist größer als Fritz.*
(erschlossene) Konklusion: *Karl ist größer als Fritz.*

Logogramm ↑Graphetik.

Logopädie, die (gr. logos = Wort; paideia = Erziehung): Sprachheilkunde, Lehre von der Behandlung Sprachgehemmter und Sprachgestörter (↑Sprachpathologie).

lokal ↑Adverbial.

lokale Deixis ↑Deixis

Lokalsatz ↑Gliedsatz.

lokutiv ↑Sprechakt.

Low-Varietät ↑Diglossie

Majuskel ↑Graph.

Makrolinguistik, die (gr. makros = groß): Nicht nur ↑Sprache i. e. S. untersuchende, sondern ↑Kommunikationssituationen und Kommunikationspartner in die Untersuchung einbeziehende ↑Linguistik; umfassende Kommunikationswissenschaft mit den Teilbereichen ↑Prälinguistik, ↑Mikrolinguistik, ↑Metalinguistik.

Makrosyntax, die (gr. makros = groß; syntaxis = Anordnung): In ↑Textlinguistik die das Ganze eines ↑Textes erfassende ↑Syntax, bei der ↑Satz nicht als größte (Gw. Mikrosyntax), sondern als kleinste rel. selbständige sprachl. Einheit erscheint, in der Verknüpfungsarten von Textteilen untersucht werden (↑Textgrammatik, ↑Textverweisung, ↑Textkohärenz).

Marginalglosse ↑Glosse

Marker, der (engl. to mark = kennzeichnen): 1. Merkmal eines sprachl. Elements; Notation bei Vorhandensein des M. +, bei Fehlen –; z. B. syntaktische M. in *schön*: ⟨+ Adj., + graduierbar⟩ oder semantische M. in *Vogel*: ⟨+ konkret, + zählbar, + belebt, – menschlich⟩;

a) inhärenter M.: kommt in allen Erscheinungsformen des betreffenden ↑Elements gleichermaßen vor; z. B.: ⟨+ Mask.⟩ in *Vogel*;

b) adjungierter M.: wechselt je nach ↑Kontext des Elements; z. B.: ⟨+ Sing.⟩, ⟨+ Gen.⟩ in *die Flügel des Vogels*, aber ⟨+ Plur⟩, ⟨+ Dat.⟩ in *Helft den Vögeln!*

2. In ↑Generativer Transformationsgrammatik Angabe der in einem Satz vorhandenen Kategorien und ihres syntaktischen Gefüges im Strukturbaum (↑P-Marker) oder Angabe der für Bildung eines abgeleiteten Satzes notwendigen Transformationsoperationen (↑T-Marker).

markiert [auch: merkmalhaft]: Eigenschaft eines sprachl. Elements, das durch ein positiv vorhandenes Merkmal in ↑Opposition mit einem anderen, „neutralen", unmarkierten (merkmallosen) Element steht; z. B. ist *Pferd* im Hinblick auf das Geschlecht semantisch unmarkiert, dagegen sind *Hengst* und *Stute* m.: ⟨+ männlich⟩ bzw. ⟨+ weiblich⟩; *Pferd* mit ⟨– Geschlecht⟩ negativ zu markieren, wäre ein sekundäres, erst aus der Opposition mit *Hengst* und *Stute* abgeleitetes Verfahren.

Maskulinum ↑Genus.

Matrix, die (lat. matrix = Mutterstamm): Rechteckig angeordnetes Schema mit horizontalen und vertikalen Zeilen zur systematischen Ordnung zusammengehöriger Elemente; ↑ auch Konsonant.

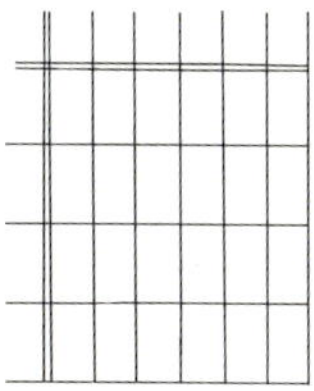

Matrixsatz ↑Einbettung.

Media ↑Explosivum.

Mehrdeutigkeit ↑Polysemie.

meinen: Intentionale Beziehung zwischen Sprecher und außersprachl. Wirklichkeit über das Medium sprachl. Zeichen; z. B. meint der Sprecher einen physikalischen, mit den Sinnen wahrzunehmenden Gegenstand und dessen Eigenschaften, wenn er sagt *Der Stein ist schwer.* ↑ auch bezeichnen, bedeuten.

Menge: Zusammenfassung wohlunterschiedener Objekte der Anschauung und des Denkens, den Elementen der M., zu einem Ganzen; Notation: $x \in M = x$ ist Element der Menge M; z. B.: die Buchstaben des dt. Alphabets: {a, b, ... z}. Extensionale ↑Definition einer M. erfolgt durch Aufzählung der Elemente, intensionale ↑Definition mit Hilfe einer Satzform mit einer freien Variablen P(x).

mentalistisch (lat. mens = Vorstellung, Meinung): Eigenschaft einer Sprachbetrachtung, die Bewußtseinsinhalte und damit nicht streng objektivierbare Kategorien wie Vorstellung, Mitteilungsabsicht, Emotion u.a. in die Sprachbeschreibung einbezieht; von behavioristisch geprägter Linguistik in den USA (Bloomfield) abgelehnt und durch mechanistisch-physikalische Verfahrensweisen ersetzt (jede wissenschaftliche, nicht philosophisch-spekulative Feststellung sei „made in physical terms“; deshalb sei die Bedeutung = meaning vorläufig nicht Gegenstand sprachwissenschaftlicher Forschung).

Merkmal ↑Marker.

Merkmaldominanz: Stärkeres Hervortreten derjenigen ↑semantischen Merkmale eines sprachl. Ausdrucks (↑Lexem), die im ↑Text wiederholt auftreten (also auch in anderen Bestandteilen des Textes; vgl. ↑Isotopie), gegenüber solchen, die nur an einen Ausdruck gebunden sind; z.B. M. von ⟨geizig⟩ gegenüber ⟨Bewohner eines Landes⟩ beim Textelement *Schotte* im Witz: *Warum kaufen Schotten keine Kühlschränke? Sie glauben nicht, daß das Licht ausgeht, wenn die Kühlschranktür zugeklappt wird.*

merkmalhaft ↑markiert.

Metakommunikation ↑kommunikative Kompetenz.

Metalinguistik (gr. meta- = über...hinaus; hinterher): Lehre von den Beziehungen der Sprache zu Erscheinungen der außersprachl. Wirklichkeit, wie z.B. zum Denken und Verhalten von Sprecher und Hörer, zur Kultur, zur Gesellschaft; Sprache determiniert die Art, wie Wirklichkeit gesehen wird (Whorf); Menschen verschiedener Muttersprachen leben in verschiedenen „worlds of reality“.

Metaplasmus, der (gr. metaplasmos = Umbildung): Veränderung der Lautgestalt eines Wortes aus Gründen des Wohlklangs, die häufig zu Doppelformen führt, z.B. *golden* neben *gülden*, *Hilfe* neben *Hülfe* (veraltet).

Metasprache ↑Sprache.

metasprachlich ↑Funktion.

Metathese, die (gr. metathesis = Umstellung): Stellungswechsel eines Konsonanten innerhalb eines Wortes oder eines Morphems, oft bei r und l: sie stehen in etymologisch verwandten Wörtern mal vor, mal hinter einem Vokal, z.B.: *Bernstein – Brennstein; Born – Bronnen/Brunnen; Rudolf – Rudloff.*

Mikrolinguistik, die (gr. mikros = klein): Im Unterschied zur ↑Makrolinguistik Untersuchung und Beschreibung des ↑Systems sprachl. ↑Zeichen und seiner Strukturen, unterteilbar in ↑Phonologie, Grammatik/↑Syntax, ↑Semantik.

Mikrosyntax ↑Makrosyntax.

Minimalpaar (lat. minimum = am kleinsten): 2 sprachl. Einheiten im System (Langue) mit sonst gleichen Merkmalen, aber einem sie unterscheidenden Merkmal (distinctive feature), das den Bedeutungsunterschied bewirkt und durch Gegenüberstellung gewonnen wird, z.B.: *Wal* [va:l] und *Wall* [val], distinktives Merkmal: Länge – Kürze (des Vokals), ↑Phoneme /a:/ und /a/. ↑ auch Opposition.

Minuskel ↑Graph.

Mißlingen ↑Gelingen.

Mitspieler ↑Dependenzgrammatik.

mittelbare Konstituente ↑Konstituente.

Mittelhochdeutsch ↑Sprachperiode.

Mittelphase ↑Artikulation

Mittelwort ↑infinit.

modal ↑Adverbial.

Modalfeld ↑Modus.

Modalsatz ↑Gliedsatz.

Modalverb: Verb, das (neben den Modusmorphemen der Verbalflexion) die Modalitäten (Bedingungen für die Realisierung) des verbalen Geschehens ausdrückt, ↑analytisch, in syntaktischer Verbindung mit dem Inf. eines Vollverbs, das den lexikalischen Inhalt der Äußerung trägt: *wollen, sollen, können, müssen, dürfen, mögen*; z.B. in *Ich soll arbeiten.*

Modalwort ↑Adverb.

Modell, das (ital. modello = Muster): Idealisierende (= Vereinfachung zugunsten größerer Deutlichkeit und Anschaulichkeit) Abbildung eines Teils einer komplexen Realität im Analogieverfahren (Abstraktion von Einzelheiten, aber gleiche ↑Struktur wie das Original); in Anlehnung an BÜHLERS M. der Sprache als eines Organons (Werkzeug, Instrument zur Mitteilung einer Nachricht über etwas durch einen Sender an einen Empfänger, mit Ausdrucks-, Appell- und Darstellungsfunktion; ↑Sprache) sind zahlreiche Sprachmodelle entstanden, die den Prozeß sprachl. ↑Kommunikation nachbilden (Kommunikations-M.); zum Zeichen-M. ↑Zeichen.

Modifikation, die (lat. modificatio = Umformung): Nähere semantische Bestimmung der Kern-↑Konstituenten (= head, Kopf) einer ↑subordinierenden ↑endozentrischen ↑Konstruktion durch Modifikatoren (*modifier*), andere Konstituenten, z.B. die Kategorien Adj. oder Präpositionalphrase (*eine lesbare Einführung*; *eine Einführung in die Linguistik*).

Modus, der (lat. modus = Art, Weise): In Flexionsformen des Verbs enthaltene Bez. der Aussageweise, in welcher der Sprecher den Bezug des verbalen Geschehens oder Seins zur Realität einschätzt (Wirklichkeitsgehalt), zur Geltung einer Äußerung Stellung nimmt;
a) ↑Indikativ (Grund-, Normalform der Aussageweise ohne besondere Kennzeichnung einer Modalität);
b) ↑Konjunktiv („Möglichkeitsform“);
c) ↑Imperativ (Befehlsform);
weitere Modi werden im Dt. nicht durch Flexionsmorpheme des Verbs, sondern durch syntaktische Konstruktion mit modalen Hilfsverben (↑Modalverben) und Verwendung von Modaladverbien ausgedrückt (insges.: Modalfeld).

Monem, das (gr. monos = allein): 1. Kleinstes sprachl. ↑Zeichen als bedeutungtragende Phonemfolge (↑Morphem) in der Terminologie Martinets; ein freies M. nennt er ↑Lexem, ein gebundenes M. ↑Morphem (aber abweichend vom sonst üblichen Gebrauch eben nur das gebundene).
2. Kleinste bedeutungstragende Einheit der Sprache (Meier).
3. Lautkörper (Ausdruck) des ↑Plerems (Heringer).

Monophthongierung, die (gr. monos = einzig; phthongos = Ton, Laut): Historischer Lautwandel, bei dem ein ↑Diphthong zum Monophthong, zum einfachen Vokal wird; neuhochdeutsche M. bildet (neben nhd. ↑Diphthongierung) wichtige Veränderung vom mhd. zum nhd. Lautbestand; begann im 11./12. Jh. im Westmitteldt. und breitete sich in den folgenden Jahrhunderten nach Osten, Norden und Süden aus (oberdt. Mundarten haben die alten Diphthonge bis heute bewahrt); es wurden: mhd. ›ie‹, ›uo‹, ›üe‹ zu nhd. ›ie‹[iː], ›u‹, ›ü‹; z.B. *liep* > *lieb* (das ›e‹ des Diphthongs ist zum bloßen Längungszeichen für ›i‹ geworden), *muot* > *Mut*, *güete* > *Güte;* aber heute noch bair. *liab* und *pfüet di!*.

Monosemierung, die (gr. monos = einzig; sema = Merkmal) [auch: Disambiguierung]: Vereindeutigung eines potentiell mehrdeutigen Ausdrucks (↑Polysemie, ↑Bedeutungspotential), in ↑Textlinguistik Eindeutigwerden der grundsätzlich als mehrdeutig angesehenen lexikalischen Einheiten (↑Lexem)/Wörter in konkreter ↑Kommunikation durch ↑Kontext und ↑Kommunikationssituation, indem alle an dieser Stelle nicht relevanten ↑Lesarten ausgefiltert, alle relevanten dagegen aktualisiert werden (↑Isotopie); z.B.: „*Dreh' die Mutter fest!*“ ↑auch Projektionsregel.

Morph, das (gr. morphe = Gestalt): Kleinstes bedeutungtragendes formales Bauelement in der Rede (Parole; ↑Sprache); segmentiert, aber noch nicht klassifiziert, noch nicht im Hinblick auf den Inhalt beschrieben; z.B. besteht *Aus-geh-ver-bot-e* aus 5 M. ↑Morphem.

Morphem, das (gr. morphe = Gestalt): Kleinste bedeutungtragende Einheit einer ↑Sprache (Langue) und damit kleinstes sprachl. ↑Zeichen; Klasse aller Morphe (↑Morph) mit gleicher distinktiver Funktion und äquivalenter oder komplementärer ↑Distribution; lautlich durch Phonemkette repräsentiert, Notation in Schrägstrichen //;

a) freies M. kann isoliert auftreten, d.h. ohne Verbindung mit anderen M. allein als Wort erscheinen (/Tür/, /Angst/, /froh/); gebundenes M. dagegen erscheint nur in einer mit einem anderen M. zusammen gebildeten Konstruktion (/bar/ in *hörbar*, /ab/ in *ablaufen*, /n/ in *Straßen*);
b) grammatisches M. ist (im Unterschied zum lexikalischen M. = ↑Lexem) zahlenmäßig beschränkt (begrenztes ↑Inventar) und bezeichnet syntaktische Beziehungen zwischen lexikalischen M. im Satz sowie einige inhaltliche Beziehungen, ist aber im lexikalischen Sinne inhaltsarm, wenn nicht inhaltsleer (z.B. Flexionsendungen wie Plur.-M., Ableitungssuffixe, Präp., Konj., Pron.);
c) wortbildendes M. (frei oder gebunden wie in *ängst-lich*) steht (wort-)formbildendem M. gegenüber (Flexions-M. wie in *Tür-en, größ-er, lach-t-en, ge-fress-en*);

Grundmorphem (auch ↑Basis oder Kern): freies M. einer M.-Konstruktion, ohne das kein Wort gebildet werden kann; es gibt mit seinen Inhaltskomponenten der Bedeutung des Gesamtwortes die Grundrichtung (/Frucht/ in *fruchtbar*, /alt/ in *uralt*, /Fisch/ in *fischen*, /geh-/ in *begehbar*). ↑auch Morphologie, unikales Morphem.

Morphemanalyse, die (gr. morphe = Gestalt; analysis = Auflösung): Zerlegung, Segmentierung von Wörtern und Syntagmen in ihre kleinsten bedeutungtragenden Bauelemente (↑Morpheme) und Beschreibung ihres Ordnungsgefüges; zunächst Diskriminierung (↑diskriminieren), Unterscheidung der Morpheme mit Hilfe von Oppositionspaaren: /Haus/ und /lich/ = freies und gebundenes Morphem, /Rind/ und /Rind/ + /er/ = Pluralmorphem /er/, /lach/ + /e/ und /lach/ + /st/ = Personalmorpheme /e/ und /st/; dann auch Analyse der Konstituentenstruktur von komplexen Morphemkonstruktionen mit Hilfe einer Stammbaumskizze (↑Stemma) oder einer anderen Formalisierung: z.B.:

Geburtstagsgeschenk

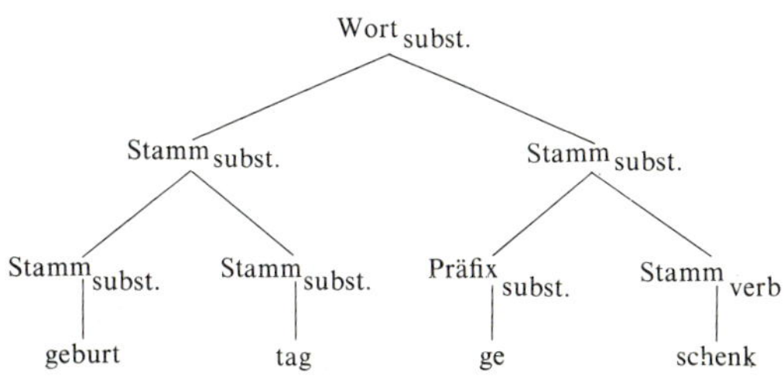

Morphematik, die [auch: Morphemik]: Lehre von den ↑Morphemen, ihrer Stellung im Sprachsystem (Langue) und ihrer Funktion bei der Wort- und Wortformbildung. ↑ auch Morphologie.

Morphemik ↑Morphematik.

Morphologie, die (gr. morphe = Gestalt): 1. Lehre von der Gestalt, der Struktur, den Bauformen sprachl. ↑Zeichen; Verzeichnis und Beschreibung der vorhandenen Formbildungselemente der Wörter.
2. Im weiteren Sinne: Lehre von der Funktion der kleinsten sprachl. Zeichen (↑Morpheme) unter dem Aspekt ihres Vorkommens (↑Distribution) und ihrer Kombination bei der Wortbildung sowie ihrer Stellung im Sprachsystem (Langue); Beschreibung der Wortbildung als eines Prozesses oder eines Produkts dieses Prozesses („fertiges" Wort in seinen Bauelementen und seiner Baustruktur).
3. Im engeren Sinne: Flexionslehre, Formenlehre (Beschreibung des Systems der Deklinations-, Konjugations- und Komparationsformen).

Morphophonem, das: Bei Harris Einheit, in der mehrere Phoneme zusammengefaßt sind, die im gleichen Morphem an gleicher Stelle bei verschiedener Umgebung auftauchen; z.B.: *springen, sprang, gesprungen* = /i, a, u/; *das Gold, des Goldes* = /t, d/.

Morphosphäre ↑Nomosphäre.

Morphosyntax, die (gr. morphe = Gestalt; syntaxis = Anordnung): Zusammenschau von Formklasse und syntaktischer ↑Funktion sprachl. Elemente (z.B. keine strikte Trennung von Subst. und Subj. oder Obj.), die an die Stelle der als sprachfremd angesehenen Trennung von ↑Morphologie (mit der Kategorie ↑Wortart) und Syntax (mit der Kategorie ↑Satzglied oder Satzteil) treten soll.

Motion, die (lat. motio = Bewegung) [auch: Movierung]: ↑Ableitung einer Personen- oder Tierbezeichnung von einer solchen mit andersartigem Geschlecht (↑Genus);
a) moverte Femina: *Lehrerin < Lehrer, Bäuerin < Bauer, Sekretärin < Sekretär, Königin < König, Hündin < Hund, Stewardeß < Steward*;
b) movierte Maskulina: *Witwer < Witwe, Gänserich < Gans.*

Motivation, die (lat. motivum = antreibend; causa motiva = bewegende Ursache): Durchsichtigkeit einer Wortbildung im Hinblick auf ihre Zusammensetzung (Konstituentenstruktur; ↑I-C-Analyse);
a) phonologische M.: direkte Beziehung zwischen Lautkörper eines Wortes und dem außersprachl. Gemeinten (↑Denotat) ist erkennbar (z.B. onomatopoetische Schallnachahmung wie in *Kuckuck*, engl. *cuckoo*, franz. *coucou*);
b) morphologische M.: sämtliche Morpheme eines Wortes sind durch Oppositionspaarvergleiche segmentierbar (z.B.: *hörbar* durch *hörig* und *faßbar;*

Dachfensterscheibe durch *Dachfensterrahmen, Glasscheibe, Dachziegel, Giebelfenster*);

c) semantische M.: Morpheminhalte sind als Bestandteile des Wortinhalts erkennbar (z. B. *Erdbeere* = ⟨Beere, die an der Erde wächst⟩, dagegen nicht *Himbeere*; *täglich* = ⟨jeden Tag⟩, *ängstlich* = ⟨Angst habend⟩, *schädlich* = ⟨Schaden verursachend⟩, aber nicht *häßlich; Verdienst,* aber nicht *Vernunft*).

M. ist Terminus ↑synchronischer Sprachbetrachtung; ↑diachronisch betreibt die ↑Etymologie Rekonstruktion ehemaliger M., die im Laufe historischer Entwicklung verlorengegangen ist: *Himbeere* < mhd. *hintber* = ⟨Hindenbeere, Beere der Hirschkuh⟩; *häßlich* von ⟨Haß erregend⟩ über ⟨hassenswert⟩ zu ästhetisch ⟨unschön⟩; *Vernunft* von ⟨Tätigkeit des Vernehmens, Erfahrens, Begreifens⟩ über ⟨Vorgang des Begreifens⟩ zu ⟨Fähigkeit des Begreifens⟩.
↑ auch Idiomatisierung, Alternativkomposition.

movierte Femina ↑Motion

movierte Maskulina ↑Motion

Movierung ↑Motion

Multilingualismus, der (lat. multi = viele; lingua = Sprache): Mehrsprachigkeit nach gleichzeitiger und etwa gleich intensiver Erlernung mehrerer Sprachen in der frühen Kindheit. ↑ auch Bilingualismus.

Multiplikativum ↑Numerale.

Mundart: Landschaftlich gebundene Variante innerhalb einer Nationalsprache; durch Besonderheiten verschiedenster Art von anderen M. benachbarter Landschaften abgehoben; Aufgliederung des dt. Sprachgebietes nach 2. ↑Lautverschiebung:

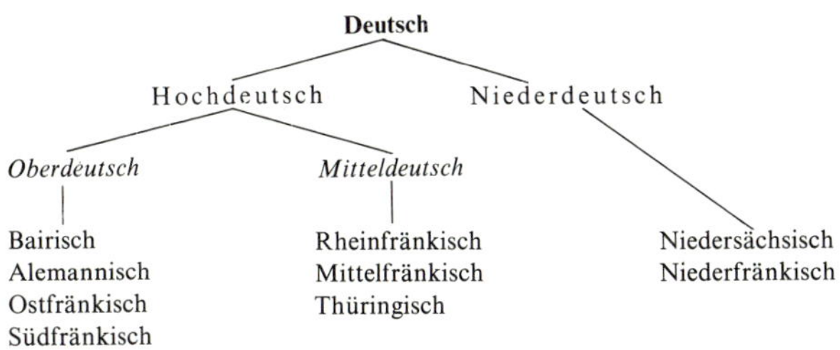

Muttersprache: Beim primären Spracherwerb des Kindes erlernte Sprache oder Sprachen (↑Bilinguismus) im Unterschied zu später hinzugelernten Fremdsprachen.

Nachahmungstheorie ↑Glottogonie

Nachfeld ↑Achsenstellung.

Nachtrag: Nachträgliche Anfügung eines Ausdrucks an einen bereits abgeschlossenen Satz oder Sinnschritt, bes. mit *und zwar* angefügt; z.B.: *Ich habe dich doch angerufen, und zwar genau um 14 Uhr.*

Nachzeitigkeit ↑Tempusgebrauch

Namenforschung [auch: Onomastik]: Untersuchung der ↑Eigennamen von Personen (Ruf- und Familiennamen), Adelsgeschlechtern, Stämmen, Völkern sowie von geographischen Erscheinungen (Flüsse, Orte, Landschaften, Länder, Gebirge) im Hinblick auf Entstehung und historischen Wandel (oft im Zusammenhang mit kulturgeschichtlichen Einflüssen).

Nasal, der (lat. nasus = Nase): ↑Konsonant, bei dessen Bildung der Mund geschlossen bleibt und die Luft durch die Nase entweicht; Nasenhöhle ist Resonanzraum (z.B. [m] in *Meile*). Gw. ↑Oral.

nasal: Eigenschaft von ↑Vokalen, die mit gesenktem Gaumensegel artikuliert werden; zusätzlich zur Resonanz im Mundraum entsteht dadurch Resonanz im Nasenraum; z.B. [ɑ̃] in *Chance*.

Nasalspirantengesetz ↑Ersatzdehnung.

Native speaker ↑Informant.

Nativismus, der (engl. native = angeboren): Hypothese, daß ↑Spracherwerb des Kindes aufgrund angeborener Prädispositionen (Anlagen; innate ideas) für sprachl. Erfahrungen erfolge, die Verlauf und Ergebnis der Spracherlernung bestimmen, daß Umwelteinflüsse (im Ggs. zu Anschauungen des ↑Behaviorismus) und Erfahrungen des Kindes die angeborenen Mechanismen nur in Gang setzten.

Naturlauttheorie ↑Glottogonie

Nebensatz ↑Gliedsatz.

Negation, die (lat. negatio = Verneinung): Verneinung der Aussage
a) eines ganzen Satzes; z.B.: *Ich glaube dir nicht.*;
b) eines Wortes oder Syntagmas; z.B.: *Ich habe kein Geld. – Ich sammle keine alten Briefmarken aus Italien, ich sammle nur deutsche.*;
N. erfolgt mit Hilfe verschiedener sprachl. Mittel: Partikel (z.B.: *nicht* und *nie*), Präp. (z.B.: *ohne*), Pron. (z.B.: *kein, niemand*), Präfix (z.B.: *un-* und *miß-* in *unerlaubt* und *mißachten*), Suffix (z.B. *-los* in *treulos*).

negative Abfolge ↑Abfolge

Nektion, die (lat. nectere = binden, verknüpfen): Bei HERINGER Verbindung mehrerer gleichartiger, kommutierender ↑Positionen, die an Stelle einer derartigen Position stehen, durch Nektive (koordinierende ↑Konjunktionen wie: *und, weder ... noch*), z. B.: *Katzen und Hunde (sind Haustiere).*

Neologismus ↑Neubildung.

Neubildung [auch: Neologismus]: Bildung eines neuen, vorher nicht vorhandenen Wortes zur sprachl. Erfassung neuer Erscheinungen:
a) Neuwort: völlig neu aufgekommen, meist fremdsprachl. Entlehnung oder Kunstwort (z. B.: *campen; Dralon*);
b) Neuprägung: erstmalige Bildung aus in anderen Wörtern bereits vorhandenen ↑Morphemen (z. B.: *Wirtschaftswunder, Umweltschutz, Sprachlabor*).

Neuhochdeutsch ↑Sprachperiode.

neutrale Stilebene ↑Stilebene

Neutralisation (lat. neutrum = keines von beiden): Beseitigung einer ↑Opposition durch Verlust der ↑distinktiven Merkmale bei einem Glied des Oppositionspaares; z. B. phonologische N. bei stellungsbedingter Variante eines Phonems (↑Allophon): bei Wörtern mit stimmhaftem Konsonant im Inlaut (*des Bundes*) und stimmlosem im Auslaut (*der Bund*) ist inhaltsdifferenzierender Lautunterschied [d] – [t] (*Männer des Bundes – buntes Papier*) in Fällen wie *Bund – bunt* aufgehoben: beide Wörter enden auf [t].

Neutrum ↑Genus.

Noem, das (gr. noema = Gedanke): Bedeutungselement semantisch ↑distinktiver Merkmale (vgl. ↑Phonem = Bündel phonetisch distinktiver Merkmale) oder ↑Komponenten, aus denen die Bedeutungen/Inhalte sprachl. Zeichen aufgebaut sind (HJELMSLEV); bei MEIER (↑Noematik) Komponente des ↑Semems, der Bedeutung der kleinsten bedeutungtragenden Einheit (↑Monem).

Noematik, die (gr. noema = Gedanke): Bei MEIER Lehre vom „semantischen“ = außersprachl.-kommunikativen Effekt der sprachl. Mittel (erwartungsgemäß bei Kommunikation ausgelöste Effekte): ein ↑Semem, die Bedeutung der kleinsten bedeutungtragenden sprachl. Einheit (↑Monem), wird als Menge begrifflicher, sprachunabhängig definierter Elemente oder Merkmale (↑Noem) angesehen, die in einem best. sprachl. Element vorhanden, potentiell vorhanden oder nicht vorhanden sind; best. Noeme bedingen, ergänzen oder schließen einander aus; ihre Zahl wird festgestellt (MEIER: zwischen 400 und 1000), sie werden in einem Noematikum klassifiziert und im Lexikon zur Beschreibung von Wort- und Satzbedeutung verwendet.

Nomen, das (lat. nomen = Name): 1. Im engeren Sinne = Subst.: ↑Wortart mit Kasusmorphemen (sowie Genus- und Numerusmorphemen), mit ↑Artikel (als „Begleiter") kombinierbar; zur Benennung von stofflich (Wesen oder Ding) und gedanklich Seiendem verwendet;

- Konkretum: N. mit gegenständlich-stofflichem ↑Denotat; z. B.: *Stein, Tisch, Mensch, Nebel;*
- ↑Abstraktum: N. mit ungegenständlichem, begrifflichem Denotat; dient zur Bez. von Eigenschaften, Zuständen, Vorgängen, Verhältnissen, Beziehungen, Vorstellungen; z. B.: *Schönheit, Glück, Sprung, Friede, Verwandtschaft, Geist.*

Durch ↑Derivation (Ableitung) entstandene N. nach inhaltlichen Gesichtspunkten klassifiziert:

a) N. actionis: Bez. für Vorgänge, Geschehnisse; z. B.: *Teilung, Drängelei;*
b) N. acti: Folge, Ergebnis eines Geschehens; z. B.: *Stimmung, Zuneigung*;
c) N. instrumenti: Mittel einer Tätigkeit; z. B.: *Bohrer, Kleidung*;
d) N. agentis: Handelnder, Täter; z. B.: *Schlachter, Künstler*;
e) N. qualitatis: Eigenschaft; z. B.: *Größe, Klugheit*;
f) ↑Kollektivum: Sammelbez.; z. B.: *Gebirge*;
g) ↑Diminutivum: Verkleinerungsbez.; z. B.: *Häschen.*

2. Im weiteren Sinne: Bez. für die Glieder aller kasusbestimmten Wortarten außer dem ↑Pronomen, also auch für ↑Adjektiv, im Unterschied zum tempusbestimmten ↑Verbum und unflektierbaren Wörtern.

3. Name; sprachl. Benennung einer Erscheinung der außersprachl. Wirklichkeit;
a) N. appellativum (↑Appellativum): Gattungsname mit best. Bedeutung, mit best. Platz im semantischen System der Langue; z. B.: *Baum*;
b) N. proprium (↑Eigenname): Benennung einer Einzelerscheinung (best. Mensch, geographischer Bereich), die mit ihrem N. unmittelbar und vollständig zu identifizieren (primäre Funktion) ist; z. B.: *Konrad Adenauer, Schwarzwald.*

Nomina postverbalia ↑Rückbildung.

Nominalisierung: Verwandlung eines Verbs, einer ↑Verbalphrase oder eines ganzen Satzes in ein Nomen oder eine ↑Nominalphrase; z. B.: *Sie singen.* > *Ihr Singen …;* *Er erntet Kartoffeln.* > *Seine Kartoffelernte …;* *Der Besuch reiste spät ab.* > *Die späte Abreise des Besuchs ….*

Nominalphrase, die (engl. phrase = Ausdruck): Wortgruppe im Satz, die ein ↑Nomen, Pronomen oder einen Eigennamen als Kern aufweist; Nominalteil (NT neben NP) des Satzes; z. B.: *der bissige Hund des Nachbarn.* ↑ auch Verbalphrase.

Nominativ, der (lat. nominare = benennen) [auch: Werfall oder Nennfall]: ↑Kasus der allg. Nennung einer Erscheinung (z. B.: *Stadt, Ruhe*) sowie des ↑Subjekts (Urheber einer Handlung, Träger eines Zustandes, zentraler Gegenstand eines Vorganges) und des ↑Prädikativums; z. B.: *Der Junge ist ein Glückspilz.*

A b s o l u t e r N.: Syntaktisch isolierter Ausdruck (außerhalb des eigentlichen Satzbauplanes befindlich), der den Inhalt eines ganzen Satzes wiedergibt; z. B.: *Er ging unvorbereitet in die Prüfung, ein starkes Stück! – Dieser Schlingel, wenn ich den erwische!*.

Nomosphäre, die (gr. onoma = Name; sphaira = Himmelskugel; Bereich): Beim späteren GLINZ Inhaltsebene der Sprache (geltende Inhalte der Langue) im Unterschied zur M o r p h o s p h ä r e, der Ausdrucksebene (Bereich der Sprachkörper); Schichtenmodell soll die Beziehungen zwischen geistig-begrifflicher Seite der Sprache und den ↑Oberflächenstrukturen, den üblichen Formen und Reihenfolgen sprachl. Elemente in einer Äußerung beschreiben helfen.

Norm, die (lat. norma = Richtschnur, Regel): 1. Verbindliche Regel, Vorschrift für „richtigen, korrekten" Sprachgebrauch (für die ↑Performanz); überwacht und (bei sogen. „Sprachverfall") zitiert von Sprachpflegern, Sprachkritikern, Sprachlehrern. ↑ auch präskriptiv, deskriptiv.
2. In ↑Soziolinguistik untersuchte Verhaltensvorschrift zur internen Organisation gesellschaftlicher Gruppen; als sprachl. N. das Sprachhandeln regelnd (Verwendung best. ↑Variationen), wobei Regelverstöße negativ sanktioniert werden. Das gegenseitige Rollenverständnis der Kommunikationspartner läßt z. B. den Ortsansässigen sagen: „*Korl, noch'n Bier!*", den Fremden dagegen: „*Herr Wirt, ich hätte gern noch ein Bier.*"

normativ ↑präskriptiv.

Notation, die (lat. notatio = Kennzeichnung) [auch: Notierung]: Aufzeichnung sprachl. Elemente, Beziehungen und Regeln mit Hilfe metasprachl. Symbole; z. B.: $\Rightarrow$ = „wird verwandelt in".

nuklear (lat. nucleus = Kern): Eigenschaft einer ↑Konstituente, die den N u k l e u s (Kern) der übergeordneten ↑Konstruktion bildet; z. B. Subj. und Präd. als n. Konstituenten des Satzes (LYONS) im Unterschied zu e x t r a n u k l e a r e n wie Adverbialbestimmungen.

Nuklearsatz ↑Kernsatz.

Nukleus ↑nuklear.

Null-Artikel: Nicht mit einem ↑Artikel besetzte Position innerhalb einer ↑Nominalphrase im Plural, mit der generalisierenden Funktion des unbest. Artikels; z. B.: *Hier nistet der Vogel. Hier nistet ein Vogel. Hier nisten die Vögel. Hier nisten* $\underline{\emptyset}$ *Vögel.*

Nullmorphem: Nicht besetzte Stelle (↑Leerstelle) am Ende eines Grundmorphems, an der in anderen Wort- oder Wortformbildungen Wortbildungs- oder Flexionsmorpheme stehen; Notation: ∅; z. B.: /steig/ + /∅/ im Imperativ Sing. *steig*, dagegen: *steige, steigst, steigt, steigen:*

$$/\text{steig}/ + \begin{Bmatrix} \text{e} \\ \text{st} \\ \text{t} \\ \text{en} \end{Bmatrix}$$

Numerale, das (lat. numerus = Zahl) [auch: Zahlwort]: ↑Wortart nicht i. e. S., da unter dem gruppenbildenden Faktor „Zahlangabe" Wörter verschiedener Wortarten vereint werden;
a) Kardinalzahl (Grundzahl): *eins, zwei, drei;*
b) Ordinalzahl (Ordnungszahl): *erster, zweiter;*
c) Multiplikativum (Vervielfältigungszahl): *dreifach, vierfach;*
d) Iterativum (Wiederholungszahl): *einmal, zweimal;*
e) Partitivum (Bruchzahl): *drittel, viertel;*
f) Distributivum (Verteilungszahl): *je zwei, je drei;*
g) Spezialium (Gattungszahl): *zweierlei, dreierlei.*

Numerus, der (lat. numerus = Zahl): In Flexionsformen des Subst. und des Verbs ausgedrückte Anzahl genannter Erscheinungen (als Einheit oder Vielheit):
a) Singular (Einzahl): *das Buch*;
b) Plural (Mehrzahl): *die Bücher*;
c) Dual (Zweizahl); fehlt im Dt.; z. B. im gr.: *he polis* = ⟨die Stadt⟩, *hai poleis* = ⟨die Städte⟩, *to polei* = ⟨die beiden Städte⟩.

Oberflächenstruktur, die: In ↑Generativer Transformationsgrammatik Form eines Ausdrucks, eines Satzes, wie sie in der konkreten Äußerung erscheint (ohne Berücksichtigung der Artikulation); grammatisch wohlgeformte, geordnete Kette korrekt gebildeter sprachl. Zeichen; der Analyse unmittelbar zugängliche Ebene der syntaktischen Struktur; im Basis-↑P-Marker darstellbar; aus der ↑Tiefenstruktur abzuleiten. Z. B. gehen auf eine gemeinsame Tiefenstruktur folgende 3 verschiedene O. zurück (Apposition, Relativsatz, Parenthese): *Fritz, ein begeisterter Sportler, ...* ; *Fritz, der ein begeisterter Sportler ist, ...* ; *Fritz – er ist ein begeisterter Sportler – ...* (*raucht nicht*).

Objekt, das (lat. obiectum = [dem Prädikat] entgegengeworfen) [auch: Satzergänzung]: ↑Funktion des Nomens im Satz; ↑Satzglied, das den Bezugspunkt des verbalen Geschehens bezeichnet (Erben: Ziel-, Zuwend- und Bezugsgröße) und

somit Ergänzung des Aussagekerns (↑Prädikat) ist; je nach ↑Valenz des Verbs nicht vorhanden, ↑fakultativ oder ↑obligatorisch vorhanden;
a) Akkusativ-O. [auch: direktes O.]; z. B.: *Er sieht den Mann.;*
b) Dativ-O. [auch: indirektes O.]; z. B.: *Er gibt dem Bettler Geld.;*
c) Genitiv-O.; z. B.: *Er erinnert sich der Bitte.;*
d) Präpositional-O.; z. B.: *Er glaubt an das Gute im Menschen.*

Objektsatz ↑Gliedsatz.

Objektsprache: Sprache, deren Äußerungen sich auf außersprachl. Objekte beziehen, die mit Hilfe einer Metasprache (↑Sprache) beschrieben wird, die also selbst Beschreibungs-Obj. ist.

obligatorisch (lat. obligare = verpflichten): Verbindlich, notwendig; Eigenschaft eines sprachl. Elements oder einer Operation im Satz; z. B. o. ↑Transformation, die bei Ableitung einer ↑Oberflächenstruktur aus der ↑Tiefenstruktur durchgeführt werden muß, damit ein ↑akzeptabler Satz der Rede entsteht, etwa Einsetzung der erforderlichen Flexionsmorpheme (Formativ *sing-* + 3. Pers. Sing. Präs. Indikativ ⇒ *singt*), ↑Permutation unfester Partikelverben im Satz (*aufhören* ⇒ *hörte ... auf*), ↑Deletion/Tilgung des Pron. beim Imperativ (*lach-* + *ihr* ⇒ *lacht!*).

Occurrence ↑Distributionalismus.

offen: In ↑Phonetik Eigenschaft
a) eines ↑Vokals mit relativ großem Öffnungsgrad des Ansatzrohres (Rachen-, Nasen-, Mundraum), z.B. [ɛ] in *Bett*; im Ggs. zum geschlossenen [e:] in *Beet*; korreliert im Dt. meist mit Kürze bzw. Länge des Vokals (↑Qualität);
b) einer ↑Silbe, die mit einem Vokal endet, z.B. [ze:] ⟨See⟩; im Ggs. zur geschlossenen Silbe, die mit einem oder mehreren ↑Konsonanten endet, z.B. [ta:l] ⟨Tal⟩.

offene Klasse: Grammatische Kategorie mit einer unbeschränkten, unbegrenzt großen Zahl zugehöriger lexikalischer Elemente (Nomina, Verben, Adj. und Adv.) im Ggs. zur geschlossenen Klasse grammatischer Elemente, deren Zahl unveränderlich und relativ klein ist (z. B.: Personalpron., Präp., Genera, Tempora).

okkasionell (lat. occasio = Gelegenheit): Nur gelegentlich in best. Weise gebraucht, auftretend; z. B. Eigenschaft seltener Wortbildungen wie *wellenatmend* in GOETHES „Fischer“.

Okklusivlaut ↑Explosivum.

Onomasiologie, die (gr. onoma = Name): Lehre von der Bez. vorhandener Erscheinungen, Vorgänge, Vorstellungen mit Namen; im Unterschied zur ↑Semantik sind Sachen, Wesen, Geschehnisse (also die außersprachl. ↑Referenten sprachl. Zeichen) fester Ausgangspunkt der Untersuchung, in der gefragt wird, wie jene zu best. Zeiten in best. Gegenden sprachl. bezeichnet werden; vorwiegend wortgeographische Forschung (z. B. die eine „Sache" Kinderspielzeug „Murmeln" und ihre verschiedenen Bez. im dt. Sprachraum: neben *Murmel* auch *Marmel, Klicker, Knicker, Schneller, Schusser, Ditscher*).

Onomastik ↑Namenforschung.

onomatopoetisch (gr. onomatopoein = mit Namen versehen, benennen): Lautmalend; durch Nachahmung von Geräuschen der außersprachl. Wirklichkeit gebildete Wörter, die also phonologisch motiviert (↑Motivation) sind; z. B.: *Wauwau* oder *Kuckuck*.

Operation, die (lat. operatio = Verrichtung): Handlung an bzw. Veränderung von sprachl. Material auf den Ebenen von ↑Text, Satz oder Wort, durch welche ↑Strukturen sprachl. Einheiten oder ihre Beziehungen (↑Relationen) zu anderen Einheiten erhellt werden; klassische O. des ↑taxonomischen Strukturalismus sind ↑Segmentierung und ↑Klassifikation; weitere „Prozeduren" (z. B. discovery procedures = Entdeckungsprozeduren im ↑Distributionalismus) und in ↑Sprachdidaktik eingesetzte „Proben" (bei GLINZ zur Auffindung und Charakterisierung vor allem von Satzstrukturen):
a) ↑Transformation;
b) ↑Permutation [auch: Umstell- oder Verschiebeprobe];
c) ↑Substitution [auch: Austausch- oder Ersatzprobe];
d) ↑Addition [auch: Einfügung];
e) ↑Deletion [auch: Tilgung oder Weglaßprobe].

operatives Gedächtnis ↑Gedächtnis

Operator, der (lat. operari = arbeiten): Symbol für eine Operation in der ↑Generativen Grammatik; z. B.: $\emptyset$ = wird getilgt; $\rightarrow$ = wird ersetzt durch; $\Rightarrow$ = wird verwandelt in.

Opposition, die (lat. oppositum = entgegengestellt, gegenüberstehend): Paradigmatische ↑Relation eines Sprachelements zu einem anderen, gegen das es in gleicher Umgebung, im gleichen ↑Kontext ausgetauscht werden kann; Gegensatzverhältnis zweier sich durch ein ↑distinktives Merkmal voneinander unterscheidender Einheiten im Sprachsystem;
a) phonologische O.: im Oppositionspaar (TRUBETZKOY; bei HARRIS ↑Minimalpaar) *Rand* – *Rind* stehen die Phoneme /a/ und /i/ in O.;
b) morphologische O.: in *wunderbar, wundersam, wunderlich* stehen die Morpheme /bar/, /sam/ und /lich/ in O.;
c) lexematische O.: in den Syntagmen *blondes Haar, braunes Haar, schwarzes Haar* stehen die Lexeme *blond, braun* und *schwarz* in O.

Gegenüberstellung der Einheiten dient Feststellung ihrer relevanten, der minimalen bedeutungsunterscheidenden Merkmale;

- mehrdimensionale/multilaterale O.: die gegensätzlichen Elemente unterscheiden sich in mehrfacher Hinsicht voneinander, haben nur wenig oder fast nichts gemeinsam; z. B.: /k/ und /r/ in *kaum* und *Raum*: [k] ist stimmloser, guttural-velarer Explosivlaut (mit Zungenrücken und Gaumensegel gebildet), [r] dagegen stimmhafter, dentaler Vibrant (mit Zähnen und schwingendem Zäpfchen oder schwingender Zungenspitze gebildet);
- eindimensionale/bilaterale O.: die gegensätzlichen Elemente unterscheiden sich nur in einem distinktiven Merkmal voneinander, haben im übrigen nur gemeinsame relevante Merkmale; z. B.: /k/ und /g/ in *Karten* und *Garten*: [g] ist wie [k] Explosivlaut, Guttural, Velar, aber im Ggs. zu [k] nicht stimmlos, sondern stimmhaft (bisweilen wird freilich Stimmhaftigkeit von [g] als ↑redundantes = zusätzliches, nicht bedeutungsunterscheidendes Merkmal angesehen und die unterschiedliche Intensität der Verschlußbildung für den Bedeutungsunterschied verantwortlich gemacht: [k] = Fortis = starker, kräftiger Laut, [g] = Lenis = zarter Laut).

↑Binäre O.: das eine Glied des O.-Paares (das merkmalhafte Glied) ist durch Vorhandensein, das andere (das merkmallose Glied) durch Fehlen desselben distinktiven Merkmals gekennzeichnet; z. B.: ⟨+Länge⟩ gegen ⟨−Länge⟩ bei [a:] und [a] in *raten* und *Ratten*. ↑ auch Relation, Kontrast.

Oppositionspaar ↑Opposition.

Optativ, der (lat. optare = wünschen): ↑Modus des Wunsches (Wunschform); im Idg. auch formal vom ↑Konjunktiv unterschieden, im Nhd. nicht mehr, sondern mit ihm zusammengefallen.

optional ↑fakultativ.

Oral, der (lat. os = Mund): Laut, der im Mundraum erzeugt wird; z. B.: [b] (gegen [m]); im Unterschied zum ↑Nasal (im Nasenraum erzeugt).

Ordinalzahl ↑Numerale.

Organon ↑Modell.

Ornativbildung, die (lat. ornatum = ausgerüstet, versehen): In ↑Wortbildung ↑komplexes Verb, das inhaltlich ein Ausstatten mit dem im Grundwort Gemeinten zum Ausdruck bringt; z. B.: *satteln* ⟨mit einem Sattel versehen⟩, *fetten, bereifen, bekleiden, verminen.*

Orthoepie, die (gr. orthos = richtig; epos = Wort, Rede) [auch: Orthophonie]: Lehre von der richtigen, normgerechten Aussprache.

Orthographie, die (gr. orthos = richtig; graphein = schreiben): Rechtschreibung; konventionelle Festlegung verbindlicher graphischer Repräsentation der Zeichen einer Einzelsprache vor allem nach phonetisch-phonologischen und etymologisch-historischen Gesichtspunkten.

Orthophonie ↑Orthoepie

Output ↑Black-box.

P-Marker, der (engl. phrase-marker = Kennzeichner einer Ausdrucksformation) [auch: Formationsmarker]: ↑Stemma (Baumdiagramm) oder Klammerdarstellung (labelled-bracketing) zur Strukturbeschreibung eines Satzes im ↑Basis-Teil der ↑Generativen Grammatik; formale Entsprechung zur taxonomischen Strukturbeschreibung der ↑I-C-Analyse, im Unterschied zu dieser aber nicht nur ↑Segmentierung und ↑Klassifikation der Elemente eines Satzes, sondern Beschreibung wiederholt anwendbarer Regeln zur Erzeugung vieler Sätze (↑Formationsregeln); z.B.:

Der Junge pfeift eine Melodie.

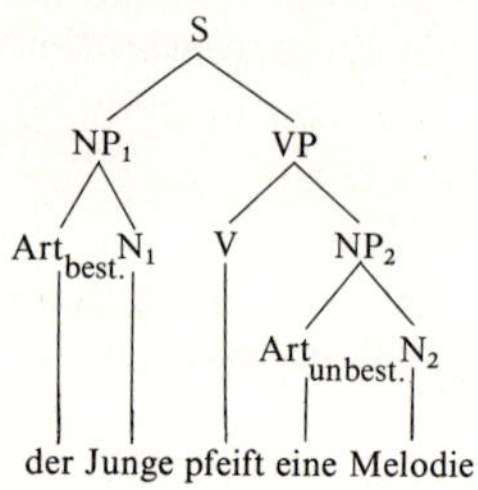

$$[[\text{Art}_{\text{best.}} + \text{N}_1]_{\text{NP}_1} + [\text{V} + [\text{Art}_{\text{unbest.}} + \text{N}_2]_{\text{NP}_2}]_{\text{VP}}]_{\text{S}}$$

Bei Einsetzung anderer ↑Formative aus dem Lexikon bei gleicher Struktur: *Der Bauer pflügt ein Feld.* oder: *Die Autorin schreibt ein Buch.*
Neben Basis-P-Marker in neuerer Generativer Grammatik generalisierter P-Marker, der im ↑Stemma mehrere Knoten mit dem Symbol S enthält, also mehrere Basis-P-Marker, und zusätzliche Angabe, an welchen Stellen und wie die Teilsatz-Strukturen ineinandergefügt sind (↑T-Marker also nicht mehr erforderlich); z.B.:

Ein Junge, der fröhlich ist, pfeift.

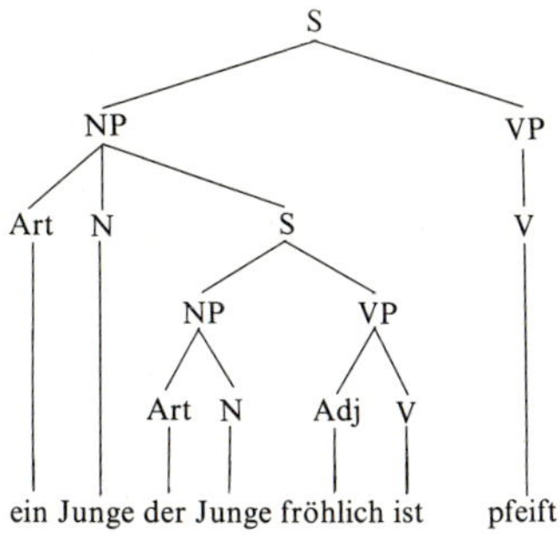

Zur ↑Deletion von *Junge* ↑auch Transformation.

Pädolinguistik, die (gr. pais, paidos = Kind): Interdisziplinäre Erforschung des ↑Spracherwerbs und der Sprache des Kindes vom 2. bis 7. Lebensjahr (bis zur Einschulung), des Zusammenhangs von verbaler und kognitiver Entwicklung unter psycholinguistischen (↑Psycholinguistik), biologischen, sozialen und kulturell-geistigen Bezügen.

palatal ↑Guttural.

Paradigma, das (gr. paradeigma = Beispiel): Muster einer best. Flexionsklasse, repräsentiert durch eine Reihe von ↑Wortformen mit gemeinsamem Grundmorphem (↑Basis) und gleichem Begriffsinhalt, aber wechselnden Flexionsmorphemen und grammatischen (Beziehungs-)Inhalten; z. B.: *Baum, Baumes, Baume, Baum …; lache, lachst, lacht, lachen …* .

paradigmatisch ↑Relation.

paralinguistisch ↑parasprachlich.

Paraphrasen: Inhaltsgleiche Sätze mit verschiedener ↑Oberflächenstruktur auf Grund:

a) synonymer Lexeme; z. B.: *Er <u>versteckt</u> den Gegenstand. – Er <u>verbirgt</u> den Gegenstand.;*
b) verschiedener Lexemanordnung; z. B.: *Er gibt dem Hund Fleisch. – Dem Hund gibt er Fleisch.;*
c) oberflächenmäßig verschiedener Lexemstruktur oder Syntagmastruktur; z. B.: *Er schenkt ihm <u>unbegrenztes</u> Vertrauen. – Er schenkt ihm <u>grenzenloses</u> Vertrauen. – Er schenkt ihm Vertrauen <u>ohne Grenzen</u>. – Er schenkt ihm Vertrauen, <u>das nicht begrenzt ist</u>.*

Paraphrasieren ↑Textverarbeitung.

parasprachlich (gr. para = neben) [auch: paralinguistisch]: Eigenschaft best. Ausdrucksqualitäten mündlicher Sprache, die durch das phonologische System nicht definiert sind, wohl aber intentional verwendet werden können und der Äußerung ihre physikalische Erscheinungsform geben; z. B.: Pausen, Lautstärke, Tonhöhe, Intonation, Akzentuierung, Geschwindigkeit, Geräuschzugaben.

Parataxe, die (gr. parataxis = Beiordnung): Koordinierende Satzglied- oder Satzreihung, bei der die einzelnen Glieder einander gleichrangig bleiben; ↑asyndetisch oder syndetisch; z. B.: *Hans, Erich und Wolfgang holten ihre Reisepässe hervor, sie zeigten sie dem Zollbeamten und durften die Grenze passieren.* Gw. ↑Hypotaxe.

Parenthese, die (gr. parenthesis = daneben gestellt): Einschub eines Wortes, Syntagmas, Satzes in einen Satz ohne formal-grammatische Eingliederung, aber in inhaltlichem Zusammenhang mit ihm; z. B.: *Er legte die Zeitung – es war die vom vergangenen Tage – auf den Tisch und erhob sich.*

Parole ↑Sprache.

Partikel, die/der (lat. particula = kleiner Teil) [bei GLINZ: Lagewort]: ↑Wortart; Sammelbez. für unflektierbare Wörter: ↑Präposition, ↑Konjunktion, ↑Adverb.

Partitivum ↑Numerale.

Partizip ↑infinit.

Partizipialsatz ↑satzwertig.

Passiv, das (lat. pati = leiden): Sprachl. ausgedrückte Sehweise des Sprechers: agensabgewandte (d. h. nicht auf den Urheber/Täter blickende) Sprechhaltung im Hinblick auf die Relationen zwischen Geschehen, Geschehensträger und Obj. des Geschehens; Geschehensträger kann sogar verschwiegen werden; formale Bildung: *werden* oder *sein* + Part. II;

a) Vorgangs-P.: prozessual gesehen; z. B.: *Der Hund wird* (*von seinem Herrn*) *angeleint.*;
b) Zustands-P.: nicht prozessual gesehen; z. B.: *Der Hund ist angeleint.*;
c) unpersönliches P.: geschehenszugewandt, an Stelle des Subj. nur unpersönliches *es*; z. B.: *Es wird gelacht.*

Gw. ↑Aktiv.

Pattern, das (engl. pattern = Muster): Nach FRIES musterhaftes Satzstrukturmodell ohne Berücksichtigung der lexikalischen Bedeutung der konkreten Syntagmen; nach einem Muster sind beliebig viele Sätze mit gleicher Struktur, aber bedeutungsverschiedenen Lexemen zu bilden; Pattern-Methode (pattern-practice) im Fremdsprachenunterricht: Automatisierung zu festen Sprechgewohnheiten (speech-habits) durch häufiges Wiederholen (pattern-drill) der Mustersätze, nicht durch ihre Erklärung; z. B.: *Der Schüler liest ein spannendes Buch. – Die Mutter strickt einen wollenen Schal. – Der Richter verurteilt einen geständigen Dieb.*

Pause: Unterbrechung des Sprachflusses zwischen aufeinander folgenden Lauten, ↑Silben, ↑Morphemen, Wörtern, ↑Syntagmen, Sätzen;
a) ungefüllte P.: Schweigen als echte Unterbrechung, die dem Hörer das Erkennen grammatischer Gruppierungen erleichtert;
b) gefüllte P.: lautliche Einschiebung wie *äh* oder *ehm* oder Wiederholungen von Silben/Wörtern als Verzögerungsphänomen; wird für sprachl. Planung des Sprechers genutzt.

Perfekt, das (lat. perfectum = vollendet): ↑Tempus rückblickender Feststellung der Abgeschlossenheit verbaler Vorgänge oder Zustände, der Vollendung in der Gegenwart; z. B.: *Ich habe gesprochen.*

perfektiv ↑Aspekt.

Perfekto-Präsens ↑Präterito-Präsens.

Performanz, die (engl. performance = Verrichtung, Tat): Aktuelle Sprachverwendung, konkrete Realisierung von Ausdrücken in best. Situation mit allen situationsbedingten Unzulänglichkeiten (wie Stottern, Versprechen, Unterbrechung, Gedächtnisschwäche, Redundanz u. a.) durch individuellen Sprecher; Anwendung der linguistischen ↑Kompetenz (= Gw. bei CHOMSKY), des Sprachkönnens, der internalisierten Langue-Regeln in der Rede (Parole).

Performanz-Bedingungen: Faktoren, deren Zusammenspiel Art des aktuellen Sprachgebrauchs, der Rede in einer Sprechsituation bestimmt; neben den von CHOMSKY übernommenen: begrenztes Gedächtnis, Zerstreutheit und Verwirrung, Verschiebung in der Aufmerksamkeit und im Interesse, Fehler (zufällige und typische) nach WUNDERLICH noch: Geübtheit, Erfahrungshorizont, allg. Motivation, sozialpsychologisch determinierte Hemmungen wie Schüchternheit, Angst, Neid, Abneigung usw., Rollenerwartung in einer Gesprächssituation, Verstellung, Aggressions- oder Schutzverhalten, Zusammenwirken mit außerverbalen Ausdrucksmöglichkeiten und dem Handlungskontext.

performatorisch (engl. to perform = ausführen, vollziehen): Nach AUSTIN Eigenschaft einer Äußerung, mit der die beschriebene Handlung in der außersprachl. Wirklichkeit zugleich vollzogen wird; Koinzidenz, Zusammenfall von Sprachhandeln und referentieller Aktion; formale Kennzeichen: Subj. in 1. Pers., direktes oder indirektes Obj. in 2. Pers., Verb im Präs.; z. B.: *Ich gratuliere dir zum Geburtstag. – Wir versprechen euch, daß wir pünktlich erscheinen werden.*

Perlokution, perlokutiv ↑Sprechakt, ↑Satzsemantik.

Permutation, die (lat. permutatio = Wechsel, Tausch) [als heuristisches Verfahren auch: Umstellprobe; bei GLINZ: Verschiebeprobe]: Umstellung der in linearer Redekette aufeinander folgenden sprachl. Elemente bei Wahrung ihrer ↑Funktion im Satz; als Transformationsoperation (↑Transformation): $[X_1]_{X_2} + [X_3]_{X_4} \Rightarrow [X_3]_{X_4} + [X_1]_{X_2}$; z. B.: *Der Kaufmann baut einen Laden.* ⇒ *Einen Laden baut der Kaufmann.*: $[NP + VP]_S \Rightarrow [VP + NP]_S$;

Strukturbaumveränderung:

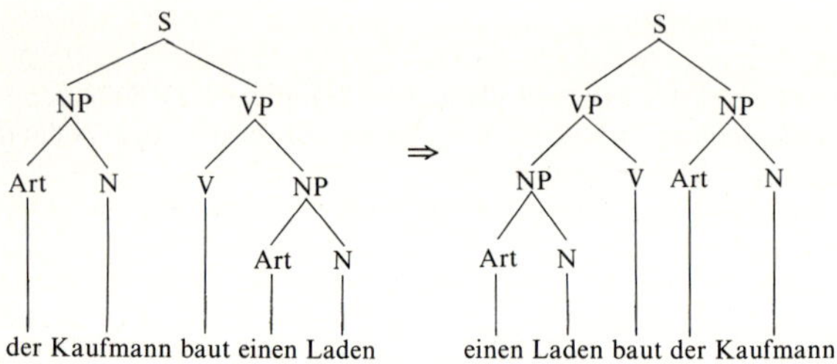

Person, die (lat. persona = Rolle): In Flexionsformen des Verbs und in Pron. ausgedrückte Zuordnung des Aussagegeschehens zur „handelnden" Subj.-Größe (Agens) des Satzes; mit Verweis- oder Zeigefunktion aus der Perspektive des Sprechers;

a) sprechende P. (1. P.): Verweis des Sprechers auf sich selbst; z. B.: *Ich lese. – Wir lesen.*;
b) angesprochene P. (2. P.): Verweis auf Gesprächspartner; z. B.: *Du schreibst. – Ihr schreibt.*;
c) besprochene P. (3. P.): Verweis auf persönliche oder unpersönliche Gesprächsgegenstände; z. B.: *Die Mutter / sie ruft. – Winde wehen.*

personale Deixis ↑Deixis

Persuasion, die (lat. persuasio = Überredung, Überzeugung): Gebrauch sprachl. Mittel zum Zweck der Beeinflussung anderer hinsichtlich ihrer Meinung, Einstellung, ihres Verhaltens bis hin zur ↑Sprachmanipulation; Kommunikation mit geringem Informationswert, unter Ausnutzung der Affektgeladenheit von Wortbedeutungen (verbreitete Wörter mit verschwommener denotativer Bedeutung und intensivem konnotativem Gefühlswert; ↑Konnotat) und Satzbedeutungen (Parolen, Slogans mit verbreiteten Vorurteilen), z. B.: *Reaktionär, autoritär, Wohlstand für alle!, Kernkraft, nein danke!*

Pharyngal, der (gr. pharynx = Rachen, Schlund): ↑Konsonant, der in der Rachenhöhle gebildet wird; z.B.: [x] in *Dach*.

phatisch ↑Funktion.

phatischer Akt ↑Sprechakt.

Phon, das (gr. phone = Ton, Laut): Sprachlaut, kleinstes Segment des linearen hörbaren Kontinuums mündlicher Äußerungen (Parole), noch nicht im Hinblick auf Bedeutungsdifferenzierung klassifiziert (↑Phonem); Notation in Lautschrift (des Internationalen Phonetischen Alphabets, IPA) und eckigen Klammern; z.B.: [t], [uː] und [x] in *Tuch*.

Phonem, das (gr. phonema = Laut): Kleinste lautliche Einheit der Sprache (Langue) mit bedeutungsunterscheidender Wirkung im sprachl. ↑Zeichen, aber nicht selbst bedeutungtragend (/v/ in *Vase* und /n/ in *Nase* bewirken den Bedeutungsunterschied der Wörter beim Vergleich miteinander oder mit *Hase*: P./h/); Klasse aller ↑Phone mit gleicher ↑distinktiver Funktion; Gesamtheit der phonologisch relevanten Merkmale eines Lautbildes (TRUBETZKOY); Bündel distinktiver Merkmale ↑binärer Struktur wie stimmhaft – stimmlos, vokalisch – konsonantisch, oral – nasal (JAKOBSON); als Grundelement der ↑Phonologie zugleich zeichenbildend und zeichendifferenzierend (*Hut* ist gebildet aus 3 P. /h/, /uː/ und /t/, die der jeweiligen semantischen Unterscheidung von *Mut, Haut* und *Huf* mit den P. /m/, /ao/ und /f/ dienen); Bestandteil des geschlossenen P.-Inventars einer Sprache (im Nhd. etwa 40 P.); Notation in Schrägstrichen unter Verwendung der Lautschriftsymbole (↑Phon).

Phonematik, die: In franz. Linguistik (MARTINET) gebräuchlich für ↑Phonologie.

Phonemik, die: In amerik. Linguistik (phonemics) gebräuchlich für ↑Phonologie, bisweilen auch in Deutschland (WERNER).

Phonetik, die (gr. phonetike = Laut): Lehre von Lautbildung und materieller Analyse der sprachl. Laute (Schallwellen) mit Hilfe naturwissenschaftlicher Messung und Beschreibung; keine Berücksichtigung der bedeutungsdifferenzierenden Funktion und des daraus resultierenden Systemcharakters (im Unterschied zur ↑Phonologie); Grundeinheit: ↑Phon;

a) artikulatorische P.: Beschreibung der Sprachlaute im Hinblick auf ihre Erzeugung durch den Sprecher (anatomische und physiologische Gesichtspunkte);
b) akustische P.: Beschreibung der Sprachlaute im Hinblick auf ihre physikalisch meßbare Substanz: Luftschwingungen zwischen Sprecher und Hörer (Dauer, Frequenz, Intensität); ↑ auch Sonagramm;
c) auditive P.: Beschreibung der Sprachlaute im Hinblick auf ihre Aufnahme durch den Hörer und ihre Wirkung.

phonetischer Akt ↑Sprechakt.

Phonogramm ↑Graphetik.

Phonologie, die (gr. phone = Laut; logos = Beschreibung): Lehre von den Sprachlauten unter den Aspekten ihrer Merkmale, ihres Vorkommens (↑Distribution), ihrer Kombinierbarkeit und ihrer Funktion im Sprachsystem (Langue) im Unterschied zur ↑Phonetik (Aspekt der meßbaren Substanz); Einheit: ↑Phonem; das Phoneminventar einer Sprache wird durch vielfachen Vergleich von Lautgegensätzen in inhaltlich verschiedenen, lautlich aber bis auf ein Phonem übereinstimmenden Wörtern (↑Opposition) ermittelt, die einzelnen Phoneme werden klassifiziert; von TRUBETZKOY und Prager Schule (↑Funktionalismus) begründet, von JAKOBSON in den USA (↑distinktive Merkmale) sowie HJELMSLEV und Kopenhagener Schule (↑Glossematik) fortgeführt; terminologische Unterschiede: in den USA ist Phonology Oberbegriff für ↑Phonetik und ↑Phonemik (= P. im oben angegebenen Sinne); in Frankreich bezeichnet P. zumeist die diachronische Betrachtungsweise der Laute, P. im oben angegeb. Sinne heißt ↑Phonematik (MARTINET).

Phrase, die (engl. phrase = Ausdruck): Satzteil; aus ↑Syntagma oder Einzelwort bestehend; z.B.: ↑Nominalphrase, ↑Verbalphrase.

Phrase-Marker ↑P-Marker.

Piktogramm ↑Graphetik.

Pivot-Wörter (engl. pivot = Drehpunkt, Stützpfeiler): In strukturalistischer Grammatik (↑Strukturalismus) geschlossene Klasse von Wörtern auf früher Stufe des kindlichen ↑Spracherwerbs; Kennzeichen: kleine Zahl, positionsgebundenes Auftreten; z.B.: *noch* im Zweiwortsatz *noch Steine!* oder *mit* in *Teddy mit!*; in Abhebung von der offenen Wortklasse der rasch zunehmenden Zahl nicht positionsgebundener Wörter wie *Steine, Teddy, haben* in *noch Steine!* (= Zweitstellung) oder *Steine haben!* (= Erststellung); Unterscheidung der beiden Klassen ist Grundlage der Pivot/Open class-Grammatik (BRAINE) zur Beschreibung der syntaktischen Struktur von Zweiwortsätzen; von ↑Generativer Transformationsgrammatik (CHOMSKY) als zu grobe Vereinfachung der syntaktischen Probleme abgelehnt.

Planstelle ↑Leerstelle.

Platzhalter: In älterer Form der ↑Generativen Grammatik sprachl. Element in einem Matrixsatz, an dessen Stelle bei ↑Einbettung der Konstituentensatz tritt, oder das, wenn es erhalten bleibt, auf den Konstituentensatz hinweist; z.B.: *Es empört uns.* > *Was du getan hast empört uns.* – *Es empört uns, was du getan hast.*

Plerem, das (gr. pleroma = Füllung, Sättigung): 1. Bei HERINGER (nach HJELMSLEV) kleinstes sprachl. Zeichen (sonst ↑Morphem oder ↑Monem genannt), das aus

Monem (Lautkörper, Ausdruck) und ↑Semem (Inhalt) besteht; freies, selbständiges P. (mit offener paradigmatischer Liste) heißt ↑Lexem, gebundenes, nur mit anderen P. vorkommendes (mit geschlossener paradigmatischer Liste; ↑ auch offene Klasse) heißt Morphem.
2. Bei Hjelmslev Einheit (volle Einheit) auf der Ebene der Form des Inhalts, ohne Ausdruck; ↑ auch Kenem, Glossematik.

Pleremik, die (gr. pleroma = Füllung, Sättigung): Lehre von der Bildung, Struktur kleinster (d.h. nicht als Kombination mehrerer ↑Zeichen beschreibbarer) Sprachzeichen.

Plural ↑Numerus.

Plurale tantum, das (lat. plures = mehrere; tantum = nur): Nur im Plural (↑Numerus) vorkommendes Wort, z.B.: *Ferien*, *Eltern*, *Möbel*. Gw. ↑Singulare tantum.

Pluralis modestiae ↑Autorenplural

Plusquamperfekt, das (lat. plus quam perfectum = mehr als vollendet): ↑Tempus rückblickender Feststellung einer Abgeschlossenheit verbaler Vorgänge oder Zustände, einer Vollendung in der Vergangenheit; z.B.: *Er hatte viel erlebt.*

poetisch ↑Funktion.

poetische Stilebene ↑Stilebene

Polysemie, die (gr. poly = viel; sema = Zeichen) [auch: Ambiguität]: Inhaltliche Mehrdeutigkeit eines Zeichens; seine unterschiedliche Verwendung in mehreren Bedeutungen (↑Lesart), deren Zusammenhang noch erkennbar ist (Einheit des Zeichens); Feststellung der jeweils aktualisierten Bedeutung mit Hilfe des ↑Kontextes möglich;

a) P. eines ↑Morphems: z.B.: /haft/ = ⟨behaftet mit⟩ wie in *vorteilhaft* – ⟨in der Art von⟩ wie in *mädchenhaft*;
b) P. eines ↑Lexems: z.B.: *Läufer* = ⟨Teppich⟩ wie in *Der handgeknüpfte Läufer liegt im Schlafzimmer*. – ⟨Sportler⟩ wie in *Im Endspurt wurde der Läufer Sieger*. – ⟨Schachfigur⟩ wie in *Er setzte den König mit dem Läufer matt.*;
c) P. eines ↑Syntagmas: z.B.: *Die Liebe der Kinder* = ⟨Liebe der Kinder zu ihren Eltern⟩ wie in *Am Muttertag äußert sich die Liebe der Kinder in besonderer Hilfsbereitschaft*. – ⟨Liebe der Eltern zu ihren Kindern⟩ wie in *Die Liebe der Kinder ist dadurch zu erklären, daß Eltern in ihren Kindern einen Teil ihrer selbst sehen.*;
d) P. eines Satzes: z.B.: *Ich grüße den Mann mit dem Hut.* = ⟨Der Mann, den ich grüße, hat einen Hut auf dem Kopf.⟩ – ⟨Ich grüße den Mann, indem ich meinen Hut abnehme.⟩.

↑ auch Homonymie, Bedeutungswandel.

polysyndetisch ↑asyndetisch.

Portmanteau-Morphem: Morphem, das sonst auf mehrere Morpheme verteilte Bedeutungen in seinem Inhalt vereint, ohne in inhalttragende Segmente aufteilbar zu sein, die als ↑Allomorphe der jeweiligen Morpheme gelten könnten; gleichzeitige Repräsentation verschiedener Morpheme durch ein Morphem; z. B.: *am* /am/ (= ⟨an⟩ + ⟨dem⟩).

Position, die (lat. positio = Stellung): Bei HERINGER Menge gleichartiger, kommutierender (↑Kommutation) Satzteile oder Sätze (der Elemente einer P.), die Träger best. syntaktischer Funktion sind (repräsentiert z. B. durch ↑Plereme, ↑Syntagmen, ↑Gliedsätze, aber auch Null: ∅); z. B. Konstituentenklasse NP, die Menge aller Syntagmen, die als Konstituente der Konstruktion VP (mit dem Formativ *kaufen* für V) erscheinen und dort gegeneinander ausgetauscht werden können:

$$\left[\left[\begin{Bmatrix} \text{ein Haus} \\ \text{viel Land} \\ \text{zwei neue Kleider} \\ \text{Bücher} \\ \vdots \\ \text{u. a.} \end{Bmatrix}\right]_{NP} \qquad + [\text{kaufen}]_{V} \qquad \right]_{VP}$$

Positiv ↑Komparation.

positive Abfolge ↑Abfolge

Possessivkompositum, das (lat. possessivum = besitzanzeigend) [auch: Bahuvrihi = ‚viel Reis (habend)' oder: exozentrisches Kompositum]: Aus 2 freien Morphemen oder Morphemkonstruktionen zusammengesetztes Wort (↑Kompositum), in der morphologischen Bauweise dem ↑Determinativkompositum gleichend (von FLEISCHER dazugerechnet), semantisch aber davon abweichend etwas bezeichnend, was in den Konstituenteninhalten als ganzes gar nicht erscheint, sondern nur in einem Teil (vollständiges ↑Denotat nicht explizit genannt); z. B.: *Dummkopf* = nicht ⟨dummer Kopf⟩, sondern ⟨Mensch, dessen Kopf dumm ist⟩; *Rotkehlchen* = ⟨Vogel, dessen Kehle rot ist⟩; *Rumpelstilzchen* = ⟨Wesen, dessen Stelze (Bein) rumpelt⟩; häufig metaphorisch: *Dickkopf* = ⟨Mensch mit dickem Kopf = unnachgiebiger Mensch⟩.

Possessivpronomen ↑Pronomen.

Postposition, die (lat. postpositio = Nachstellung): Nachstellung von ↑Präpositionen gegenüber dem Bezugsnomen, z. B.: *der Nase nach* (< *nach der Nase*).

Prädikat, das (lat. praedicatum = [über das Subj.] ausgesagt) [auch: Satzaussage]: ↑Funktion des Verbs im Satz; dominierendes Satzglied, das verbalen Aussagekern oder Aussagerahmen (bei mehrteiligem P.) darstellt und in der ↑Dependenzgrammatik allein, in der traditionellen, der strukturellen Grammatik und der ↑Generativen Transformationsgrammatik zusammen mit dem ↑Subjekt (NP + VP) das obligatorische Grundgerüst des Satzes bildet; steht mit Subj. in ↑Kongruenz; z. B.: *Fritz schläft. – Er hat gestern gefehlt. – Er will wieder gesund werden.* Der alte P.-Begriff der traditionellen Grammatik umfaßt außer dem Verb auch das sogen. Prädikatsnomen (↑Prädikativum); z. B.: *Sie ist Studentin. – Sie ist fleißig.*
↑auch Prädikatenlogik.

Prädikatanhebung (predicate-raising): Prälexikalische ↑Transformation in der ↑generativen Semantik, durch die im Stammbaum (↑Stemma) Prädikate zyklisch in den nächsthöheren Satz angehoben werden: das vom untersten Knoten dominierte Verb wird rechts neben das Prädikat des höheren Satzes gestellt, es folgt Tilgung des S-Knotens S_2, der keine Verzweigung mehr dominiert; z. B.:

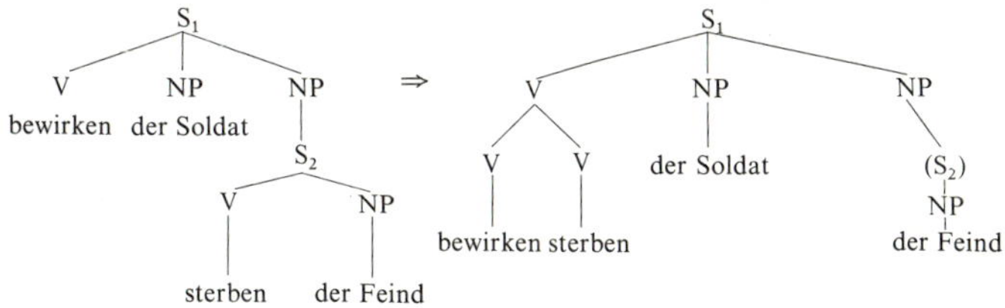

die auf die gleiche Stufe gerückten Prädikate (im Beispiel: bewirken und sterben) werden durch das ihre Merkmale bündelnde Lexem ersetzt: töten:

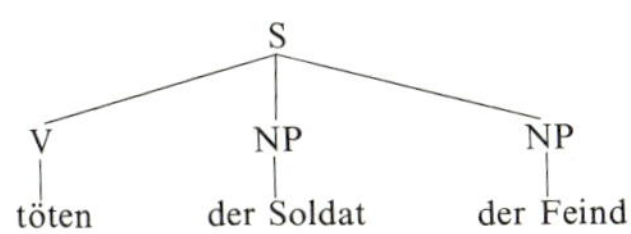

Zu lesen: Der Soldat bewirkt, daß der Feind stirbt. ⇒ Der Soldat bewirkt sterben (in Bezug auf) den Feind. ⇒ Der Soldat tötet den Feind.
↑auch Subjektanhebung.

Prädikatenlogik [auch: Prädikatenkalkül]: Untersuchung der logischen Beziehungen zwischen den Bestandteilen von ↑Aussagen, zwischen einem ein-, zwei-, drei- oder mehrstelligen Prädikat und seinen Leerstellen für Argumente, z. B.: P(x) = Prädikat mit einem Argument (= Eigenschaft, die zugesprochen wird) wie z. B. in *singt (Karl)*; R(x, y) = Prädikat mit zwei Argumenten (= Relation, die zugesprochen wird) wie z. B. in *liebt (Karl, Eva)*.

Prädikation, die (lat. praedicatio = Bekanntmachung): Zuteilung von Eigenschaften (accidentia) an Dinge (substantia); Aussage über etwas, Bestimmung einer Substanz im Hinblick auf Seinsart, Stellung in Raum und Zeit, Qualität, Tätigkeit, Zustand, Verhältnis...; z.B.: *Das Rind ist ein Säugetier. – Das Rind ist mager. – Das Rind gibt Milch. – Das Rind steht auf der Wiese.;* nicht in Satzform: *das magere Rind – das Rind auf der Wiese.*

Prädikativsatz ↑Gliedsatz.

Prädikativum, das (lat. praedicativum = das Auszusagende) [auch: Prädikatsnomen]: ↑Funktion im Satz; subst. (im Nom.) oder adj. (unflektiertes) Satzglied, das in traditioneller Grammatik als Bestandteil des ↑Prädikats angesehen wird, als Ergänzung des Verbs das Subjektsnomen charakterisiert; bei GLINZ Gleichgröße bzw. Artangabe; bei HELBIG/SCHENKEL obligatorische Ergänzungsbestimmung; z.B.: *Wir sind Studenten. – Wir sind lustig.*

Prädikator ↑Klassenlogik.

Prädikatsnomen ↑Prädikativum.

Prädiktabilität ↑Entropie.

Präfigierung ↑Präfixbildung.

Präfix, das (lat. praefixum = vorn versehen mit): Gebundenes ↑Morphem, das reihenbildend vor Grundmorpheme tritt und dadurch neue Wörter (↑Präfixbildungen) oder Flexionsformen aufbaut; z.B.: /ver/ in *vergessen, verlieren, verschonen, verraten, verlaufen*...; /ge/ in *gesungen, gelacht, getanzt*.... Gw. ↑Suffix.

Präfixbildung, die [auch: Präfigierung]: Wortbildungsart und ihr Produkt: Konstruktion aus einem freien ↑Morphem (↑Stamm) und einem oder mehreren unfreien, gebundenen, die vor das Stammorphem treten (↑Präfix); meistens Verb; bisweilen auch als Sonderform der ↑Derivation angesehen (weil Konstruktion aus freiem und gebundenem Morphem); z.B.: *auslachen, verwünschen, abschreiben; Untat, ungern; verabreden.*

Prälinguistik, die (lat. prae = vor): Teil der ↑Makrolinguistik; Untersuchung aller biologischen Voraussetzungen des ↑Sprechaktes und des Systems sprachl. ↑Zeichen.

Prämisse ↑logischer Schluß.

Präposition, die (lat. praepositio = Voranstellung) [auch: Verhältniswort]: ↑Wortart, die als Bindeglied beim syntaktischen Zusammenfügen einzelner Wörter

(Subst. mit Subst., Verben, Adj.) zu Wortgruppen (↑Syntagmen) dient und dabei das Verhältnis der Syntagmakonstituenten zueinander (z. B. lokal, temporal, kausal, modal) kennzeichnet; verlangt best. Kasus (↑Rektion); zahlenmäßig begrenzt (geschlossene Klasse); z. B.: *Die Katze auf/unter/vor/hinter/neben dem Ofen schnurrt. – Er glaubt an sein Glück. – Ich bin erfreut über den Erfolg.*

Präpositionalobjekt, das: ↑Objekt, das nicht unmittelbar, sondern über ein syntaktisches Beziehungswort (↑Präposition) mit dem regierenden Verb eines Satzes verbunden ist; z. B.: statt *Er schreibt seinem Freunde.* mit P.: *Er schreibt an seinen Freund.*; zu unterscheiden von der Adverbialbestimmung (z. B.: *Er baut sich an der See ein Haus.*).

Präsens, das (lat. praesens = anwesend): ↑Tempus einer allgemeinen, eigentlich zeitindifferenten oder neutralen Aussage, die u. a. auch ein verbales Geschehen oder Sein als aus der Sicht des Sprechers gegenwärtig charakterisieren kann; in vielen Fällen wird die tatsächliche Zeitreferenz erst vom Kontext her spezifiziert;

a) gegenwärtig; z. B.: *Gerade erhalten wir neue Informationen.*;
b) zeitlos-allgemeingültig (generelles P.); z. B.: *Die Erde dreht sich um die Sonne. – Der Hase zählt zu den Nagetieren.*;
c) vergangen; z. B.: *Im Jahre 1914 bricht der 1. Weltkrieg aus. – Ich kam gerade aus dem Haus, da sehe ich plötzlich einen Mann aus dem Fenster steigen.*;
d) zukünftig; z. B.: *Morgen gibt es Zeugnisse. – Du bestehst das Examen sicher.*

präskriptiv (lat. praescribere = vorschreiben): Eigenschaft einer Sprachwissenschaft, die Sprache nicht nur beschreiben (Gw. ↑deskriptiv), sondern auch Normen für einen „richtigen", „guten" Sprachgebrauch setzen will.

Präsupposition, die (lat. prae = voraus; suppositum = untergeschoben): Voraussetzung, die Sprecher bei einer Äußerung mitbehauptet und die Hörer aus Aussageinhalt rekonstruieren kann; Negationstest: P. ist, was auch bei Negation des Satzes unnegiert bleibt (z. B.: *Emils Frau ist krank / ist nicht krank.* → P. = Emil hat eine Frau.);

a) semantische P.: Unausgesprochene Aussagen werden vom Sprecher mit seiner Äußerung ↑implizit unterstellt; z. B.: *Ist dein Bruder inzwischen eigentlich aus der Haft entlassen*? P. = Der Angesprochene hat einen Bruder. Dieser Bruder war in Haft.;

b) pragmatische P.: Best. Annahmen über den situativen ↑Kontext (Hörer, Ereignisse, Raum, Zeit) werden vom Sprecher in einer Sprechhandlung unterstellt; z. B. hat Antwort eine Frage zur Voraussetzung, Rechtfertigung einen Vorwurf (= eine Sprechhandlung ist P. der anderen), Versprechen folgende P.: es ist nicht sowieso klar, daß man das Versprochene tun wird (**Du weißt, daß ich Freitag Geburtstag feiere. Deshalb verspreche ich es dir.*), der Hörer wünscht, daß es getan wird (**Du willst nicht, daß ich eine große Feier veranstalte. Ich verspreche es dir aber.*), Sprecher ist grundsätzlich in der Lage, das Versprochene auszuführen (**Ich verspreche dir, ein Jahr lang keine Nahrung zu mir zu nehmen.*). ↑ auch Implikation.

Präterito-Präsens, das [auch: Perfekto-Präsens]: Verb, das der Form nach aus idg. Perfekt erwachsen ist, aber Präsens-, Gegenwartsbedeutung angenommen hat (Bez. eines aus vollendeter Handlung hervorgegangenen Zustandes); z.B.: got. *wait*, nhd. *ich weiß* ist etymologisch verwandt mit gr. *eido* = ⟨ich sehe⟩ und gr. *oida* = ⟨ich habe gesehen und ich weiß nun⟩ wie auch mit lat. *vidi* = ⟨ich habe gesehen > ich sehe⟩.

Präteritum, das (lat. praeteritum = vergangen) [auch: Imperfekt]: ↑Tempus der Nichtgegenwart, der Vergangenheit eines ablaufenden Vorgangs aus der Sicht des Sprechers (zum Zeitpunkt seiner Rede); Erzählzeit mit Distanz des Erzählers zum erzählten Geschehen (BRINKMANN: Tempus der Erinnerung); z.B.: *Das Feuer flackerte noch ein wenig und erlosch.*

praeterminal ↑terminal.

Prager Schule ↑Funktionalismus.

Pragmalinguistik ↑Pragmatik.

Pragmatik, die (gr. pragma = Handlung) [auch: Pragmalinguistik]: Im Unterschied zur ‚Systemlinguistik' (Sprache beschrieben als ↑System kommunikativer ↑Zeichen) wird Sprache als Form sozialen Handelns, als Interaktion zwischen Kommunikationspartnern in konkreten ↑Kommunikationssituationen untersucht; der abstrakten linguistischen ↑Kompetenz eines idealisierten Sprechers/Hörers in der ↑Generativen Transformationsgrammatik wird als Beschreibungsobjekt die umfassendere ↑kommunikative Kompetenz des individuellen Sprechers/Hörers gegenübergestellt, ermittelt aus seinen sprachl. Äußerungen in best. Situation; neben lexikalische und grammatische Regeln treten sprachl. Gebrauchsregeln; es genügt nicht, korrekte Sätze einer Sprache zu bilden, man muß wissen, unter welchen Umständen und mit welcher Absicht sie gebraucht werden; mit jedem ↑Sprechakt (= kleinste Einheit der P.) wird nicht nur ein Inhalt übermittelt (Inhaltsaspekt), sondern auch eine best. illokutive Beziehung (Beziehungsaspekt) zwischen den Partnern hergestellt; z.B. enthält die Frage *Sind das echte Perlen?* ein Ersuchen um Information über ein Objekt, zugleich bestimmt der Sprecher durch Ton, Gesichtsausdruck usw. seine Beziehung, Einstellung zum angesprochenen Besitzer der Perlen: wohlwollende Freundlichkeit, Neid, Bewunderung oder anderes; Analyse von Sprechaktfaktoren und Sprechaktsequenzen, ↑gelingender und mißlingender, ↑symmetrischer und komplementärer Kommunikation. ↑auch performatorisch, Präsupposition, Aufforderung.

Primärberührungseffekt ↑Dentalangleichung.

Privativbildung (lat. privatum = beraubt, befreit). In ↑Wortbildung ↑komplexes Verb, das inhaltlich ein Wegnehmen, Entfernen des im Grundwort Gemeinten zum Ausdruck bringt; z. B.: *köpfen* ⟨Kopf abschlagen⟩, *schuppen* ⟨Schuppen entfernen⟩, *entfesseln* ⟨Fesseln abnehmen, von Fesseln befreien⟩, *entlausen, ausmisten.*

Probe ↑Operation.

produktiv (lat. producere = hervorbringen, erzeugen): Eigenschaft eines Wortbildungstypus, nach dessen Muster nicht nur in der Vergangenheit Wörter gebildet wurden (und der dann unproduktiv wurde wie das Ableitungssuffix -t bei ↑deverbativen Subst.; z. B.: *Fahrt* zu *fahren, Naht* zu *nähen, Saat* zu *säen,* aber nicht **Ölt,* sondern *Ölung* zu *ölen*), sondern nach dessen Muster man auch heute Neubildungen vornehmen kann; ein gegenwärtig sehr p. Derivationssuffix ist -ung: neben älteren Bildungen wie *Heilung, Warnung* auch *Verstädterung, Ankurbelung, Umfunktionierung.*

Proform, die (lat. pro = für, anstatt): Textverweisender (↑Text) sprachl. Ausdruck, mit dem ein im vorangehenden oder (seltener) im folgenden ↑Kontext eingeführtes ↑Referenz-Objekt in anderer Weise wiedererwähnt wird; z. B.: *Zwei Jungen standen vor dem Eingang der Schule. Sie hatten dort auf den gewartet, der jetzt als letzter das Gebäude verließ.*;
a) Anapher: P. für vorher Eingeführtes, z. B.: *sie, dort, das Gebäude*;
b) Katapher: P. für nachher Eingeführtes, z. B.: *den.*
↑auch Textphorik.

Projektionsregel (lat. proicere = vorauswerfen; engl. projection rule = Entwurfsregel): Bei KATZ/FODOR mit den tiefenstrukturell grammatischen Relationen zwischen Satzgliedern zusammenhängende Übertragungsweise von Lexeminhalten aus dem Lexikon in die Satzbedeutung; dabei schrittweise Ausschaltung verschiedener Lesarten (↑Polysemie) eines Lexems von einem Knoten des ↑P-Markers zum nächsthöheren (Disambiguierung durch Amalgamierung = Verschmelzung aller semantischen Komponenten der in den Satz eingehenden Lexeme); neben dem ↑Lexikon (Speicherung der semantischen Information der Einzellexeme, der usuellen Bedeutungen) 2. Teil der Beschreibung von Satzbedeutungen (Verwendung der Wörterbuchinformation bei Interpretation syntaktischen Vorkommens der Lexeme); z. B.: *Der Schnitzer verziert den weißen Läufer.*

Die 3 Lesarten des Nomens *Läufer* bleiben bei attributiver Verwendung des Adj. *weiß* auch in der Nominalphrase *weißer Läufer* erhalten; in der Verbalphrase *weißen Läufer verzieren* läßt das Verb die Lesart 1 des Nomens ausscheiden (Selektionsbeschränkung [↑Selektion]: V fordert als direktes Obj. ein N mit dem Merkmal ⟨– menschlich⟩, N hat aber das Merkmal ⟨+ menschlich⟩); das als Subj. fungierende Nomen *Schnitzer* läßt Lesart 2 ausscheiden (*Schnitzer* als Agens verlangt in Verbindung mit *verzieren* ein Obj. mit dem Merkmal ⟨+ aus festem, massiven Material⟩), so daß der Satz S mit Lesart 3 eindeutig (monosemantisch) ist.

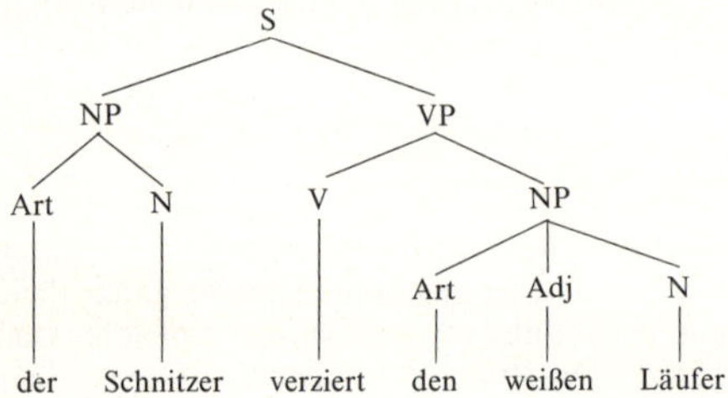

Graphische Darstellung der P.:

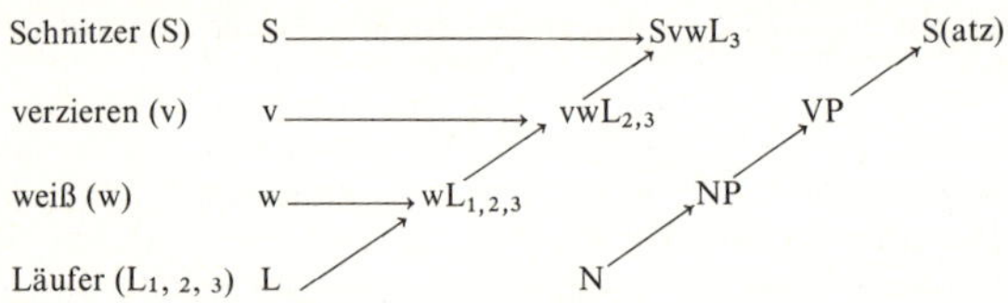

(Lesarten: L_1 = ⟨Sportler⟩, L_2 = ⟨Bodenbelag⟩, L_3 = ⟨Schachfigur⟩)

↑auch Monosemierung.

Proklise, die (gr. proklinein = vorwärts beugen): Verschmelzung eines unbetonten Wortes mit einem folgenden betonten; meist mit gleichzeitiger Lautschwächung und/oder Lautsubstanzverlust des unbetonten Wortes; z. B.: *draußen* < *dar außen*; *'n Tisch* < *ein Tisch*. Gw. ↑Enklise.

Pronomen, das (lat. pro nomen = für das Subst.) [auch: Fürwort; bei GLINZ: Anzeigewort; ERBEN: größenbezügliches Formwort]: ↑Wortart, deren Angehörige als Vertreter an Stelle eines Nomens treten können oder es (wie der ↑Artikel) begleiten;

a) nennend: Personal-P. (persönliches Fürwort); z. B.: *ich, er, uns, euch; sich* (reflexiv = rückbezüglich wie in *Er freut sich.* oder reziprok = wechselbezüglich wie in *Sie begrüßen sich.*);
   Indefinit-P. (unbestimmtes Fürwort); z.B.: *irgend etwas, jeder, mancher, man;*
b) hinweisend: Demonstrativ-P. (hinweisendes Fürwort); z. B.: *dieser, jene, solch;*
   Interrogativ-P. (fragendes Fürwort); z. B.: *wer, was, welche;*

c) zuordnend: Possessiv-P. (besitzanzeigendes Fürwort); z.B.: *mein, unser, euer*;

Relativ-P. (bezügliches Fürwort); z.B.: *der, welcher, was.*

Pronominalisierung: Mittel der Verkettung aufeinander folgender sprachl. Einheiten zu einem ↑Text: Wenn zwei oder mehr ↑Konstituenten eines Textes sich auf denselben ↑Referenten beziehen (↑ Ko-Referenz), so kann die Wiederaufnahme durch einen pronominalen Ausdruck erfolgen, ein Ausdruck durch einen pronominalen ersetzt werden (↑Pronomen), der dann auf die Information des Bezugsausdruckes verweist; z.B.: *Die Frau liest einen Artikel. Er gefällt ihr.*

Proposition, die (lat. propositum = Äußerung, Vorgebrachtes): Satzbegriff, semantischer Kern, Inhalt eines ↑Satzes (dessen „kanonische Instruktion", S. J. SCHMIDT) ohne Berücksichtigung seiner Form, seiner ↑Oberflächenstruktur, der modalen Angaben (wie Assertion = Feststellung, ↑Negation = Verneinung, Quantifikation, ↑Modus), der illokutiven und perlokutiven (↑Sprechakt) Komponenten. Mit Hilfe solcher Angaben wird P. in Bezug zu best. Ebenen der Kommunikation (↑Kommunikationssituation) gebracht, aktualisiert. P. ist als solche nicht wahrheitswertig (↑Wahrheit), kann aber stets in der Form des Aussagesatzes als Behauptung eines Sachverhalts angesehen und dann als wahr oder falsch bezeichnet werden. Gemeinsame P. ⟨Karl öffnen Tür⟩ in allen folgenden Sätzen:

- *Karl öffnet die Tür.*
- *Karl öffnet nicht die Tür.*
- *Die Tür wird von Karl geöffnet.*
- *Öffnet Karl die Tür?*
- *Karl, öffne die Tür!*
- *Wenn Karl doch die Tür öffnete!*
- *Wenn Karl die Tür öffnete, (...).*

propositionaler Akt ↑Sprechakt.

prosodisch (gr. prosodos = das Auftreten): Eigenschaft der Merkmale, die Dauer (Quantität) sowie Tonhöhe und Tonstärke (Qualität) bei sprachl. Lauten, Akzent und Rhythmus bei Lautfolgen festlegen.

Prozedur ↑Operation.

Pseudospaltsatz ↑Spaltsatz

Psycholinguistik, die (gr. psyche = Seele) [auch: Sprachpsychologie]: Lehre von den seelischen Faktoren bei der ↑Spracherlernung (Spracherwerb) und beim Sprachgebrauch (bei Produktion und Rezeption von Äußerungen) auf seiten des

↑kodierenden Sprechers/Schreibers wie des dekodierenden, verstehenden Hörers/Lesers; Untersuchung der psychischen Komponente im Verhältnis Sprache und Denken. Einzuteilen in:

a) psychoanalytische P.: sprachl. Fehlleistungen; freie Assoziationen; Therapie von Neurosen; Zeichensprache der Traumlehre; Sprechen als Trieb-,Abfuhr' und ,Erledigung';
b) experimentelle P.: in einen behavioristischen (↑Behaviorismus) Zweig und einen generativ-mentalistischen (↑Generative Grammatik) aufteilbar: ↑Spracherwerb als Ausformung sprachl. Umwelterfahrung oder als Entfaltung von im Kind Angelegtem; psychische Realität oder psychische Korrelate linguistischer Einheiten; Gedächtnis und Speicherung sprachl. Einheiten; Messung syntaktischer Komplexität von Sätzen und Texten.

Purismus, der (lat. purus = rein): Sprachreinigung; (übertriebenes) Streben nach Beseitigung/Vermeidung möglichst aller ↑Fremdwörter in einer Sprache.

Putativ, das (lat. putare = glauben, vermuten): Modaler Aspekt (↑Modus) des Vermutens, der sich beim Verb *werden* mit der temporalen Bedeutung verbindet oder diese verdrängt, z. B.: *Er wird (wohl) inzwischen zu Hause sein. Er wird krank sein.*

qualifizierend ↑Attribut

Qualität, die (lat. qualitas = Eigenschaft): Gesamtheit aller akusto-artikulatorischen Eigenschaften (↑Akustik, ↑Artikulation) von Lauten, ohne Berücksichtigung ihrer Dauer (Quantität), der Kürze oder Länge; z.B. ↑offen oder geschlossen bei ↑Vokalen, Klangfarbe usw.

Quantität ↑Qualität

Quantor, der (lat. quantum = wieviel): Sprachl. Mengenbez.; z. B.: *alle, viele, einige, manche, wenige, keine.*

↑auch Allaussage.

Quasi-Symbol ↑Kopula.

Raffwort: Komplexes, aus mehreren ↑Morphemen bestehendes Wort (↑Wortbildung), dessen Bedeutung einen ganzen Satzinhalt zusammenfaßt; z. B.: *Spitzenkandidat (< Kandidat, der an der Spitze einer Wahlliste steht).*

Rauschen: Aus Nachrichtentechnik übernommene Bez. für Störungen bei Übertragung von Informationen; bei gesprochener Sprache Störung durch Umweltgeräusche, ungenaue Artikulation, Zerstreutheit, Gedächtnislücken usw., bei geschriebener Sprache durch Schreibfehler, Entstellung der Schriftzeichen usw.

Reaktion ↑Behaviorismus.

Realisierung, die (lat. realiter = wirklich): Verwirklichung einer abstrakten Einheit des Sprachsystems, der Langue, durch die entsprechende konkrete Einheit in der Rede, der Parole; während z. B. ↑Graphem und ↑Phonem Abstraktionen des Sprachwissenschaftlers von den materiell faßbaren Schriftzeichen (↑Graphen) und Lauten (↑Phonen) sind (Klassenbildungen unter Berücksichtigung nur der ↑distinktiven Merkmale), stellen die verschiedenen ↑Allographe und ↑Allophone mit ihren zusätzlichen irrelevanten Merkmalen die R. des Graphems oder Phonems in einer best. Äußerung dar.

Rearrangement, das (franz. arrangement = Anordnung; ré- = wieder-, zurück): In ↑Textlinguistik bei Wienold Teil der ↑Textverarbeitung durch den Rezipienten (↑Emittent), der beim verstehenden Hören/Lesen eines ↑Textes dessen Teilinformationen in eine andere Reihenfolge bringt als in der Oberflächenstruktur des Textes vorgegeben. So muß Rezipient eines Witzes z. B. von der Schlußpointe her die vorausgegangenen Textinformationen neu ordnen.

Rechtschreibung ↑Orthographie.

Rede: 1. Sprechakt / konkrete Äußerung in best. Sprachsituation (Parole) im Unterschied zum abstrakten Sprachsystem (Langue).

2. Wiedergabe der Aussage eines Sprechenden; Darstellung von Äußerungen;

a) direkte/wörtliche R.: unmittelbare Wiedergabe einer Äußerung, so wie sie vom Sprecher gestaltet worden ist; z. B.: *„Wohin gehst du?" fragte er. – „Wenn du zurückkommst", meinte sie, „so bring doch bitte die Zeitung mit.";*

b) indirekte/abhängige R.: mittelbare, berichtartige Wiedergabe von Aussagen, Gedanken; z. B.: *Er versicherte, daß alles gut gehen werde. – Er glaubte, er hätte sich verspätet.;*

c) erlebte R. (innerer Monolog): Wiedergabe eines Selbstgesprächs oder nicht geäußerter Gedankengänge; steht zwischen direkter R. (Hauptsatz und Perspektive der handelnden Person) und indirekter (Darstellung in der 3. Pers.,

Erzählerdistanz zu sich selbst); z. B.: *Sollte er sich von Eva scheiden lassen?* – (Statt: „*Soll ich mich von Eva scheiden lassen?*" oder *Er fragte sich, ob er sich von Eva scheiden lassen sollte.*).

Redeart: Typus der ↑Rede, ↑Textsorte, für deren ↑Klassifikation BRINKMANN von der Rollenverteilung zwischen den Kommunikationspartnern ausgeht, von der grundlegenden Unterscheidung zwischen linearen und alternierenden Satzfolgen:

a) lineare R. (vom Partner nicht unterbrochene Rede):
- empfängerbezogene Rede (Ansprache, Predigt, Referat, Vorlesung, Vortrag, Wahlrede, Propagandaschrift, Werbung);
- verbindliche Rede (Kommando, Arbeitsanweisung, Aufforderung, Verfügung, Verwaltungsvorschrift, Formular);
- urheberbestimmte Rede (Monolog, Notiz, Versprechen, Glaubensbekenntnis);
- inhaltbezogene Rede (Verzeichnis, Reiseführer, Gebrauchsanweisung, Sprache des Rechts, wissenschaftliche Rede, Essay, Beschreibung, Bericht, Schilderung, Erzählung, Nachricht, Reportage, Bekanntmachung, Leitartikel, Kommentar);

b) alternierende R. (Wechselrede zwischen Partnern):
- Kontaktgespräche (Unterhaltung, Begegnung, Besuch);
- (ziel)gerichtete Gespräche (Kaufgespräch, Auskunft, Verkehrsregelung, Sprechstunde, Vernehmung, Verhör, Prüfungsgespräch, Interview);
- pluralistische Gespräche (Meinungsaustausch, Diskussion, Konferenz, Debatte, Beratung, Verhandlung).

Redekonstellation, die (lat. constellatio = Stellung der Gestirne): Zusammentreffen von Umständen, Kombination von Merkmalen der ↑Kommunikationssituation, die den Aufbau und Ablauf einer Sprachhandlung bestimmen. R. werden typisiert, den R.-Typen dann best. ↑Textsorten zugeordnet. Wichtigste Merkmale der R.:

a) Sprecherzahl: ein Sprecher oder mehrere;
b) Rang der Gesprächspartner: gleicher Rang, Privilegierung, Unterordnung;
c) Öffentlichkeitsgrad: öffentlicher, halböffentlicher, nichtöffentlicher, privater Bereich;
d) Grad der Vorbereitetheit: unvorbereitet, routiniert, speziell vorbereitet;
e) Themafixierung: Thema vorher genau festgelegt, nicht festgelegt;
f) Modalität der Themenbehandlung: argumentativ, deskriptiv, assoziativ;
g) Verhältnis Sprecher–Hörer: Dialogsituation, Monologsituation, bei der Sprecher sich gar nicht an Hörer wendet oder Hörer stumm bleibt oder Hörer reagiert.

Reduktion, die (lat. reducere = zurückziehen): Sonderform der ↑Substitution: Ersetzung einer fungierenden Gruppe sprachl. Elemente durch eine andere, die mindestens ein Element weniger enthält, oder durch ein einziges Element, wobei die Funktion bewahrt bleibt; als Transformationsoperation (↑Transformation): $[X_1 + X_2]_{X_3} \Rightarrow [X_4]_{X_3}$; z. B.: *Der Reiter fluchte, als das Pferd den Reiter abwarf.* ⇒ *Der Reiter fluchte, als das Pferd ihn abwarf.*: $[[\text{Art} + \text{N}]_{NP} + \text{V}]_{VP} \Rightarrow [[\text{Pron}]_{NP} + \text{V}]_{VP}$;

Strukturbaumveränderung:

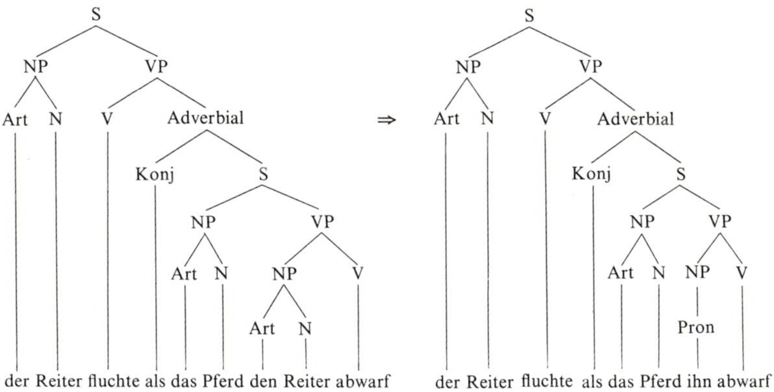

redundant (lat. redundare = im Überfluß vorhanden sein): Im Übermaß vorhanden; zusätzliche, überflüssige Informationen enthaltend zur Abgrenzung und Unterscheidung sprachl. Einheiten, für die Dekodierung sprachl. Äußerungen; z. B.: zur Unterscheidung der Grapheme ›n‹ und ›u‹ genügt in lat. Schrift das ↑distinktive Merkmal ‚Bogen nach oben gewölbt' bzw. ‚Bogen nach unten gewölbt'; das in Handschriften vielfach noch über das ›u‹ gesetzte Häkchen (ŭ) ist ein zusätzliches, streng genommen überflüssiges Unterscheidungsmerkmal, das ›ŭ‹ ist überbestimmt; – in der Flexionsform *Bälle* wird der Plur. (im Unterschied zu *Ball*) durch Suffix und ↑Umlaut (vgl. dagegen *Mutter – Mütter; Fisch – Fische*) gebildet, wobei unklar bleibt, welches der beiden Merkmale r. ist; im Lexem *Freude* schließt das inhärente Merkmal ⟨+abstrakt⟩ die Merkmale ⟨–belebt⟩, ⟨–menschlich⟩ mit ein; beide wären bei ↑Subklassifizierung des Lexems r., brauchten nicht genannt zu werden.
↑ auch Redundanz.

Redundanz, die (lat. redundantia = Überfülle): Im Sprachsystem angelegte (im Unterschied zur Tautologie und zum Pleonasmus; z. B.: *immer und ewig; alter Greis*) Überbestimmung eines sprachl. Ausdrucks durch komplexe Zeichenkombination, durch mehrfache Markierung gleicher Bedeutung; wiederholte Nennung einer Information, die in einer bereits gegebenen schon enthalten ist; R. trägt zur Sicherung der Informationsübermittlung im Kommunikationsprozeß bei (wenn einzelne Informationsträger z. B. durch Sprachfehler des Sprechers oder durch starke situationsbedingte Geräuschkulisse verlorengehen); z. B. Pluralangabe durch komplexe Morphemverbindung im Satz: *Die*[1] *schönen*[2] *Tage*[3] *gehen*[4] *vorüber.* ↑ auch redundant. Gw. ↑Emporie.

Reduplikation, die (lat. re- = zurück; duplicare = verdoppeln): Sonderform der Wortbildung, bei der einzelne Silben, Morpheme, Wörter doppelt gesetzt werden; z. B.: *Mama, Popo, Bonbon, Pinkepinke, Kuddelmuddel* (mit Reimbindung, aber Anlautwechsel), *Singsang* (mit ↑Ablaut).

Referent, der (lat. referre = wiederholen) [auch: Umweltreferent]: Außersprachl. Erscheinung (Ding, Sachverhalt, Gedanke), auf die das sprachl. Zeichen als auf Teile der menschlichen Welt verweist, die es gleichsam als sprachl. ‚Abbild widerspiegelt'; ↑ auch Denotat, Abbildfunktion, Widerspiegelungstheorie.

referentiell ↑Funktion.

Referenz, die: Beziehung zwischen sprachl. Zeichen und ihren ↑Referenten in außersprachl. Wirklichkeit; Bezug auf eine wahrgenommene, vorgestellte oder als möglich angenommene Welt, über die gesprochen/geschrieben wird.

Referenzanweisung ↑Anweisungsstruktur.

Referenzidentität ↑Ko-Referenz.

Referenzmittel: Sprachl. Ausdruck, mit dem der Sprecher sich auf wahrgenommene, erinnerte oder vorgestellte Welt bezieht; Träger der ↑Referenz, die sich auf einen Weltausschnitt als Objekt der Referenz beziehen;

a) situationsabhängiges R.: zum vollen Verständnis der Rede ist Kenntnis von Zeit, Ort, Sprecher, Hörer, Gesprächsgegenstand, Intentionen notwendig; jeweiliges Referenzobjekt ist aus der Situation heraus klar lokalisierbar; z. B.: *Dort hat der eine es ihm neulich gesagt.* (↑Ich-jetzt-hier-Ursprung);

b) situationsunabhängiges R.: ohne Kenntnis der best. Verwendungssituation der Äußerung verstehbar; z. B.: *Vor dem Hamburger Hauptbahnhof hat ein Zeuge Jehovas dem Verteidigungsminister am 4. April 1975 gesagt, daß er den Wehrdienst ablehne.*

Referenz-Semantik [auch: Sigmatik]: Beschreibung der ↑Bedeutung sprachl. ↑Zeichen im Blick auf ihre ↑Referenten in außersprachlicher Wirklichkeit.

reflexiv (lat. reflexum = rückwärts gebogen): Auf etwas anderes rückbezüglich; Eigenschaft best. Verben, die mit einem R.-↑Pronomen im Akk. oder Dat. eine feste Verbindung eingegangen sind (die Handlung richtet sich auf den Träger des Geschehens zurück; Subj.- und Obj.-Referent sind identisch); z. B.: *Wir freuen uns sehr. – Schämen Sie sich denn nicht? – Du hast dir etwas angeeignet, worauf du kein Recht hast.*

Reflexivpronomen ↑Pronomen.

Refrainfrage ↑Fragesatz

Regel: 1. Fachsprachl., zusammenfassende Formulierung sich unter ähnlichen Bedingungen gleichförmig wiederholender Vorgänge in der ↑Grammatik einer Sprache.
2. Anleitung, Anweisung zur Ausführung best. Operationen, z. B. zur Erzeugung (↑Generative Grammatik) ↑grammatischer Sätze oder zur ↑Transformation einer Zeichenkette in eine andere. ↑ auch Formationsregel, Transformationsregel.

Reibelaut ↑Spirant.

Reihenbildung: In Wortbildung Produktion ganzer Serien ↑komplexer Wörter in Analogie zu einem vorhandenen Muster; speziell Bildung von ↑Determinativkomposita unter Beibehaltung des Grund- oder Bestimmungswortes; z. B.: *Unfallmeldung, Verkehrsmeldung, Nachrichtenmeldung, Polizeimeldung; Blitzzug, Blitzgespräch, Blitzpartie.*

Reihenwort ↑Kopulativkompositum.

Rektion, die (lat. rectio = Lenkung): Bestimmung, Festlegung des ↑Kasus eines Wortes durch ein syntaktisch übergeordnetes Wort, das den Kasus des abhängigen „regiert"; z. B.: *Er schreibt den Brief mit der Hand.*, Akk. *Brief* wird vom Verb verlangt, Dat. *Hand* von Präp. *mit.*

Rekurrenz, die (lat. recurrere = zurücklaufen): Wiederholtes Vorkommen sprachl. Elemente (sprachl. Inhalts- und Ausdrucksformen) in einem ↑Text oder in verschiedenen Texten; z. B. R. eines ↑semantischen Merkmals in verschiedenen ↑Lexemen eines Textes, durch die ↑Isotopie hergestellt wird.

rekursiv (lat. recurrere = auf etwas zurückkommen): Eigenschaft einer ↑Grammatik, mit der unendlich viele Sätze beschrieben und erzeugt werden können, weil zu jedem Satz mit n Konstituenten noch ein weiterer mit n + 1 Konstituenten gebildet werden kann (↑Generative Grammatik); Grund: bestimmte ↑Formationsregeln können mehrfach nacheinander, beliebig oft durchlaufen werden, ein Symbol kann durch das gleiche Symbol (wiederholt) ersetzt werden (zugleich links und rechts des Ersetzungspfeils erscheinen); z. B.: NP → Art + N(+NP) = ersetze Symbol NP durch Symbolkette Art + N oder durch Symbolkette Art + N + NP; bei wiederholter Anwendung dieser Regel sind folgende Sätze bildbar: *Das Haus gefällt mir. – Das Haus des Bürgermeisters gefällt mir. – Das Haus des Bürgermeisters einer Stadt der Provinz eines Landes*... n-mal NP ... *gefällt mir.*

Relation, die (lat. relatio = Zurücktragung): Beziehung zwischen den verschiedenen Sprachelementen; seit SAUSSURE unterschieden nach 2 Arten:

a) syntagmatische R.: Beziehung eines Elements zu Elementen seiner Umgebung (horizontale Betrachtung in der linearen Redekette);

b) paradigmatische R.: Beziehungen eines Elements, die es ersetzen, die an seine Stelle im ↑Kontext treten können und sich dort gegenseitig ausschließen (vertikale Betrachtung im Satz).

Schematische Darstellung eines Beispiels:

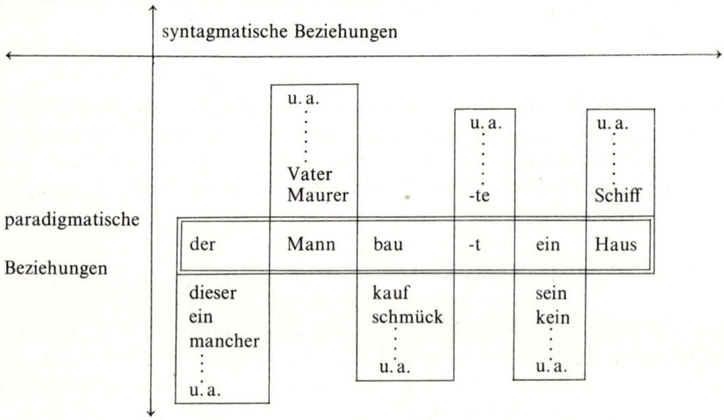

Syntagmatisch also z. B.: Beziehung zwischen Subj. und Präd. oder zwischen Art. und Nomen; paradigmatisch z. B.: Beziehung zwischen best. Art. und Demonstrativpron. oder zwischen Konjugationsmorphemen im Präs. und im Prät. ↑ auch Kontrast, Opposition.

Relationswort ↑Relator.

relativ (lat. relatum = bezogen auf): Eigenschaft eines ↑Pronomens oder Gliedsatzes, die sich auf ein vorher im Satz genanntes Wort oder ↑Syntagma beziehen; z. B.: *Er hat den Schlüssel wiedergefunden, den er verloren hatte. – Er pries das Leben auf dem Lande, welches das Leben verlängere.*

relativer Tempusgebrauch ↑Tempusgebrauch

relatives Verb ↑absolutes Verb

Relativität ↑Weltbild der Sprache.

Relativpronomen ↑Pronomen.

Relativsatz (lat. relatum = bezogen auf): ↑Gliedsatz, subordiniert, in ↑Matrixsatz eingebettet, einen nominalen Ausdruck durch zusätzliche ↑Prädikation näher bestimmend, meist gekennzeichnet durch einleitendes Relativpronomen;

a) explikativer, appositiver R.: erläuternd, entbehrlich, da zum Verständnis des Matrixsatzes nicht notwendig; z. B.: *Hunde, die vom Wolf abstammen, sind seit langer Zeit Haustiere.*;
b) restriktiver R.: einschränkend, die Referenz-Möglichkeiten des nominalen Ausdrucks einengend; zum Verständnis des Matrixsatzes notwendige Ergänzung; z. B.: *Hunde, die bellen, beißen nicht.*

Relator, der [auch: Relationswort oder Beziehungswort]: Oberbegriff für ↑Konjunktion und ↑Präposition, die vor allem syntaktische, aber auch ein wenig semantische Information enthalten (z. B.: ⟨lokal⟩ in *Die Katze liegt auf/vor/neben dem Ofen.*); davon zu unterscheiden die bloßen Beziehungsmittel, die ausschl. syntaktische Information liefern (z. B. Flexionsmorpheme für ↑Kasus, ↑Numerus, ↑Tempus).

relevant (lat. relevare = offenbaren, erschließen): Wesentlich; Eigenschaft sprachl. Merkmale, die zur Identifizierung und Unterscheidung sprachl. Einheiten, der Merkmalträger dienen; diese besitzen daneben meist auch noch für ihr Funktionieren nicht wesentliche (irrelevante) Merkmale; z. B.: im Wortpaar *reisen – reißen* sind in gesprochener Sprache die ↑Phoneme /z/ und /s/, in geschriebener die ↑Grapheme ›s‹ und ›ß‹ für den Bedeutungsunterschied verantwortlich, die für die Unterscheidung r. Merkmale der beiden Phoneme sind ‚stimmhaft (+lenis)' und ‚stimmlos (+fortis)'; nicht r. wäre im Dt. etwa das Merkmal ‚apikal' (mit der Zungenspitze gebildet) bei einem lispelnden Sprecher, da es im Dt. keine ↑Opposition eines Wortpaares mit [z] – [ð] oder [s] – [θ] gibt.

Response ↑Behaviorismus.

Restriktion ↑Lexikoneintrag.

restriktiv ↑Attribut, Relativsatz

restringiert ↑Sprachbarriere, ↑verbale Deprivation.

Restumlaut ↑Umlaut.

resultativ ↑Aspekt.

retroflexe Artikulation (lat. retro = zurück; flexum = gebogen, gekrümmt): Lautbildung mit zurückgebogener Zungenspitze.

Rezipient ↑Emittent, ↑Textrezeption.

reziprok ↑Pronomen.

Rhema, das (gr. rhema = Äußerung, Ausspruch): Im Rahmen der ↑funktionalen Satzperspektive der Mitteilungskern; das, was über das ↑Thema ausgesagt wird; die unbekannte, neue, nicht aus dem Vorausgehenden ableitbare Information; z. B.: *Ich weiß es nicht*.

rhetischer Akt ↑Sprechakt.

Rhetorik, die (gr. rhetorike = Redekunst): Lehre von der wirkungsvollen, kunstvollen Rede; seit Antike gelehrte Kunst der Beeinflussung und Wirkung durch Sprache; heute der ↑Pragmatik zuzurechnen.

Rhinolalie, die (gr. rhinos = Nase; lalia = Rede): Klangveränderung der sprachl. Ausdrücke durch näselnde ↑Artikulation.

Rhotazismus, der (gr. rho = Buchstabe ›r‹): Historischer Lautwandel: urgerm. stimmhaftes [z] wurde im Nord- und Westgerm. (nicht im Ostgerm., Got.) zu [r]; z. B.: urgerm. **hauzjan* (got. *hausjan*) > ahd. *horan*, nhd. *hören*.

Rotwelsch ↑Jargon.

Rückbildung: Sonderform der Wortbildung bei diachronischer Betrachtung: retrograde Ableitung; wenn bei einem Nebeneinander zweier Wörter, von denen eines eine Ableitung vom anderen sein könnte (nach dem morphologischen Bestand zu urteilen), das längere Wort (die vermeintliche Ableitung) älter als das kürzere (das vermeintliche Grundmorphem) ist, so ist das kürzere sekundär aus der Morphemkonstruktion zurückgebildet worden; z. B.:

a) Nomina postverbalia (erst nach den Verben gebildete Nomina) wie *Ärger < ärgern, Taumel < taumeln, Hauch < hauchen, Verputz < verputzen;*

b) Analogiebildungen: nach dem Vorbild *Hochmut* und der Ableitung *hochmütig* wurden zu einer Vielzahl von Adj. auf *-mütig* nachträglich Pseudo-„Grundwörter" gebildet wie *Freimut, Mißmut, Wehmut.*

Rückumlaut: Von J. Grimm falsch benannte, weil falsch erklärte Erscheinung in der historischen Lautlehre des Dt.: ein in den Präsensformen des Verbs ↑Umlaut bewirkendes ›j/i‹ ist bei best. Verben in den Präteritalformen noch vor möglichem Eintreten des Umlauts geschwunden, so daß es dort nie einen Umlaut gegeben hat (der hätte „rückumgelautet“ werden können); Resultat: Wechsel zwischen umgelautetem Vokal in Präsens- und unumgelautetem Vokal in Präteritalformen; z. B.: *brennen – brannte*; ahd. *welzen – walzta*; mhd. *hoeren – hôrte*.

Rundung: Aussprache der Vokale *e, i, ei* unter Rundung der Lippen als *ö, ü, eu* unter Einfluß best. umgebender Konsonanten (Erklärung historischen und mundartlichen Wechsels in der Schreibweise, z. B.: mhd. *ergetzen* > nhd. *ergötzen*; mhd. *helle* > nhd. *Hölle*); umgekehrt wird bei Entrundung die Lippenbeteiligung an der Artikulation aufgegeben: *ö > e, ü > i, eu > ei*; z. B.: mhd. *küssen* > nhd. *Kissen*.

saloppe Stilebene ↑Stilebene

Sapir-Whorf-Hypothese: Annahme, daß die erlernte (Mutter-)Sprache die Erfahrung, das Denken und Handeln der Menschen determiniere, jede Sprache eine spezifische Weltansicht vermittle. ↑Weltbild der Sprache.

Satz: Kleinste selbständige und vollständige sprachl. Äußerung als Element der Langue (Heringer; dagegen ↑„Äußerung“ im Sinn von „utterance“ = Element der Parole); größte (dagegen: ↑Text) grammatisch zu beschreibende Einheit der Langue (Lyons); durch ↑suprasegmentale Mittel (vor allem Intonationskurve) in der linearen Redekette begrenzt; komplexe syntaktische Einheit (in der Regel) mehrerer sprachl. Zeichen, die zeitlich nacheinander geäußert werden, doch gleichzeitig gelten sollen (nach ↑Satzbauplänen strukturierte Wortkette als Sinneinheit); „sprachliche Gestaltung eines Geschehens oder Seins, das als Zustand, Vorgang oder Handlung gesehen und dargestellt wird“ (Erben); „abgeschlossene Stellungnahme zu einem Sachverhalt“ (Ammer); zum vollständigen S. (im Unterschied zum Kurzsatz oder Satzäquivalent z. B.: *Gut so!*) gehört außer ↑Prädikat (verbaler Satzkern, an den sich alle übrigen Zeichen anschließen) mindestens noch das ↑Subjekt (↑Nominalphrase + ↑Verbalphrase); Satzarten-Einteilungen:

a) ↑Aussage-S.; ↑Frage-S.; Befehls- oder Aufforderungs-S. (z. B.: *Hilf mit!*); Ausrufe-S. (z. B.: *Wie hübsch du aussiehst!*);

b) Haupt-S. (selbständiger, von anderen S. unabhängiger, ihnen nicht untergeordneter S.; z. B.: *Der Versuch verlief erfolgreich.*); Neben-S. oder ↑Glied-S.

(syntaktisch abhängiger, einem anderen S. untergeordneter S.; z.B.: ..., *weil alle Mitarbeiter lange geprobt hatten.*);

c) nach BRINKMANN: Vorgangs-S. (meist mit intransitivem Verb; Geschehen greift nicht auf ein Obj. über; z.B.: *Sie lacht.*); Handlungs-S. (vom Subj. auf ein Obj. übergreifendes Geschehen; z.B.: *Sie trägt einen Hut.*); Adjektiv-S. (Ausdruck einer Stellungnahme, einer Qualifizierung; z.B.: *Sie ist klug.*); Substantiv-S. (Aussage einer Identität zwischen Subj. und Prädikatsnomen; z.B.: *Sie ist Krankenschwester.*);

d) nach ERBEN: Vorgangs-S. (enthält Verb mit nur <u>einer</u> ↑Ergänzungsbestimmung: nominativische Bez. des Vorgangsträgers, des Agens; $\boxed{E_1}\!-\!\text{Ⓥ}$; z.B.: *Das Kind lacht.*); Urteils-S./Handlungs-S./Lage-S. (enthalten Verb mit 2 Ergänzungsbestimmungen $\boxed{E_1}\!-\!\text{Ⓥ}\!-\!\boxed{E_2}$); z.B.: *Das Kind pfeift ein Lied.*; mit 3 oder gar 4 Ergänzungsbestimmungen; z.B.:

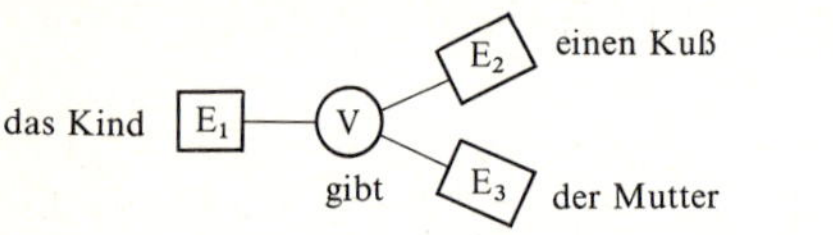

Das Kind gibt der Mutter einen Kuß.

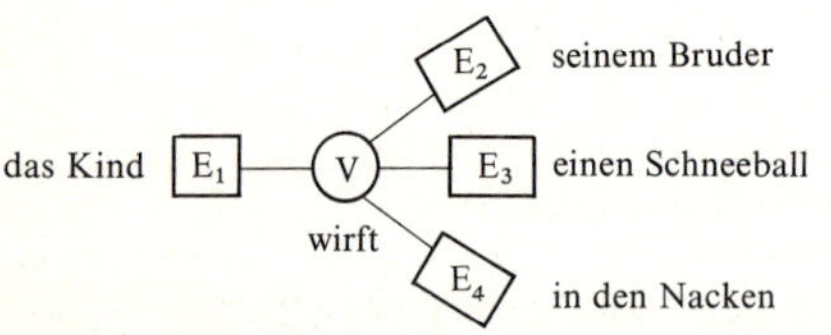

Das Kind wirft seinem Bruder einen Schneeball in den Nacken.

Satzaussage ↑Prädikat.

Satzbauplan [auch: Satzschema, Satzmodell oder Satztyp]: Strukturmuster (↑Pattern), nach dem Sätze durch Wortfügung gebildet werden; im System der Langue festgelegte Zahl und Reihenfolge von Planstellen (↑Leerstellen), die durch ganz best. Satzkonstituenten besetzt werden (Wörter sind variabel, S. ist konstant); in jeder Sprache in festgelegter Anzahl vorhanden (GREBE beschreibt im DUDEN für das Dt. je nach den das Verb ergänzenden notwendigen Satzgliedern und ihren Merkmalen 17 „Grundformen", mit Neben- und Sonderformen 31); für Eignung der ↑Lexeme zur Besetzung einer Planstelle ist ihre ↑Formklasse wichtiger als ihr lexikalischer Inhalt; das zeigt ein künstlicher „Satz" mit ↑Konstituenten, die nur grammatische, keine lexikalische Bedeutung haben: *Mit einem gebrommten Brommer brommte der Brommling die brommerne Verbrommung vom Gebromm.*; nach dem gleichen S.: *Mit einem geeigneten Hammer trennte der Lehrling die hölzerne Verschalung vom Gerüst. – Mit dem Beil schlug der Zimmermann den Nagel* *in den Balken.* – Instrumentales ↑Adverbiale + (attributives Adj.) + Prädikatsverb + Subj. + Akk.-Obj. + (attributives Adj.) + Präpositionalobj.

Satzbegriff ↑Proposition.

Satzergänzung ↑Objekt.

Satzform: Nach HERINGER gemeinsamer syntaktischer Bau einer Klasse von Sätzen (im Unterschied zum ↑Satzbauplan nicht nur Berücksichtigung von Präd. und dessen Ergänzungsbestimmungen, sondern auch von ↑Angaben und Bau der Ergänzungsbestimmungen); Ziel der syntaktischen Satzbeschreibung.

Satzgefüge: Verknüpfung zweier oder mehrerer syntaktisch ungleichrangiger (Teil-)Sätze zu einem zusammengesetzten (komplexen) ↑Satz: übergeordneter Hauptsatz + untergeordneter Nebensatz/untergeordnete Nebensätze; z.B.: *Obwohl er ihn nicht mochte, grüßte er ihn, weil er sein Nachbar war.*: NS + HS + NS.

Satzglied: Träger einer best. syntaktischen ↑Funktion im Satz; permutabler (↑Permutation) Komplex aus Wort, Syntagma oder Teilsatz, der eine best. Planstelle im ↑Satzbauplan besetzt, als ganzer substituierbar ist (↑Substitution); z.B. ↑Subjekt in:

Er
Der sorglose Gammler } *lacht am besten.*
Wer zuletzt lacht,

Permutationsproben: *Er lacht am besten. – Am besten lacht er. – Lacht er am besten? – (..., daß) er am besten lacht. – *Er am lacht besten.;* also 3 S.: Subj. *er,* Präd. *lacht,* Adverbialbestimmung *am besten.* ↑ auch Objekt, Attribut.

Satzklammer [auch: Satzrahmen]: 1. Für dt. Syntax typischer Satzbau, bei dem zwischen die Teile einer syntaktisch gebräuchlichen Wortkombination (vor allem bei mehrgliedrigem Präd.) andere Satzglieder geschoben werden, die dann im Spannungsfeld zwischen 2 „Polen" stehen; z.B.: *Er wird nach einigen Tagen sicher wieder hier erscheinen. – Das von allen schon lange und immer wieder gesuchte Buch fand sich endlich wieder.*
2. Beim ↑Gliedsatz aus pronominalem oder konjunktionalem Anschlußwort und finiter Verbform gebildete Umgrenzung des ganzen Satzes; z.B.: ..., *der ihnen schon lange ein Dorn im Auge war. – ..., obwohl er ihnen nichts dergleichen versprochen hatte.*

Satzlehre ↑Syntax.

Satzmodell ↑Satzbauplan.

Satzname: Eigenname in Form eines ↑Satzes oder einer sytaktischen Zusammenziehung (↑Syntagma), oft der Form nach imperativisch (↑Imperativ); z.B. *Fürchtegott, Hauschild.*

Satzperspektive ↑funktionale Satzperspektive.

Satzrahmen ↑Satzklammer.

Satzreihe: Verknüpfung zweier oder mehrerer nebengeordneter, syntaktisch gleichrangiger (Teil-)Sätze zu einem zusammengesetzten (komplexen) Satz;

a) Satzverbindung: ausschließliche Verknüpfung von Hauptsätzen; z.B.: *Emil bastelte, Erika strickte und Erich las ein Buch.;*
b) Gliedsatzreihe: ausschließliche Verknüpfung von ↑Gliedsätzen (zusammen als S. freilich von einem Hauptsatz abhängig); z.B.: (*Ich würde gerne wissen*), *wann der Tod eingetreten ist, welches die Todesursache war, welche Personen zur Zeit der Tat im Hause waren und wer das Haus zuletzt verlassen hat.* – Aber nicht ungleichrangige Gliedsätze, z.B.: ..., *welches die Personen sind, die zur Zeit der Tat, deren Ablauf rekonstruiert werden soll, im Hause waren.*

Satzschema ↑Satzbauplan.

Satzsemantik: Untersuchung und Beschreibung der Bedeutung (↑Semantik) eines ↑Satzes (z.B.: *Der Arzt heilt das Kind.*), die unter dem Einfluß von ↑Pragmatik und ↑Textlinguistik/↑Texttheorie (↑Textsemantik) über bloße Analyse der semantischen Relationen zwischen im Satz verknüpften Lexeminhalten (↑Transformationelle Grammatik, ↑Kasusgrammatik) hinausgehen und mehrere Teilbedeutungen unterscheiden:
a) Satzbegriff/↑Proposition: Was sagt der Satz explizit aus? ⟨Arzt heilen Kind⟩;
b) ↑Implikation: Welche Informationen schließt der Satz ein? ⟨Ein krankes Kind wird gesund⟩;
c) ↑Präsupposition: Welche Informationen setzt der Satz voraus? ⟨Ein Kind ist krank⟩;
d) Konnotation (↑Konnotat): Welche Begleitvorstellungen ruft der Satz hervor? Zum Beispiel ⟨Das kranke Kind tut einem leid⟩;
e) Illokution (↑Sprechakt): Welche Absicht verfolgt Sprecher mit dem Satz? Zum Beispiel ⟨Sprecher fordert Hörer auf, mit krankem Kind zum Arzt zu gehen⟩;
f) Perlokution (↑Sprechakt): Was erreicht oder bewirkt Sprecher mit dem Satz beim Hörer? Zum Beispiel ⟨Hörer ist getröstet⟩.

Satztyp ↑Satzbauplan.

Satzverbindung ↑Satzreihe.

satzwertig: Eigenschaft einer Satzgliedgruppe, welche die ↑Position eines ganzen Satzes einnehmen kann, obwohl sie grammatisch keinen Satz darstellt (Fehlen des ↑finiten Verbs);
a) satzwertiger Infinitiv [auch: Infinitivsatz]; durch abhängige Satzglieder erweiterter ↑Infinitiv mit oder ohne *zu/um zu*; z. B.: *Er plante, den Kollegen zum Essen einzuladen.;*
b) satzwertiges Partizip [auch: Partizipialsatz]; durch abhängige Satzglieder erweitertes Partizip I/II (↑infinit); z. B.: *Die Treppe hinaufsteigend, pfiff er munter eine Melodie. – Endlich zu Hause angekommen, erzählte sie von ihrem Abenteuer.*

Satzwort: 1. Wort, das keine syntaktische Funktion innerhalb eines Satzes erfüllen kann, sondern selbst ein Satzäquivalent („Kurzsatz") bildet; z. B.: *Ja.; Nein!; Danke.;* im Unterschied zum Einwortsatz, der durch ↑Ellipse erklärt wird; z. B.: *Unsinn!* (<*Das ist doch Unsinn!*).
2. Durch Nominalisierung eines ganzen Satzes gebildetes Wort; z. B.: *Stelldichein; Vergißmeinnicht.*

Schaltsatz: Satz, der einen syntaktisch unabhängigen Einschub in einen anderen Satz darstellt; z. B.: *Abends, er hatte schon allerlei getrunken, wurde er dann gesprächig.*

Schluß, Schlußfolgerung ↑logischer Schluß.

Schlußpräposition ↑Argumentation.

Schnellsprechform ↑Allegroform

Schwammwort: Wort ohne präzise ↑Referenz, das wie ein Schwamm die Bedeutungen verschiedener Ausdrücke in sich aufsaugt; bes. häufig in Alltagsrede, wenn sich die genaue Bedeutung des Gemeinten ohnehin aus dem ↑Kontext ergibt; z.B.: *Reich mir doch mal die Dinger da!*

Schwanzwort ↑Kurzwort.

Segment, das (lat. segmentum = Abschnitt): Durch Zerlegung (↑Segmentierung) gewonnener Bestandteil einer größeren, in linearer sprachl. Zeichenkette ausgedehnteren Einheit; in ↑Generativer Grammatik als Bündel ↑distinktiver Merkmale interpretiert. ↑ auch suprasegmental.

Segmentierung, die (lat. segmentum = Abschnitt): Erste der beiden Grundoperationen des ↑taxonomischen Strukturalismus: Zerlegung komplexer sprachl. Einheiten in ihre Einzelelemente, die Segmente; z. B. zerlegt man den Satz *Das Ereignis verursachte große Unruhe.* in ↑Syntagmen, das Syntagma *große Unruhe* in

Wörter, das Wort *Unruhe* in ↑Morpheme, das Morphem /un/ in die ↑Phoneme /u/ und /n/. ↑ auch Klassifikation.

Sekundärumlaut ↑Umlaut.

Selektion, die (lat. selectio = Auswahl): Beziehung gegenseitiger Auswahl und Zulässigkeit zwischen ↑Lexemen im Satz (↑Formativ): best. Lexemklassen treten nur gleichzeitig mit best. anderen auf (↑Subkategorisierung), z. B. das Verb *verärgern* nur mit Objektsnomina mit dem Merkmal ⟨+menschlich⟩; Selektionsbeschränkungen (selection restrictions) zeigen syntaktische Unverbindbarkeit best. Lexeme oder Lexemklassen, die Beschränkung ihrer Kombinationsfähigkeit an; welche Elemente mit welchen anderen kombiniert oder nicht kombiniert werden können, hängt von ihren syntaktischen und semantischen Merkmalen ab, zeigt sich bei der Verschmelzung ihrer Merkmalkomplexe zur Satzbedeutung; z. B.:

die	*Kuh*	*saufen*	*der*	*trinken*
⟨+Art⟩ ⟨+fem im Nominativ⟩	⟨+N⟩ ⟨+fem⟩ ⋮ ⟨+belebt⟩	⟨+V⟩ ⟨+Handlung⟩ ⋮ ⟨Nomen in Subjektposition: +belebt −menschlich⟩	⟨+Art⟩ ⟨−fem im Nominativ⟩	⟨+V⟩ ⟨+Handlung⟩ ⋮ ⟨Nomen in Subjektposition: +belebt +menschlich⟩

Es lassen sich ein ↑grammatischer Satz und 2 ungrammatische Sätze bilden: *Die Kuh säuft.* – **Der Kuh säuft.* (die Merkmale ⟨−fem⟩ und ⟨+fem⟩ begründen Unverträglichkeit von *der* und *Kuh* im Nom.) – **Die Kuh trinkt.* (die Merkmale ⟨−menschlich⟩ und ⟨+menschlich⟩ begründen Unverträglichkeit von Nomen und Verb). ↑ auch Lexikoneintrag.

Sem, das (gr. sema = Kennzeichen, Merkmal): Kleinstes konstitutives Bedeutungsmerkmal („minimal feature of meaning" bei NIDA); elementarer Bestandteil eines Zeicheninhalts, einer Lexem-Bedeutung (GREIMAS: Lexem = Ensemble von S., die untereinander in hierarchischer Relation stehen; invarianter semischer Kern + kontextuell bedingte semische Variablen); Merkmal eines ↑Semems.

Semantem, das (gr. sema = Zeichen): 1. Bedeutungseinheit, Inhaltsseite, Lesart (↑Polysemie) eines Sprach-↑Zeichens.
2. Bei GREIMAS Komponente einer Bedeutungseinheit (vgl. ↑Sem).
3. Bei ZIERER Ausdrucksseite eines ↑Lexems im Unterschied zu seiner Inhaltseite (dem ↑Semem).

Semantik, die (gr. semantikos = zum Zeichen gehörig): 1. (i. e. S.: linguistische S.:) Lehre von der ↑Bedeutung sprachl. ↑Zeichen und Zeichenfolgen: Abgrenzung der

Einzelinhalte (Morphem-, Wort-, Satzinhalt), Fixierung ihrer Stellung im Sprachsystem (paradigmatische und syntagmatische ↑Relationen untereinander, z. B. ↑Wortfeld oder semantische Verträglichkeit und Unverträglichkeit im Satz), Analyse ihrer ↑Komponenten (↑semantischen Merkmale) und deren Anordnung. ↑auch Semasiologie, Bedeutungswandel, Komponentenanalyse, komplexes Symbol, Generative S., Interpretative S., Referenz-S., Strukturelle S., Satz-S., Text-S.

2. Philosophische S. (neben linguistischer S.): Lehre von den Beziehungen zwischen sprachl. Zeichen und dem in der außersprachl. Wirklichkeit Bezeichneten („Gemeinten").

3. Allgemeine S. (General Semantics): Lehre von den Beziehungen zwischen sprachl. Zeichen und dem Denken und Verhalten der Sprecher und Hörer, der Zeichenbenutzer (HAYAKAWA): falsche Identifizierung von Wirklichkeit und Sprache (= vorgegebenes Schema, durch das die Wirklichkeit gesehen wird) führt zu Trugbildern von der Wirklichkeit; damit diese den Sprecher nicht weiter in seinen Gedanken und Handlungen bestimmen, sollen Sprachprozesse nicht nur (wie in der Linguistik) theoretisch beschrieben, sondern praktisch gesteuert werden.

semantische Äquivalenz, die (lat. aequus = gleich; valere = wert sein): In ↑Textlinguistik die Beziehung inhaltlicher Übereinstimmung (↑Äquivalenz) zwischen verschiedenen Elementen eines ↑Textes, entweder auf Grund gemeinsamer ↑semantischer Merkmale der Elemente (= strukturelle s. Ä., z. B.: *Jetzt erkannte er das Tier. Es war ein Fuchs.*) oder auf Grund einer übergeordneten Einordnungsinstanz, die auch solche Elemente inhaltlich verbindet, die in ihrem jeweiligen ↑Bedeutungspotential keine gemeinsamen semantischen Merkmale mitbringen (= funktionale s. Ä., z. B.: *Die am 1.5. in Stuttgart gestartete Autokarawane traf heute in Hamburg ein. Diese Wanderausstellung fährt noch durch sieben weitere Städte und zeigt 53 Oldtimer verschiedener Fabrikate.*).

semantische Kongruenz, die (lat. congruens = übereinstimmend): Bedeutungsbeziehung, Übereinstimmung in der semantischen Klassifikation zwischen Verb und Substantiv im ↑Satz, zwischen Verb und Ergänzung, also zwischen Prädikat und Subjekt oder Prädikat und Objekt (z. B.: *bellen + Hund > Der Hund bellt. – singen + Lied > Er singt ein Lied.*). Beide Klassifikationen dürfen sich nicht widersprechen (↑Kompatibilität), z. B.: **Der Bach weht.* ↑auch Kongruenz.

semantische Kontexttheorie: These, daß ein isoliertes Wort keine ↑Bedeutung habe, sondern diese erst durch ↑Kontext erhalte (↑auch Zeichen, ↑Textsemantik); zu unterscheiden von ↑Monosemierung eines Wortes in ↑Textlinguistik, da dort aus vorhandenem ↑Bedeutungspotential durch Kontext und Situation eine Bedeutung aktualisiert wird.

semantische Kürzung: Durch Weglassen vormals zentraler ↑Konstituenten in ↑komplexen Wörtern oder Wortgruppen entstandene inhaltliche Schwerpunktverlagerung auf vormals sekundäre, untergeordnete Konstituenten (die urspr. als einschränkende Merkmalsbez. funktionierten); z. B.: *Rechenanlage* > *Rechner* (↑Univerbierung); *Rübenvollerntemaschine* > *Rübenernter; Neue Dresdner Hühner* > *Neue Dresdner* > *Dresdner*.

semantisches Differential, das (engl. differential = unterscheidend): In ↑Psycholinguistik Meßwert emotionaler, ↑konnotativer Bedeutung sprachl. Ausdrücke; Testpersonen tragen auf Skala polar entgegengesetzter Adjektive den Skalenwert eines Wortes ein; Dimensionen: Bewertung (gut – schlecht; schön – häßlich), Kraft (stark – schwach; schwer – leicht), Aktivität (aktiv – passiv; schnell – langsam);

z. B.: *Vater*: glücklich ....×......traurig
hart ....×......................weich
langsam ....×.................schnell
usw. usw.

semantisches Merkmal (semantic marker) [auch: Inhaltskomponente; bei Hjelmslev Inhaltsfigur]: Bedeutungselement (Zeicheninhalt = Kombination solcher Elemente) als Ausdruck der Unterscheidungen, „zu denen der Mensch im Hinblick auf seine Umwelt gelangen kann auf Grund seiner Sinnesorgane, seines Nervensystems, allgemein: seiner apperzeptiven Konstitution" (Bierwisch); solche in der Sprache erhaltenen Unterscheidungen meist vorwissenschaftlich, stehen manchmal im Ggs. zu naturwissenschaftlichen Erkenntnissen, z. B. trägt *Walfisch* das s. M. ⟨+Fisch⟩, aber das „zoologische Merkmal" ⟨–Fisch⟩. ↑ auch Komponentenanalyse.

Semasiologie, die (gr. semasia = Zeichen): Terminus der älteren, traditionellen Sprachwissenschaft für ↑Semantik, mit Lautkörper der Wörter als festem Ausgangspunkt der Untersuchung (im Unterschied zur ↑Onomasiologie); heute bisweilen zur Abgrenzung gegen philosophische Semantik für linguistische Semantik oder zur Abgrenzung gegen synchronisch-strukturelle für ↑diachronische Semantik (↑Bedeutungswandel) verwendet.

Semem, das (gr. sema = Zeichen): 1. Sprachl. Bedeutungskomplex; Inhalt der kleinsten bedeutungtragenden Einheit, des ↑Morphems oder ↑Monems.
2. Bei Zierer Bedeutung eines ↑Lexems, also Inhaltsseite des sprachl. Zeichens im Unterschied zu seiner Ausdrucksseite, dem ↑Semantem.
3. Bei Meier jede aktualisierbare Bedeutung eines polysemantischen Lexems (= einer zwischen möglichen Pausen stehenden Lautfolge).

Semiose, die (gr. semeion = Zeichen) [auch: Zeichenprozeß]: In Zeichentheorie (↑Semiotik) ein Prozeß, bei dem etwas als Zeichen fungiert, der sich auf Zeichen bezieht, an Zeichen abspielt oder von Zeichen getragen wird; z. B. Zeichenerzeugung oder Zeichenverwendung beliebiger Art: jemand (der Interpret, z. B. Autofahrer) nimmt durch Vermittlung von etwas (dem Zeichenträger, z. B. Stopschild) von etwas Drittem (dem Designat, z. B. Aufforderung anzuhalten) Notiz.

Semiotik, die (gr. semeion = Zeichen) [auch: Semiologie]: Lehre von den Zeichen (sprachl. wie nichtsprachl.) als kommunikativen Signalen und ihren Systemen; allgemeine Zeichentheorie; nach MORRIS gegliedert in:
a) Semantik (untersucht Bedeutung der Zeichen);
b) Pragmatik (untersucht Beziehungen zwischen Zeichen und Benutzer);
c) Syntax (untersucht Beziehungen der Zeichen untereinander);
d) Sigmatik (untersucht Verhältnis zwischen Zeichen und ↑Referent).

Semrekurrenz ↑Isotopie.

Sentence ↑Satz, ↑Äußerung.

Sibilant, der (lat. sibilare = zischen): Zischlaut; z. B.: *s*, *ß*, *sch*.

Sigmatik ↑Referenz-Semantik, ↑Semiotik.

Sigmatismus ↑Dyslalie.

Signal, das: Sinnlich wahrnehmbarer materieller Teil des ↑Zeichens als Träger von Information; sichtbar (Verkehrsschild), hörbar (Startschuß) oder fühlbar (Fußkontakt unter dem Tisch).

Signans, Signifiant, Signifié, Signifikant, Signifikat ↑Zeichen.

Silbe: Einheit sprachl. Lautfolge mit einem ↑Vokal oder ↑Diphthong als Grundkomponente (Silbenträger), der meist von einem oder mehreren ↑Konsonanten begleitet wird; Begrenzung durch Artikulationspausen; z. B.: *Brot, ge-sprun-gen, Eu-le, Ei*.

Silbenschichtung ↑Haplologie

Simplex, das (lat. simplex = einfach; nicht zusammengesetzt): Einfaches Wort, das nicht auf andere Wörter oder Wortstämme zurückgeführt werden kann; z. B.: *Luft, essen*.

Singular ↑Numerus.

Singulare tantum, das (lat. singulus = einzeln; tantum = nur): Nur im Singular (↑Numerus) vorkommendes Wort; z. B. Stoffbez. *(Gold, Milch)*, Naturerscheinung *(Regen, Schnee)*, ↑Abstraktum *(Liebe, Hochmut)*. Gw. ↑Plurale tantum.

Sinnbezirk ↑Wortfeld.

Sinzeritätsbedingung ↑Aufrichtigkeitsbedingung.

Situation/situativ ↑Kommunikationssituation.

Skopus, der (gr. skopos = Ziel): Reichweite, semantische Erstreckung best. Satzkomponenten in der Satzbedeutung; z. B. geht auf verschiedenen S. von Adverben wie *fast* die Doppelbedeutung solcher Sätze zurück wie: *Die Revolutionäre haben fast das Regime gestürzt.*: Verb *stürzen* wird zerlegt in die Inhaltskomponenten: ⟨kausativ⟩ (= bewirken), ⟨inchoativ⟩ (= werden) und ⟨stürzen⟩ (intransitiv); *fast* reicht a) bis zur kausativen Komponente: ‚fast bewirken werden gestürzt' (= Fast wäre es zur Handlung gekommen, die den Sturz des Regimes bedeutet hätte.), b) nur bis zur inchoativen Komponente: ‚bewirken fast werden gestürzt' (= Eine ausgeführte Handlung hätte fast zum Sturz des Regimes geführt.).

Slang, der (engl. slang = saloppe Umgangssprache): lässig gebrachte Umgangssprache im Anglo-Amerikanischen; als Versuch witzig-ironischer Auflockerung der traditionellen Alltagssprache mit komischen Verdrehungen und Wortspielen auch in anderen Sprachen vorhandene Sondersprache (↑Soziolinguistik).

Slot ↑Tagmem.

Sonagramm, das (lat. sonare = tönen; gr. gramma = Inschrift): In der akustischen ↑Phonetik Aufzeichnung der Meßdaten sprachl. Äußerungen und ihrer lautlichen Bestandteile im Hinblick auf Dauer, Frequenz und Intensität mit Hilfe eines Sonagraphen auf durchlaufendem Papierstreifen; S. eines Satzes zeigt auf der Abszisse Sprechzeit an, auf der Ordinate Schwingungszahl der Einzellaute, durch Schwärzungsgrad der Markierung Intensität der Äußerung.

Sondersprache: Soziolekt (↑Sprache), durch gesellschaftliche Absonderung bedingtes Subsystem der Gemeinsprache, das durch zusätzliche Bez. für ↑Referenten, durch ↑Synonyme, gekennzeichnet ist (z. B.: Schüler-, Teenagersprache), im Unterschied zur Fachsprache (↑Terminologielehre), welche die Gemeinsprache durch neue Begriffe und Benennungen für fachspezifische Referenten ergänzt (z. B.: Sprache der Technik, Wirtschaft, Politik).

Soziolekt ↑Sprache.

Soziolinguistik, die (lat. socium = gemeinsam, gemeinschaftlich) [auch: Sprachsoziologie]: Linguistische Teildisziplin (Verbindung mit Soziologie) z. T. in enger Berührung/Überschneidung mit linguistischer ↑Pragmatik; Untersuchung von Sprache als sozialem Handeln, Beschreibung der gesellschaftlichen Bedingtheit von ↑Spracherwerb und aktuellem, situativem (↑Kommunikationssituation) Sprachverhalten; insbesondere Beschreibung der Unterschiede im Sprachverhalten der Angehörigen verschiedener sozialer Gruppen und Schichten (Unterschicht-

und Mittelschicht-Kode, ↑verbale Deprivation, ↑Defizit-Hypothese gegen Differenz-Hypothese); Untersuchungsbereiche: Sprachvariation (Wie koexistieren verschiedene Sprachen und Dialekte? Wie beherrscht und unterscheidet der Sprecher mehrere von ihnen?), Sprachwandel (Zu welchem Zeitpunkt und in welcher Umgebung ändert sich sprachl. Struktur aufgrund welcher Verhältnisse?), Spracherwerb (In welchem Umfang und in welcher Intensität erlernen Kinder Sprache in Familie, Freundesgruppe, Kindergarten, Schule?), soziale ↑Kommunikation (Welcher Zusammenhang besteht zwischen ↑Normen des Gesellschaftssystems und Normen der sprachl. Verständigung?).

↑ auch Sprachbarriere, elaborierter und restringierter Kode, Sprache, Sondersprache.

Spaltsatz (auch: Emphasesatz): Satz, bei dem die neue ↑Information bes. betont und von der alten Information abgehoben wird (↑Thema, ↑Rhema), indem sie in der Form *Es ist X* vorangestellt wird; z.B. statt *Peter hat ein Haus gekauft.* > *Es ist Peter, der ein Haus gekauft hat.*; S. ist zu unterscheiden vom Sperrsatz (auch: Pseudospaltsatz), bei der die alte Information von der neuen umrahmt wird, z.B.: *Derjenige, der ein Haus gekauft hat, ist Peter.*

Spannsatz ↑Kernsatz.

Sperrsatz ↑Spaltsatz

Spezialium ↑Numerale.

Spirant, der (lat. spirare = hauchen) [auch: Frikativum oder Reibelaut]: ↑Konsonant, bei dessen Bildung durch Verengung des Luftweges ein Reibegeräusch entsteht; MARTINET unterscheidet deutlich wahrzunehmende Reibelaute (Frikativa wie z.B. [f] in *Fuß*) von nicht deutlich wahrzunehmenden (Spiranten wie z.B. [v] in *Wiese*).

Sprachatlas: Aufzeichnung laut- und wortgeographischer Forschungsergebnisse auf Karten mit sogen. Sprach- oder Mundartenlandschaften (geographische Ausbreitung best. Sprachbesonderheiten in Kern- und Saumgebieten); z.B. DSA (= Deutscher Sprachatlas) und DWA (= Deutscher Wortatlas).

Sprachbarriere, die: Behinderung in der sprachl. Kommunikationsfähigkeit (bes. des Unterschichtenkindes in dem von Mittelschichtsprache beherrschten schulischen Raum) und daraus resultierende Minderung der sozialen Aufstiegschancen; von ↑Soziolinguistik vertretene Theorie sozio-kultureller Determiniertheit des Kindes: verschiedene gesellschaftliche Gruppen (Unterschicht – Mittelschicht) aktualisieren unterschiedliche Möglichkeiten des Sprachgebrauchs (BERNSTEIN: „restringierter“ und „elaborierter“ Kode), diese prägen kognitiven Stil und Rollenverhalten des Individuums, was bei Einschulung für das Kind der Unterschicht zu Konflikten führen, Leistung mindern und sozialen Aufstieg verhindern kann;

kompensatorische Spracherziehung soll zur Selbstidentität (zurück-)führen und Leistungsfähigkeit steigern. ↑ verbale Deprivation.

Sprachbenutzer ↑Informant.

Sprachdidaktik, die (gr. didaktos = lehrbar): Linguistisch-pädagogisch orientierte Lehre von Zielen, Stoffauswahl und Vermittlungsmethoden eines Sprachunterrichts (Lernziele, Lernprozesse, Lernerfolge); Ziele: Festigung und Erweiterung der Sprachkompetenz (Sprachkönnen); Einsicht in Bau, Funktion und Wandel der Sprache (Sprachwissen und Sprachverstehen); Einsicht in den kommunikativen Kontext sprachl. Äußerungen: Situationsrahmen, Sender-Intention, Empfänger-Erwartung, Wirkung auf Empfänger; Befähigung zur kritischen Distanz gegenüber passiver und aktiver sprachl. Manipulation (Sprachbewußtsein). ↑ auch kommunikative Kompetenz, Funktionale Grammatik.

Sprache: System konventioneller Laut-↑Zeichen als Mittel zwischenmenschlicher ↑Kommunikation; Hauptkomponenten: ↑Lexikon (Zeichenbestand, Inventar) und ↑Grammatik (Konstruktions- und Kombinationsregeln); SAUSSURE unterscheidet Langage (faculté de langage) = menschliche Fähigkeit zu sprechen, Langue = sprachl. Zeichensystem, Parole = Sprechakt, konkrete Äußerung, Rede; Funktionen der S. (nach BÜHLER):

- Kundgabe (oder Ausdruck) eines inneren Zustandes des Sprechers; z. B.: *Oh!* (<Bewunderung);
- Appell (oder Auslösung) an den Hörer, um ihn zu einer bestimmten Handlung zu veranlassen; z. B.: *Vorsicht!;*
- Darstellung (nach KAINZ: Information oder Bericht) äußerer Sachverhalte; z. B.: *Das ist mein Buch.*

Man unterscheidet natürliche S. oder ↑Objekt-S. von Metasprache (die als S. über die S. Termini zur Beschreibung der natürlichen S. liefert) und klassifiziert Subsysteme entweder nach Sprachträgern:

a) Idiolekt: von einer Person beherrschter Teil der Langue; auch: mit individuellen Besonderheiten versehene S. eines Sprechers;
b) Dialekt: Mundart, von den Menschen eines geographischen Teilgebietes gesprochen; z. B. Bairisch;
c) Soziolekt: von einer sozialen Gruppe gesprochene S.; z. B. Berufssprachen, Teenager-S.;
d) National-S. [auch: Gemein-S. oder Mutter-S.]: von Angehörigen eines größeren geographischen Raumes mit kulturgeschichtlich-politischen Gemeinsamkeiten gesprochen ; z. B. Deutsch;

oder nach Sprachschichten:

a) Hoch-S.: der Literatur- und Schrift-S. weitgehend angenähert, ohne mundartliche Färbung;
b) Umgangs-S. oder Alltags-S.: erfüllt überregionale Sprachnorm weniger sorgfältig; mit mundartlichen Färbungen und individuellen Nachlässigkeiten.

↑a. Standardsprache, Fachsprache, Funktion.

Spracherwerb (language acquisition) [auch: Spracherlernung]: An sprachl. Umwelt gebundener Erwerb der Fähigkeit, ↑grammatische und ↑akzeptable Äußerungen einer Sprache zu verstehen und zu bilden sowie ihren situationsspezifischen Gebrauch (↑Kommunikationssituation) zu beherrschen und zu beurteilen, durch das Kind im wesentlichen in den ersten 5/6 Lebensjahren, von erster Laut- bzw. Phonembildung bis zur komplexen Satz- und ↑Text-Bildung; 2 konkurrierende S.-Theorien:

a) Empirismus (vertreten im ↑Behaviorismus): Umwelterfahrungen führen zur Entwicklung von Gewohnheiten (habits), Wörter zu hören und nachzuahmen; Erfolgserlebnisse führen zu Befriedigung und wirken als Verstärkung (reinforcement) des Prozesses;

b) Rationalismus (vertreten in CHOMSKYS ↑Generativer Grammatik): Entfaltung angeborener (innate), schon vor dem S. vorhandener sprachl. Fähigkeiten, in linguistischen ↑Universalien manifestiert; die vorhandenen Kategorien werden durch Realisierung der natürlichen Umweltsprache aufgefüllt;

Entwicklungsstadien:

- Vorstadium: organische Laute wie Geburtsschrei, Schreilaute, Gurrlaute (während der ersten 4 Monate);
- Lallphase: Lallen und spielerische Nachahmung von Lautkomplexen der Umgebung; Aufteilung in Vokale und Konsonanten, mit häufiger ↑Reduplikation vom Typus KVKV, z.B.: *baba, dada*; (4./5. bis 10. Monat);
- Einwortsätze: erstes der Umgebung verständliches Wort (etwa 10. Monat); Nennung von Erscheinungen mit ‚Namen'; sinntragende Lautäußerungen (↑Zeichen) ohne festen grammatischen Umriß (1–1;6); z.B.: *mama* = ⟨Da kommt Mama.⟩ oder ⟨Mama soll kommen!⟩ oder ⟨Wo ist Mama?⟩ oder ⟨Ich will zu Mama!⟩;
- Worthaufen (Aneinanderreihung von Einwortsätzen mit je gleicher Intonation und Pause; z.B.: *auto. fahren.* = ⟨Da ist ein Auto. Ich will fahren.⟩) und Zweiwortsätze (auch intonationsmäßig und syntaktisch zusammengehörig; ↑Pivot-Wörter) wie *mami bürste.* (Zugehörigkeit; ⟨Das ist Mamis Bürste.⟩); schließlich Mehrwortsätze (1;6–2);
- Ansätze zu Flexion und Negations-, Frage-, Befehlssatz (2–2;6);
- komplexe Sätze (↑Hypotaxe), wobei die ↑Parataxe (*und da ... und da ...*) im Vorschulalter noch weit überwiegt (ab 2;6);
- Wortschatzerweiterung schreitet seit Bildung des ersten Wortes rasch und kontinuierlich voran bis ins hohe Alter (Dreijährige verfügt bereits über etwa 1000 Wörter).

Spracherwerbsmechanismus (language acquisition device = LAD): Hypothese eines Mechanismus, der es dem Kleinkind ermöglicht, in rel. kurzer Zeit zur Beherrschung seiner ↑Muttersprache zu gelangen;

a) empiristischer S. (gr. empeiros = erfahren): vor allem im ↑Behaviorismus und taxonomischen ↑Strukturalismus vertretene These, ↑Spracherwerb erfolge nach dem Prinzip der ↑Black-box: sprachl. Äußerungen der sozialen Umwelt werden wahrgenommen und bilden die Eingabe (Input), das daraus abgeleitete, verinnerlichte (↑Internalisierung) sprachl. Regelsystem die Ausgabe (Output) = Prinzip der induktiven Generalisierung beobachtbarer Äußerungsmerkmale (↑Assoziation);

b) rationalistischer S. (lat. ratio = Verstand): Annahme eines Bestandes angeborener Ideen (innate ideas; ↑Nativismus) als genetischer Ausstattung menschlicher Wesen, die durch Sinneswahrnehmung stimuliert wird, aber in Form von ↑Universalien Aufnahme und Verarbeitung sprachl. Wahrnehmungen steuert.

Sprachgefühl: Intuitive Fähigkeit des natürlichen Sprechers (native speaker), zwischen ↑akzeptablen und weniger oder nicht akzeptablen Sätzen in seiner Sprache zu unterscheiden (spontanes Urteil: „richtig“ – „falsch“).

Sprachgemeinschaft: Gesamtheit der kompetenten Sprecher (↑Kompetenz) einer Sprache.

Sprachgesellschaft: 1. Organisierter Zusammenschluß Adliger und bürgerlicher Gelehrter im 17./18. Jh. zu dem Zweck, Überfremdung der dt. Sprache einzudämmen (à la mode-Wesen) und Gebrauch der Muttersprache zu pflegen (Festlegung grammatischer Regeln); z. B. „Fruchtbringende Gesellschaft“ (Weimar), „Aufrichtige Gesellschaft von den Tannen“ (Straßburg), „Hirten- und Blumenorden an der Pegnitz“ (Nürnberg), „Elbschwanenorden“ (Hamburg).
2. Institution zur Pflege (↑Sprachkritik) und Erforschung einer Sprache; z. B.: Gesellschaft für deutsche Sprache in Wiesbaden.

Sprachinsel: Kleine geschlossene Sprach- und Siedlungsgemeinschaft in einem anderssprachigen größeren Gebiet. ↑auch Areallinguistik.

Sprachkontakt: Aufeinandertreffen der Sprachen verschiedener Sprachgemeinschaften durch geographische Lage und historische Entwicklung (z.B. in heutiger Schweiz) mit gegenseitiger Beeinflussung;

a) Substrat (lat. sub = unter; stratum = Schicht): ursprüngliche, bodenständige Sprache etwa eines unterlegenen Volkes wie auch ihr Einfluß auf die dominierende Sprache der Eroberer; z.B. Reliktwort *Peitsche* im 14. Jh. aus westslawischer Mundart ins Ostmitteldeutsche übernommen;

b) Superstrat (lat. super = über): untergehende Sprache von Eroberern wie auch ihr Einfluß auf die dominierende, sie überlagernde bodenständige, ursprüngliche Sprache; z.B. Sprache der fränkischen Eroberer auf das im damaligen Gallien gesprochene Lat.;

c) Adstrat (lat. ad = zu): lang dauerndes Nebeneinander zweier Sprachen mit gegenseitiger Beeinflussung; z.B. germanisch-romanischer S. in Belgien.

Sprachkritik [auch: Sprachpflege]: Im Unterschied zur wertfrei beschreibenden (↑deskriptiven) Sprachwissenschaft eine an festen Normen ausgerichtete, oft ideologisch orientierte Einflußnahme auf den ‚rechten‘ Sprachgebrauch, Bewertung,

Be- und Verurteilung von sprachl. Erscheinungen; z. B. Kampf gegen Sprachmanipulation, sprachl. Mode-‚torheiten', fremdsprachl. Einflüsse (Überfremdung; ↑Purismus), ‚unrichtige' oder ‚unschöne' Ausdrücke, Tendenzen einer ‚inhumanen' Verwaltungssprache, Neigungen zum ‚papiernen' Nominalstil usw.

Sprachmanipulation, die (lat. manipulatio = geschickte Handhabung): Interessegeleiteter Sprachgebrauch, der Meinungsbildung und Verhaltensformen anderer steuert, der Sachverhalte beschönigt oder verschleiert, in best. Weise (um)interpretiert und emotionalisiert; in Werbung oder politischer Propaganda werden positive oder negative Einstellungen gegenüber Personen, Gruppen, Ereignissen, Waren erzeugt oder verstärkt (vgl. ↑Persuasion), in Massenkommunikation oft Realitätserfahrung durch Realitätsinterpretation ersetzt (Schlagwörter, Schlüsselwörter, Klischees, Slogans, Leerformeln); mit S. wird unter Ausnutzung psychologischer Kenntnisse Herrschaft über das Bewußtsein von Menschen ausgeübt.

Sprachmittlung ↑Translation.

Sprachmodell ↑Modell.

Sprachpathologie, die (gr. pathos = Leid, Leiden): Untersuchung und Beschreibung der durch Hirnerkrankungen hervorgerufenen Sprachstörungen:
a) Aphasie: Verlust einer, mehrerer oder aller sprachl. Fähigkeit(en) (syntaktische, phonologisch-graphematische, semantische Kodierung und Dekodierung gesprochener/geschriebener Sprache);
b) Alexie: Störung der Lesefähigkeit;
c) Agraphie: Störung der Schreibfähigkeit.
↑ auch Dyslalie.

Sprachperiode, die (gr. periodos = das Herumgehen): Abgegrenzter Zeitraum in der Geschichte einer Sprache; trotz fließender Übergänge zwischen den einzelnen Epochen kann historische Entwicklung der dt. Sprache in 5 S. gegliedert werden:
a) vorliterarische Zeit (bis 8. Jh.);
b) Ahd. = Althochdeutsch (8.–11. Jh.);
c) Mhd. = Mittelhochdeutsch (11.–14. Jh.);
d) Frühnhd. = Frühneuhochdeutsch (14. – beginnendes 17. Jh.);
e) Nhd. = Neuhochdeutsch (17. Jh. – Gegenwart).

Sprachpflege ↑Sprachkritik.

Sprachphilosophie: Lehre vom Wesen der Sprache (phänomenologisch), ihrem Ursprung und den seelischen, geistigen und geschichtlichen Kräften, die sie bestimmen; Untersuchung des Verhältnisses zwischen Sprache und Denken, zwischen Sprache und Sein (erkenntnistheoretisch).

Sprachpsychologie ↑Psycholinguistik.

Sprachschichten ↑Sprache.

Sprachsoziologie ↑Soziolinguistik.

Sprachspiel: 1. Bei WITTGENSTEIN Verwendung von Sprache im pragmatischen (↑Pragmatik) ↑Kontext, wobei sie in den verschiedenen Lebenssituationen je spezifischen (Spiel-)Regeln folgt, je nachdem um welches S. es sich handelt: z. B.: Befehlen, Fragen, Beschreiben, Vermuten, Lügen, Witze erzählen, Rätsel raten, Danken, Bitten, Grüßen, Beten.

2. In ↑Sprachdidaktik spielerischer Umgang mit Sprachzeichen durch Verfremdung und/oder regelwidrigen Gebrauch, der pointiert, überraschend, beabsichtigt ist und einen neuen Sinnzusammenhang herstellt (häufig mit komischem Effekt durch Wortverdrehung, Vertauschungen u. a.); Aufbrechen gewohnter Sprachmuster, erheiterndes Experiment mit Sprache auf deren verschiedenen Ebenen: Buchstaben/Laute, ↑Morpheme, Wörter, Sätze, Texte; z. B.: *GR$_U$BE; Stinktierschutzverein, Tränensackgasse; Katzentatzen kratzen, Schotenschalen platzen; Wenn Fliegen hinter Fliegen fliegen, fliegen Fliegen Fliegen nach.*

Sprachverwandtschaft: Bei genealogischer (familienkundlicher) Betrachtung der historischen Zusammenhänge zwischen den sich entwickelnden Einzelsprachen feststellbare Beziehung: Zusammengehörigkeit durch gemeinsamen Ursprung, gemeinsame Vorstufe, mit erhaltenen Übereinstimmungen in den Systemen der Laute, Worte, Wort- und Satzbildungsweisen; z. B. ↑indogermanische oder indoeuropäische Sprachfamilie.

Sprachwandel: Historische Veränderung einer Sprache (im Inventar der Elemente und im Regelsystem).

Sprachwissenschaft ↑Linguistik.

Sprachzeichen ↑Zeichen.

Sprechakt (speech act): Elementare Einheit sprachl. ↑Kommunikation; sprachl. Äußerung als sozialer Handlungsvollzug (↑Pragmatik) in gegebenem situativem ↑Kontext, durch die zweiseitige Beziehungen zwischen Kommunikationspartnern hergestellt werden, welche die Verständigungsebene bestimmen, z. B. Frage, Befehl, Ermahnung, Zustimmung usw.;
Teilakte des S. nach:

1. AUSTIN: a) l o k u t i v e r A k t:
- phonetischer Akt: Sprecher artikuliert Lautgebilde, z. B. [voːrziχt];
- phatischer Akt: Sprecher äußert Wörter und Sätze einer Sprache nach best. grammatischen Regeln, z. B.: *Vorsicht, da kommt ein Auto!*;

– rhetischer Akt: Sprecher verwendet Wörter und Sätze mit best. Bedeutung, mit Bezug auf eine Welt (↑Referenz) und mit einer Aussage über sie (Sinn), z. B.: Referenzbereich: sich näherndes Auto, das für Fußgänger Gefahr bedeutet, Aufforderung aufzupassen;

b) illokutiver Akt: Herstellung einer sozialen Beziehung, Ausübung einer kommunikativen Kraft (communitive force) auf Hörer, z. B. Aufmerksammachen auf sich nähernde Gefahr;

c) perlokutiver Akt: Konsequenzen, Wirkungen ergeben sich beim Hörer aus vollzogener Sprechhandlung, z. B. Verblüffung, Überraschung, da er an dieser Stelle nicht mit einem Fahrzeug gerechnet hat;

2. Searle: a) Äußerungsakt: Artikulation eines Lautgebildes und Äußerung von Wörtern und Sätzen einer Sprache;

b) propositionaler Akt (↑Proposition): Äußerung eines sprachl. Inhalts;

– ↑Referenz: Bezug auf Objekte und Ereignisse einer Welt; z. B.: Auto, sich nähern;

– ↑Prädikation: Aussage über Objekte und Ereignisse; z. B.: daß das Auto sich nähert;

c) illokutiver Akt (s.o.);

d) perlokutiver Akt (s. o.).

Sprechhandlung: Bei Wunderlich Grundeinheit linguistischer ↑Pragmatik mit Konventionalität (↑konventionell) und Intentionalität (↑Intention); lehnt sich an Austins und Searles ↑Sprechakt an; z. B.: Frage, Versicherung, Vortäuschung, Überredung; Realisierung durch unterschiedliche grammatische Ausdrucksweisen möglich (vgl.: ↑Frage, ↑Aufforderung).

Sproßvokal: Zur Aussprachеerleichterung in ein Wort eingeschobener ↑Vokal, im Germ. oft aus silbenbildenden ↑Konsonanten (↑Halbvokal) entwickelt; z.B. mhd. *gîr* > nhd. *Geier*; mhd. *mûr* > nhd. *Mauer*. ↑auch Gleitlaut.

Stamm: Morphem oder Morphemkonstruktion, an die ein Flexionsmorphem treten kann und die in allen Wortformen eines flektierbaren Wortes gleich sind; z. B.: /schön/ in *schöner, schönes;* /Haustür/ in *Haustüren;* /leb-/ in *lebst, leben, lebte, gelebt.* ↑ auch Wurzel.

Stammbaum ↑Stemma.

Stammformen: Best. Flexionsformen des Verbs, von denen sämtliche anderen Formen ohne größere morphologische Veränderung hergeleitet werden können;

im Nhd. 3 Formen:

a) Infinitiv oder 1. Pers. Sing. Präs.; z. B.: *singe(n), lache(n);*
b) 1. Pers. Sing. Prät.; z. B.: *sang, lachte;*
c) Part. II; z. B.: *gesungen, gelacht.*

Im Mhd. kommt als 4. Form 1. Pers. Plur. Prät. hinzu, da zwischen Sing. und Plur.

des Prät. meist erhebliche Lautunterschiede im Wortstamm anzutreffen sind, die im Nhd. ausgeglichen wurden; z.B.: mhd. *lîhe, lêch, lihen, gelihen* > nhd. *leihe, lieh* (*liehen*), *geliehen*; mhd. *brinne, bran, brunnen, gebrunnen* > nhd. *brenne, brannte*(*n*), *gebrannt*.

Standardsprache: Überregional und über verschiedene soziale Sprechergruppen hinweg gebräuchliche ↑Sprache des größten Teils der Angehörigen einer Sprachgemeinschaft (z.B. der deutschen), insbesondere deren geschriebene, an Literatursprache angelehnte Sprache; heute weitgehend anstelle von ‚Hochsprache' verwendeter Terminus.

starke Flexion: 1. Bei ↑Konjugation Wechsel des Stammvokals in den verschiedenen ↑Stammformen starker ↑Verben (z.B.: *singe, sang, gesungen*) im Unterschied zur Flexion der schwachen Verben (z.B.: *lache, lachte, gelacht*).
2. Bei ↑Deklination die Nominal- und Adj.-Formen, deren Flexionssuffixe an die der Pron. angelehnt sind (z.B. Gen. Sing. auf -es oder -s; Nom. Plur. auf -e, -er, -s oder ∅: *des Tages, eines Morgens, meine Beine, schöne Tage*) im Unterschied zu Suffixen der alten schwachen Subst.-Deklination auf -(e)n (z.B.: *des Knaben, die frechen Knaben*). Während Subst. entweder stark (wie *Tag*) oder schwach (wie *Knabe*) flektieren, flektieren Adj. je nach syntaktischer Stellung stark und schwach (z.B.: *schöne Kleider – die schönen Kleider*).

statal ↑stativ

stativ (lat. stativus = stehend) [auch: statal]: Eigenschaft von Zustandsverben (↑Verb) wie *liegen, bleiben, schweigen,* keine Handlung zu bezeichnen, keinerlei Veränderungen in ↑Subjekt und ↑Objekt zu erzielen („statisch" zu sein), kein Passiv zu bilden.

Stellvertreter ↑Begleiter und Stellvertreter.

Stemma, das (lat. stemma = Stammbaum): Baumgraph; Baumdiagramm; Stammbaumschema; graphische Darstellung zur Strukturbeschreibung sprachl. ↑Konstruktionen, zur Beschreibung der Anordnung und Relationen ihrer ↑Konstituenten; z.B.: *Der Postbote übergibt ihm einen dicken Brief.*:

a) in ↑Generativer Grammatik (↑P-Marker = Phrasenstrukturstammbaum):

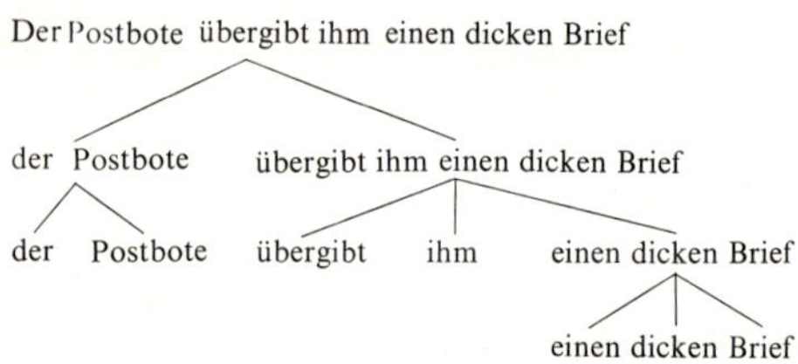

Darstellung mit Kategorialsymbolen:

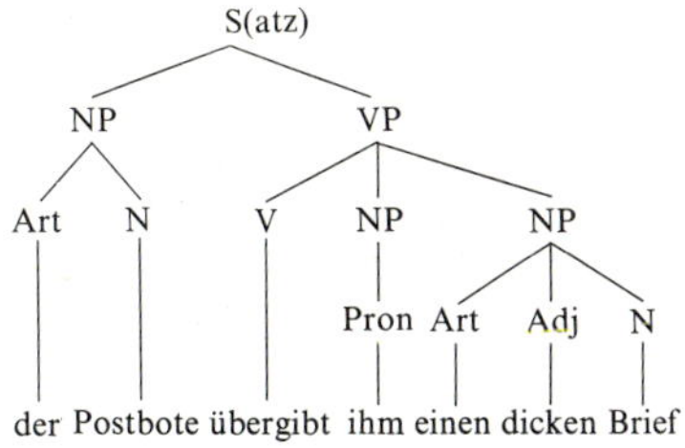

Anfangs- oder Ausgangssymbol (initial symbol) S repräsentiert den ganzen Satz, steht an der Spitze, der Verzweigungsstelle oder dem Knoten des Symbols ∧, an dessen Verzweigungen/Ästen/Kanten am anderen Ende die von S dominierten unmittelbaren Konstituenten jedes Satzes ihren Platz haben: NP (= Nominalphrase, auch NT = Nominalteil, in Subj.-Position) und der Rest des Satzes VP (= Verbalphrase, auch VT = Verbalteil, in Präd.-Position + Obj., Adverbiale); NP und VP sind ihrerseits Konstruktionen mit unmittelbaren Konstituenten; über mehrere Stufen dominiert S mittelbar die Symbole der ↑terminalen Kette (terminal string, Endkette), die Endsymbole (terminal symbols), von denen jedes eine Klasse von ↑Lexemen, Elementen des Lexikons repräsentiert: Art + N + V + Pron + Art + Adj + N; diese Aussagen über die Satzstruktur lassen sich auch in Regeln umformulieren, nach denen eine Symbolkette aus der nächsthöheren abgeleitet wird, in mehreren Schritten also aus dem Anfangssymbol die Kette der Endsymbole erzeugt/generiert wird; nach anderen Regeln (Lexikonregeln) werden den Endsymbolen best. Lexeme (als phonetische und semantische Interpretationen der syntaktischen Struktur) zugeordnet; in Ersetzungsregeln steht links vom Pfeil (zu lesen: „ersetze durch“) das dominierende Symbol, die Konstruktion, rechts stehen die unmittelbaren Konstituenten:

$$\begin{aligned} S &\rightarrow NP + VP \\ NP &\rightarrow Art + N \\ VP &\rightarrow V + NP + NP \\ NP &\rightarrow Pron \\ NP &\rightarrow Art + Adj + N \end{aligned}$$

b) in ↑Dependenzgrammatik (dependency-tree = Abhängigkeitsstammbaum):

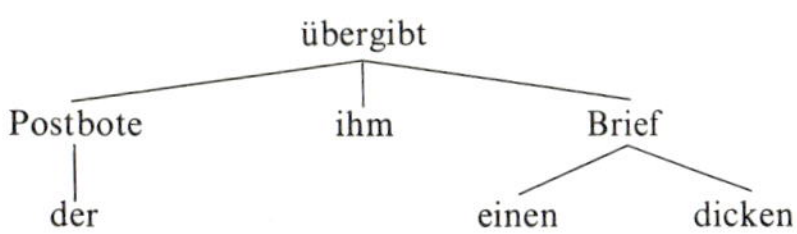

(Erläuterungen zum Stammbaum s. nächste Seite!)

An Stammbaumspitze steht nicht Anfangssymbol für den ganzen Satz, sondern das ↑finite Verb als dessen wichtigste und unentbehrliche Konstituente; von ↑Valenz des Verbs (des jeweiligen verbalen Lexems) hängen Zahl und Art der notwendigen ↑Ergänzungsbestimmungen des Verbs ab, die deshalb als Satzkonstituenten niedereren Ranges in der hierarchisch geordneten Satzstruktur durch einen ↑Konnexion symbolisierenden Ast mit dem Verb verbunden sind (die Elemente an beiden Enden eines Astes sind die Kerne oder Nuklei der Konnexion); von den Ergänzungsbestimmungen abhängige Satzkonstituenten sind auf einer nächsten Stufe durch Konnexionen mit ihnen verbunden; so ergibt sich Unterordnungsbaum, in dem die hinter eindimensional-linearer Redekette verborgene Hierarchie der Strukturelemente sichtbar wird (TESNIÈRE: „transformer l'ordre linéaire en ordre structurale"). ↑ auch Dependenzrelation, Interdependenzrelation.

Stil, der (lat. stilus = Schreibart): Einheitliche, charakteristische, durch besondere Häufung best. fakultativer ↑Transformationen, durch auffällige Merkmale gekennzeichnete sprachl. Ausdrucks- und Darstellungsweise einer Person, eines Werkes, einer Epoche.

Stilebene (auch: Stilschicht, Stilhöhe): Emotionale Färbung sprachl. Ausdrücke; ausgehend von normalsprachl. neutraler Grundschicht mit expressiver Nullfärbung Abweichungen nach oben und unten, wobei die Grenzen nicht scharf zu ziehen sind;
a) poetische S.: *die Seele aushauchen*;
b) gehobene S.: *entschlafen*;
c) neutrale S.: *sterben*;
d) saloppe S.: *ins Gras beißen*;
e) vulgäre S.: *verrecken*.

Stilistik: 1. Wissenschaft vom Sprach-Stil, von den sprachl. Darstellungsweisen; als Beschreibung der (ästhetischen) Wirkung grammatischer Kategorien auf den Leser/Hörer Bindeglied zwischen Sprach- und Literaturwissenschaft.
2. Lehre vom guten, d.h. grammatisch richtigen und ästhetisch vorbildlichen schriftsprachlichen Ausdruck (im Unterschied zur ↑Rhetorik, der Lehre von der mündlichen Redekunst).

Stilschicht ↑Stilebene

stimmhaft: Eigenschaft sprachl. Laute, bei deren Bildung die Stimmbänder im Kehlkopf schwingen (Vibration mit der Hand an der Kehle spürbar); z.B.: s [z] in *rei<u>s</u>en* gegen ↑stimmloses [s] in *rei<u>ß</u>en*.

stimmlos: Eigenschaft sprachl. Laute, bei deren Bildung die Stimmbänder nicht schwingen, sondern in Ruhelage verbleiben; z.B.: [p] in *lie<u>b</u>*.

Stimulus ↑Behaviorismus.

Stirnsatz ↑Kernsatz.

Stoffname ↑Konkretum

Strategie, die (gr. strategia = Heerführung; Feldherrnkunst): Vorbereitung und Lenkung einer Handlung nach best. Steuerungsregeln; S. verbaler Planung: regelmäßiger Handlungsablauf, in dem der Sprecher seine Sprachkompetenz anwendet und zur ↑Performanz werden läßt; nämlich: Erkennen der Sprechsituation (Wahrnehmungs-S.), Entwurf einer gezielten Verhaltensweise mit Sprechakten, Durchführung der Sprechakte mit Situationsbeobachtung und Rückkoppelung (Berücksichtigung der Wirkung des Sprechaktes und des Situationswandels bei ständiger Bereitschaft der S.-Veränderung).

Stratifikationsgrammatik, die (lat. stratificatio = Schichtung, Schichtenbildung): LAMBS Theorie der Sprache als eines Systems gleichartig funktionierender Teilsysteme: Semologie (hypersemologisches und semologisches ↑Stratum), Grammatik (lexematisches und morphologisches Stratum), Phonologie (phonologisches und hypophonologisches Stratum); differenzierte Terminologie mit Ausdrücken
a) ohne Suffix oder mit Suffix -a: konkrete Realisierung einer Einheit; z. B.: Lex, Morph, Sema, Phona;
b) mit Suffix -em: abstrahierte Einheit innerhalb des Systems; z. B.: Lexem, Morphem, Semem, Phonem;
c) mit Suffix -on: Konstituente einer em-Einheit; z. B.: Lexon, Morphon, Semon, Phonon;
komplizierte, schwer zugängliche algebraische Notation.

Stratum, das (lat. stratum = das Hingebreitete, Schicht): Strukturebene in der ↑Stratifikationsgrammatik; Schicht als Teilsystem der Sprachbeschreibung (z. B. Phonologie, lexemische und morphemische Grammatik) mit je eigener Taktik (Regelsystem, das mögliche Kombinationen der Einheiten des S. angibt; z. B. morphotaktisch, lexotaktisch, semotaktisch).

Streckformverb ↑Funktionsverb.

Streuung ↑Grundwortschatz.

strikt ↑Subkategorisierung.

Struktur, die (lat. structura = Bauweise): Art und Weise der Verknüpfung von ↑Elementen einer ↑Menge; Gefüge der Teile in einem ↑System, ihre Relationen zueinander und zum Ganzen des Systems; z. B. enthält eine Kursbuchkarte mit dem

Netz der Eisenbahnstrecken eines Bezirks keine Angaben über Größe und Anlage der Bahnhöfe, über genaue Entfernungen zwischen diesen, über die Landschaft, in der sie liegen, und andere Einzelheiten der „Wirklichkeit", auf die sich Kartendarstellung bezieht; solche Abstraktion dient einer umso deutlicheren Information über die für den Leser allein relevante S. des Streckennetzes: Beziehungen (Relationen) der einzelnen Bahnhöfe zueinander, ihr jeweiliger Stellenwert im Zusammenhang des Gesamtsystems. ↑ auch Strukturalismus.

Strukturalismus, der (lat. structura = Bauweise): Sprachwissenschaft, die Sprache als geschlossenes ↑System von ↑Zeichen begreift (zusammenhängendes Ganzes, in dem alle Teile voneinander abhängen) und die ↑Struktur des Systems analysieren will: Feststellung des Inventars der sprachl. Einheiten, ihrer Position im System, ihrer Relationen zueinander und zum ganzen System; Gegenentwurf (mit SAUSSURE einsetzend) gegen atomistische, isolierende Einzelwort- oder Einzellautuntersuchungen der traditionellen historischen und vergleichenden Sprachwissenschaft.
↑Taxonomischer S.: Zurückführung aller sprachl. Strukturen auf die syntagmatischen und die paradigmatischen ↑Relationen der sprachl. Einheiten; Beschränkung auf die beiden Grundoperationen ↑Segmentierung und ↑Klassifikation (Genfer Kreis; Prager Kreis: TRUBETZKOY, JAKOBSON, MARTINET; Kopenhagener Kreis: HJELMSLEV; in den USA: SAPIR, BLOOMFIELD, HARRIS); Weiterführung und Überwindung im Gegenentwurf durch den HARRIS-Schüler CHOMSKY (↑Generative Grammatik).

Strukturbaum ↑Stemma.

Strukturelle Semantik: Beschreibung der ↑Bedeutungen sprachl. ↑Zeichen, bes. der ↑Lexeme einer Sprache, unter Berücksichtigung der paradigmatischen und syntagmatischen Bedeutungsbeziehungen (↑Relation) untereinander; Stellenwert innerhalb der semantischen ↑Struktur des Wortschatzes (↑Lexikon) bestimmt den Inhalt des Einzelwortes. ↑auch Wortfeld, Synonymie, Antonymie, Hyponymie.

Subjekt, das (lat. subiectum = [der Aussage] unterworfen, zugrundegelegt) [auch: Satzgegenstand]: ↑Funktion des Subst. im Satz; ↑Satzglied, das als Bez. des Seienden oder Geschehenden (als Träger oder Urheber des Geschehens) den Ausgangspunkt der Äußerung (GLINZ: „Grundgröße"; ERBEN: „Ansatzgröße") und zusammen mit dem ↑Prädikat das obligatorische Grundgerüst, den Satzkern darstellt; steht stets im ↑Nominativ, in ↑Kongruenz mit dem ↑finiten Verb; z. B.: *Der Vogel pfeift.*
Vom grammatischen S. (s.o.) zu unterscheiden das logische S.: fällt nur in aktivischen Sätzen mit grammatischem S. zusammen, in passivischen nicht; dort fungiert es grammatisch als Präpositionalobj., logisch aber als Agens, Handlungsträger, „Täter"; z. B.: *Das Kind wird von der Mutter gerufen.* gegen *Die Mutter ruft das Kind.*

Subjektanhebung (subject raising): Prälexikalische ↑Transformation in ↑generativer Semantik, durch die im Stammbaum (↑Stemma) Subjekte eingebetteter (↑Einbettung), untergeordneter Sätze als ↑Konstituenten in den nächsthöheren Satz (↑Matrixsatz) angehoben werden (unter den nächsthöheren S-Knoten plaziert); z. B.: lexikalische Einsetzung des Verbs *überreden* für die atomaren semantischen Prädikate ⟨+ bewirken⟩, ⟨+ dazu kommen⟩, ⟨+ beabsichtigen⟩ (= Umkehrung der lexikalischen ↑Dekomposition von *überreden*):

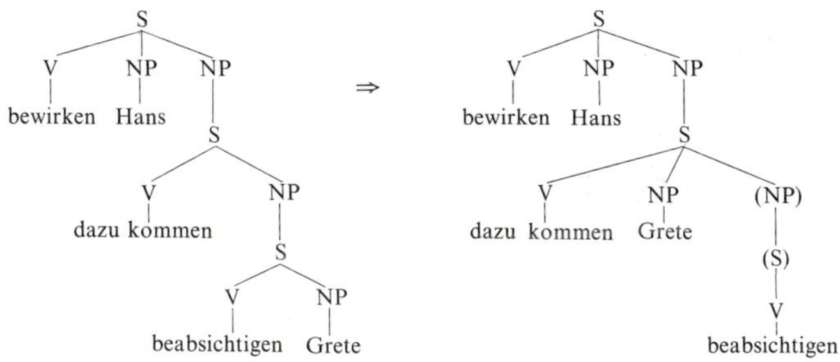

Zu lesen: Hans bewirkt, daß es dazu kommt, daß Grete beabsichtigt. ⇒ Hans bewirkt, daß Grete dazu kommt, zu beabsichtigen.

Subjektsatz↑Gliedsatz.

Subkategorisierung, die (lat. sub = unter; gr. kategorein = aussagen) [auch: Subklassifizierung]: Teilung einer Klasse von Elementen in Unterklassen (nach semantisch-syntaktischen Merkmalen); z. B.: Adj. in Adj_1 mit dem Merkmal ⟨+graduierbar⟩ wie *groß, schön, alt* und Adj_2 mit ⟨−graduierbar⟩ wie *schwanger, tot*; Nomina in N_1 ⟨+zählbar⟩ wie *Tisch, Haus, Meer*, N_2 ⟨+abstrakt⟩ wie *Friede, Schönheit*, N_3 ⟨+belebt⟩ wie *Hund, Vogel, Kriechtier*, N_4 ⟨+menschlich⟩ wie *Tante, Bauer, Kerl;* durch Kombination dieser Merkmale entsteht Kreuzklassifikation (Klassifikationsüberschneidung), z. B.: N ⟨−abs, +zähl, −bel, −mensch⟩ wie *Tisch, Garten, Berg, Buchseite* oder N ⟨−abs, +zähl, +bel, +mensch⟩ wie *Onkel, Lehrerin, Dummkopf*; neben solcher kontextfreien S. nach ↑inhärenten Merkmalen des zu subklassifizierenden Elements [auch: inhärente S.] ↑kontextsensitive S., in der die mögliche Umgebung (↑Distribution) eines Elements Gesichtspunkt für die S. ist (↑Kompatibilität, ↑Selektion); z. B. gehört *töten* zur Subklasse der Verben, die nur mit einem N in Objektfunktion erscheinen, welches das Merkmal ⟨+belebt⟩ aufweist;

a) strikte S. [auch: strenge S.]: berücksichtigt nur Kontext der Kette im ↑Stemma, von der das zu subkategorisierende Element Teilkette ist, legt dessen kategorialen Kontext fest; z. B. bei V nur dann NP, wenn $[V + NP]_{VP}$, nicht bei $[[N]_{NP} + [V]_{VP}]_S$;

b) selektionale S.: berücksichtigt weiteren Kontext unter Angabe syntaktisch-semantischer Merkmale; z.B.: V_X: [+V, +Nomen in Subj.-Funktion mit Merkmal ⟨+belebt⟩, +Nomen in Obj.-Funktion mit Merkmal ⟨−abstrakt⟩].

Subklassifizierung ↑Subkategorisierung.

subordinierend ↑Konjunktion.

Substantiv ↑Nomen.

Substitution, die (lat. substituere = an die Stelle setzen) [als heuristisches Verfahren auch: Ersatzprobe; bei GLINZ: Austauschprobe]: 1. Ersetzung eines fungierenden sprachl. Elements durch ein anderes derselben Kategorie (im Rahmen einer Konstruktion); als Transformationsoperation (↑Transformation): $[X_1]_{X_2} \Rightarrow [X_3]_{X_2}$; z.B.: *Pflanzen wachsen, wenn man Pflanzen pflegt.* ⇒ *Pflanzen wachsen, wenn man sie pflegt.*:

$$[[N]_{NP} + V]_{VP} \Rightarrow [[Pron]_{NP} + V]_{VP}$$

Strukturbaumveränderung:

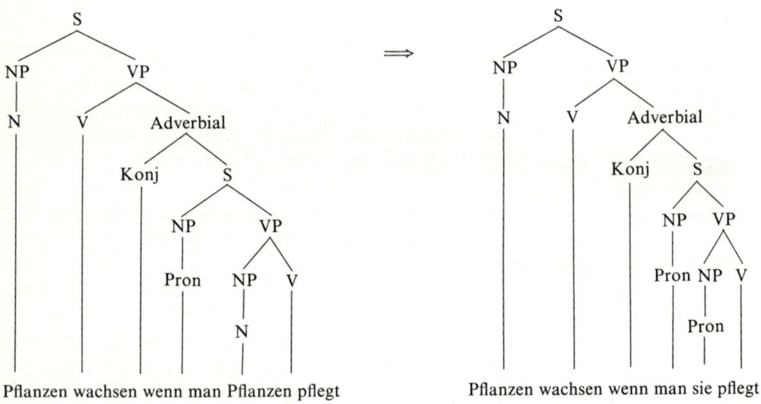

↑ auch Expansion, Reduktion.

2. In ↑Textlinguistik (HARWEG) Verkettung der Sätze eines ↑Textes durch ununterbrochene Beziehungen zwischen einem sprachl. Ausdruck, der durch einen anderen ersetzt wird (= Substituendum), und einem sprachl. Ausdruck, der den anderen

im Text ersetzt (= Substituens); z. B.: *Der Mann hatte es eilig. Er lief über die Straße.* ↑auch Proform.

Substrat ↑Sprachkontakt

Suffix, das (lat. suffigere = anheften): Gebundenes ↑Morphem, das an ein Grundmorphem angefügt wird, so daß ein neues Wort, ein ↑Derivat (Ableitungssuffix) oder eine neue Wortform, Flexionsform (Flexionssuffix) entsteht; z. B.: *Art > artig, Feind > Feindschaft; Band > Bandes, Rind > Rinder, klein > kleiner.* ↑ auch Präfix, Infix.

Suffixerweiterung: Erweiterung eines Ableitungs-↑Suffixes (↑Wortbildung) durch ein zusätzliches ↑Segment (diachronisch gesehen oft einem Grundwort zugehörig), meist mit semantischer Differenzierung einhergehend; z. B.: *-er > -n-er/-l-er* (*Musiker; Redner; Sportler*); *-heit > -ig-keit* (*Neuheit; Neuigkeit*); *-n > -l-n* (*zischen; zischeln*); *-ig-en* (*enden; endigen*).

Suggestivfrage ↑Fragesatz

Superisation, die (lat. superior = ranghöher) [auch: Superierung]: Zusammenschluß von Einzel-↑Zeichen zu einem Gesamtzeichen höherer Ordnung, dem ↑Superzeichen; z. B.: Zusammenschluß von Wörtern und Sätzen zum ↑Text.

Superlativ ↑Komparation.

Supernym ↑Hyponymie.

superordiniert ↑Hyponymie.

Superstrat ↑Sprachkontakt

Superzeichen (lat. super = über ... hinaus): Mehrere ↑Zeichen als ↑Konstituenten enthaltende übergeordnete Einheit, die selbst Zeichen ist; z. B. ein ↑Text mit Konstituenten. ↑Satz, ↑Syntagma, ↑Wort, ↑Morphem.

supplementär ↑Distribution.

Suppletivform, die (lat. supplere = ergänzen, ersetzen) [auch: Komplementärform]: ↑Wortform mit fremdem Grundmorphem, die an Stelle einer fehlenden Form im sonst regelmäßigen ↑Paradigma tritt und dieses so vervollständigt; z. B.: *lache, lachst, lacht, lachen;* aber: *bin, bist, ist, sind; wenig, weniger;* aber: *viel, mehr.*

Suppletivstamm, der (lat. suppletivus = ergänzend): Ergänzung eines unvollständigen ↑Paradigmas eines Wortes durch Formen eines etymologisch (↑Etymologie) andersartigen, aber bedeutungsähnlichen Wortes; z.B. *gut – besser*; *bin, ist, sind, war*.

suprasegmental (lat. supra = darüber hinaus): Eigenschaft der für die Inhaltsunterscheidung relevanten Merkmale einer sprachl. Äußerung, die nicht segmentierbar (↑Segmentierung), nicht aus dem linearen Redefluß als Teile herauslösbar, abtrennbar (wie z. B. ↑Phoneme oder ↑Morpheme) sind; z. B.: Pause oder Grenzsignal (juncture) wie in *Druck-erzeugnis* und *Drucker-zeugnis*; Tonhöhe (z. B. Aussagesatz mit fallendem, Fragesatz mit steigendem Ton wie in *Er geht nach Hause.* – *Er geht nach Hause?*); Akzent wie in *úmstellen – umstéllen*.

Symbol ↑Zeichen.

symmetrisch (gr. symmetria = Ebenmaß): Eigenschaft eines Kommunikationsverlaufs, bei dem sich die beteiligten Personen als gleichrangig und gleichberechtigt verstehen und durch spiegelbildliche Interaktion nach Gleichheit streben: Sender- und Empfängerrolle wechseln zwischen den Partnern regelmäßig, sie bestimmen gleichermaßen Gesprächsthemen und deren Wechsel; Gegensatz: asymmetrische (auch: komplementäre) Kommunikation, bei der ein Teilnehmer grundsätzlich dominiert, der andere dessen Verhalten ergänzt, Unterschiede zwischen superiorer/primärer und inferiorer/sekundärer Stellung der Partner bestehen: das Verhalten des einen setzt das des anderen voraus und bedingt es gleichzeitig; z. B. Verhältnis Mutter – Kind, Arzt – Patient, Lehrer – Schüler.

Synärese ↑Synalöphe

Synalöphe, die (gr. synaloiphe = Vermischung): Verschmelzung zweier ↑Vokale verschiedener Silben, wenn die Vokale im ↑Auslaut und im folgenden ↑Anlaut zusammenstoßen;

a) ↑Elision: Wegfall eines Vokals, z.B. *Lieb' und Leid*;
b) Synärese (gr. synairein = zusammenfassen): Zusammenziehung zu einem ↑Diphthong, z.B. mhd. *getregede* > nhd. *Getreide*;
c) Kontraktion (lat. contrahere = zusammenziehen): Zusammenziehung zu einem langen Vokal, z.B. *gehen* > *gehn*.

synchronisch (gr. syn = zugleich mit; chronos = Zeit): Gleichzeitig; Eigenschaft linguistischer Arbeitsweise, in der sprachl. Erscheinungen in einem gegebenen kurzen Zeitabschnitt (meist der Gegenwart des Untersuchenden) in ihrem Zustand (Stellenwert im Sprachsystem) untersucht werden, ohne daß historische Veränderungen berücksichtigt werden. Gw. ↑diachronisch.

syndetisch ↑asyndetisch.

synergastische Theorie ↑Glottogonie

Synesis, die (gr. synesis = Sinnzusammenhang): Syntaktische Konstruktion nach inhaltlichen, nicht formal-grammatischen Gesichtspunkten; Widerspruch zwischen Form und Bedeutung durch Verletzung der ↑Kongruenz; z.B.: *liebe Fräulein Meier*; *Eine Menge Kinder spielten auf dem Schulhof.*

Synkope, die (gr. synkopein = zerschlagen, zerstören): Ausfall eines Vokals im Wortinneren (bes. in Vor- und Endsilben) in der historischen Grammatik des Dt.; z. B.: *laufet, lauft.*

Synonymie, die (gr. syn = zugleich mit; onoma = Name): Inhaltliche Übereinstimmung mehrerer sprachl. ↑Zeichen bei verschiedener Lautform; kaum einmal vollständige, totale S., meist nur partielle S. in einer Sprache vorhanden; deshalb oft als Bez. nicht nur für gleiche, sondern für ähnliche Bedeutungen gebraucht; z. B.: *verstehen – begreifen; Kopf – Haupt; Fleischer – Schlachter – Metzger.* ↑ auch Antonymie, Hyponymie.

Synpleremik, die (gr. syn = zugleich mit; pleroma = Füllung, Sättigung): Lehre von der festen Kombination mehrerer ↑Plereme (kleinster Sprachzeichen, ↑Morpheme) zu Wörtern und idiomatischen Wortgruppen (↑Lexem), aber nicht zu freien Fügungen, die sich nach den Regeln der Syntax beschreiben lassen; S. umfaßt ↑Wortbildung/Morphologie, Wortformenlehre/Flexionslehre und die Lehre von den Idiomen.

Synsemantikum, das (gr. syn = zugleich mit; sema = Zeichen): Wort (oder Satz), das im Ggs. zum Autosemantikum nicht über selbständige, weitgehend kontextunabhängige Bedeutung verfügt; ist im lexikalischen Sinne inhaltsarm; markiert in enger Anlehnung an Nomen, Verb, Adj. z. B. die syntaktischen Beziehungen zwischen diesen (Relationswort) oder fordert weitere Kontext- und Situationsbezüge als semantische Stütze (Pron.); baut so Inhalt eines größeren Elements mit auf (semantische Konstruktion); z. B.: *Dieser hatte sich gerade gesetzt.*

Syntagma, das (gr. syntassein = zusammenstellen, ordnen): Aus mehr als einem Wort bestehende Satzkonstituente, die nicht selbst Satz (Teilsatz eines komplexen Satzes) ist; in der linearen Redekette des Satzes miteinander verbundene sprachl. Zeichen mit engerer Zusammengehörigkeit, die als Gruppe die Stellung im Satz ändern kann (↑Permutation), gemeinsamen Bedeutungskomplex im best. Kontext bildet, kongruente Flexion (↑Kongruenz) aufweist; z. B.: *Am frühen Morgen wurde er vom Wecker geweckt. – Er wurde am frühen Morgen vom Wecker geweckt. –Er wurde vom Wecker am frühen Morgen geweckt.*

syntagmatisch ↑Relation.

Syntagmem, das: ↑Inhalt eines ↑Syntagmas.

Syntax, die (gr. syntaxis = Anordnung, Zusammenstellung): Lehre von den Beziehungen sprachl. Zeichen im ↑Satz, ihrem in ↑Satzbauplänen darstellbaren Gefüge, ihren ↑Funktionen im Satz; Erklärung verschiedener Satzmuster, Satztypen und ihres Zustandekommens (generative S.); Fixierung der Satzgrenzen in sprachl. Äußerungen; kleinste Einheit: ↑Wortform, größte Einheit: Satz. ↑ auch Satzglied, Position, Syntagma, I-C-Analyse.

synthetisch (gr. syntithemi = zusammenstellen): Eigenschaft einer Sprache, in der die syntaktischen Beziehungen zwischen den Wörtern in den Wortformen durch gebundene Morpheme (meist Endungen) ausgedrückt werden; im Ggs. zum ↑analytischen Sprachbau, in dem die Beziehungen durch selbständige Wörter (Art., Pron., Präp.) ausgedrückt werden; z. B.: lat. *gladio* = *mit dem Schwert;* lat. *amaverunt* = *sie haben geliebt*.

System, das (gr. systema = Vereinigung): In sich geschlossenes, geordnetes Ganzes, in dem alle Teile eine Relation zueinander und zum Ganzen haben, zu einer ↑Struktur (des S.) verknüpft sind und dabei best. ↑Funktionen innehaben.

T-Element (Typen-Element): Obligatorischer Bestandteil der Satzbeschreibung in der ↑Generativen Grammatik; Angabe des jeweiligen Satztypus, durch den die Anordnung der Satzkonstituenten der ↑Oberflächenstruktur festgelegt ist;

Satz (= Oberflächenstruktur des Satzes)

(Typen-Element) T — S (= ↑Tiefenstruktur des Satzes);

a) T_A: Aussagesatzstellung; Verb an 2. Stelle; z. B.: *Ich spreche morgen mit ihm.;*
b) T_F: Fragesatzstellung (Entscheidungsfrage); Verb am Satzanfang; z. B.: *Sprichst du auch die Wahrheit?;*
c) T oder T_N: Nebensatzstellung; finites Verb am Satzende; z. B.: *Wer weiß, ob er ihn tatsächlich getroffen hat.*

T-Marker, der (Transformations-Marker) [auch: Transformations-Signator]: Angabe von Zahl, Art und Reihenfolge der ↑Transformationen, mit denen der ↑P-Marker einer ↑Oberflächenstruktur aus dem P-Marker der ↑Tiefenstruktur eines Satzes abgeleitet wird; z. B. besteht der ↑komplexe Satz *Ich weiß, daß du eine schöne Reise gemacht hast.* in der Tiefenstruktur aus 3 Teilsätzen, die in Nebensatzstellung lauten: a) *Ich es weiß.* – b) *Du eine Reise gemacht hast.* – c) *Eine Reise schön war.;* die Transformationen beginnen beim zutiefst eingebetteten (↑Einbettung) Satz c (S_c) und enden beim obersten Matrixsatz a (S_a); T-M. (Erläuterung s. u.):

Satz a (S_a) .... $T_E \rightarrow T_A \rightarrow T_D \rightarrow T_P$.
Satz b (S_b) ...... $T_E \rightarrow T_D \rightarrow T_P$ ↗
Satz c (S_c) ↗

Ein generalisierter P-Marker enthält und verbindet die 3 Basis-P-Marker der Teilsätze, zeigt im ↑Stemma, wo und wie die Konstituentensätze (↑Einbettung) in ihre Matrixsätze eingebaut werden:

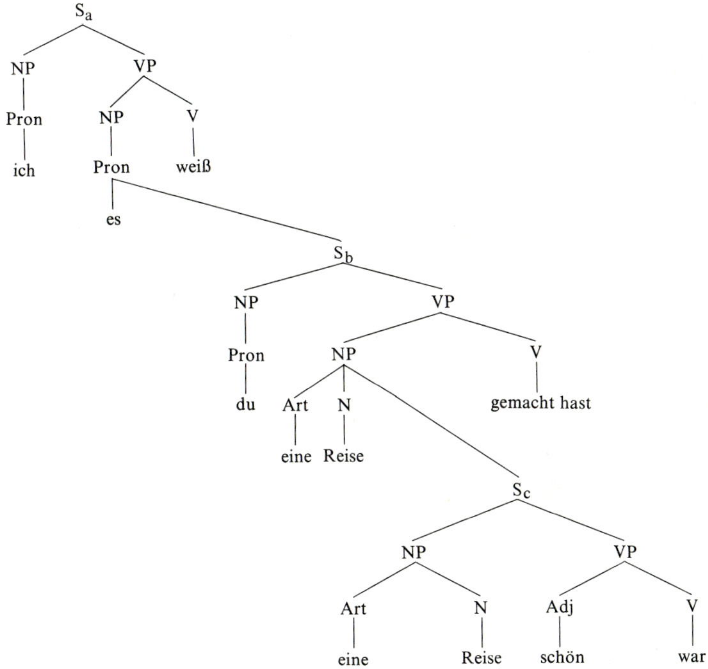

Erläuterung der Transformationen zur Generierung der Oberflächenstruktur des Gesamtsatzes aus den 3 Basis-P-Markern im einzelnen: P-Marker c ist durch Einbettungstransformation (T_E) in P-Marker b einzubetten, und zwar an Stelle von S_c. Durch Deletionstransformation (T_D) werden das Verb *war* und die wiederholte Nominalphrase *eine Reise* getilgt. Durch Permutationstransformation (T_P) wird im gewonnenen Satz die Reihenfolge von N *Reise* und Adj. *schön*(*e*) vertauscht. Der Satz *du eine schöne Reise gemacht hast* wird dann in den P-Marker a an der Stelle S_b eingebettet (T_E). Durch Additionstransformation (T_A) wird die Konj. *daß* eingefügt. Es folgen Deletion (T_D) des Pron. *es* und zuletzt Permutation (T_P) von Nominalphrase und Verb.

T-Regel ↑Transformationsregel.

Tabuwort: Wort, dem auf Grund magischer Vorstellungen Beschwörungskraft zugesprochen wird, dessen ↑Referent etwas den Menschen Bedrohendes darstellt; T. soll deshalb nicht ausgesprochen, die gefährliche Erscheinung nicht durch Namennennung „berufen" werden; T. wird vermieden oder durch Hüllwort ersetzt; z. B.: Teufel, stattdessen: *der Leibhaftige, Böse, Gottseibeiuns* u. a.

Tätigkeitsverben ↑Verb.

Tagmem, das (gr. tagma = Klasse, Ordnung): 1. In PIKEs ↑Tagmemik Zuordnungseinheit, Korrelation auf jeder Strukturebene (↑Stratum): slot-filler-correlative; besteht aus Funktion/Position (engl. slot = Schlitz) und Formklasse (class/filler = Füller) von Einheiten, welche die jeweilige Position einnehmen; z. B.: S : NP (zu lesen: als Subj. fungiert eine Nominalphrase).
2. Bei ZIERER äußere Form des ↑Grammems.

Tagmemik, die (gr. tagma = Klasse, Ordnung): PIKEs Theorie der ↑Morphosyntax mit den Einheiten ↑Tagmem (Korrelation von Formklasse und Funktion), ↑Syntagmem (Konstruktion aus Tagmemen) und Matrix (Anordnung von Tagmemen und Syntagmemen).

taktil ↑akustisch

Tatpurusa ↑Determinativkompositum.

Tautologie, die (gr. t'auton legein = dasselbe sagen): ↑Wortbildung aus 2 ↑synonymen ↑Morphemen; z. B.: *Schalksnarr* < *Schalk* + *Narr*.

taxonomisch (gr. taxis = Stellung innerhalb einer Ordnung): Eigenschaft der auf SAUSSURE zurückgehenden strukturalistischen Sprachwissenschaft, die den Aufbau eines Sprachsystems und die Stellung eines Einzelelements im System allein mit Hilfe der beiden Grundoperationen ↑Segmentierung und ↑Klassifikation beschreiben will; Arbeitsgrundlage stets ein sprachl. ↑Korpus, Betrachtungsweise vornehmlich ↑synchronisch; Kritik (nur ↑Oberflächenstruktur werde analysiert) und Gegenentwurf von seiten der Generativen Transformationsgrammatik CHOMSKYs. ↑ auch Strukturalismus, I-C-Analyse.

temporal ↑Adverbial.

temporale Deixis ↑Deixis

Temporalsatz ↑Gliedsatz.

Tempus, das (lat. tempus = Zeit): In den Flexionsformen des Verbs (mit dazugehörigen Hilfsverbformen von *haben, sein* und *werden*) ausgedrückte zeitliche Einordnung des Ausgesagten aus der Sicht des Sprechers: mit dem Sprechakt gleich-

zeitig = gegenwärtig, zurückliegend = vergangen, noch bevorstehend = zukünftig; nach Muster der lat. Grammatik:
a) ↑Präsens (Gegenwart): *Ich lache.;*
b) ↑Präteritum (Vergangenheit): *Ich lachte.;*
c) ↑Futur (Zukunft): *Ich werde lachen.;*
d) ↑Perfekt (vollendete Gegenwart): *Ich habe gelacht.;*
e) ↑Plusquamperfekt (vollendete Vergangenheit): *Ich hatte gelacht.;*
f) Futur II (vollendete Zukunft): *Ich werde gelacht haben.*
Nach GLINZ und BRINKMANN kennt dt. T.-System nur 2 Grund- oder Haupt-Tempora: Nichtvergangenheit (Präs.) und Vergangenheit (Prät.) bei unmittelbarer Darstellung eines Geschehens; bei modifizierender Darstellung können Vollzug (Perfekt, Plusquamperfekt) oder Erwartung (Futur I, II) ausgedrückt werden; Angaben der Zeit und der Einstellung des Sprechers zum Geschehensverlauf überlagern einander.

Tempusgebrauch: Verwendung der grammatischen Tempora (↑Tempus);
a) absoluter T.: drückt Verhältnis zwischen dem Zeitpunkt des Sprechaktes und dem mit dem ↑Verb bezeichneten Sachverhalt aus; z.B.: *Ich gehe über die Straße. Ich ging über die Straße.*;
b) relativer T.: drückt zeitliches Verhältnis zwischen mehreren Sachverhalten aus, von denen im ↑Satz die Rede ist; Zuordnung der Verbform im ↑Gliedsatz zu einem best. Tempus unter Bezug auf die absolut gebrauchte Verbform im Hauptsatz: Vor-, Gleich- und Nachzeitigkeit; z.B.: *Er war wieder in der Stadt, in der er als Kind gelebt hatte/obwohl er sie eigentlich nicht mehr betreten wollte/bis er es dort nicht mehr aushalten konnte.*

Tenuis ↑Explosivum.

Term, der (lat. terminus = Begriff): Grundbegriff; kleinste sprachl. Einheit, der durch semantische Interpretation ein Referenzobjekt (↑Referenz) in außersprachl. Wirklichkeit zugeordnet werden kann; T. kann nicht wahr oder falsch sein und keine Behauptung, Aufforderung u.ä. zum Ausdruck bringen; z.B.: *Hamburg; der Hamburger Elbtunnel.*

terminal (lat. termini = Ende): Am Ende stehend; in ↑Generativer Grammatik bei Darstellung der Stammbaumstruktur von Sätzen Eigenschaft der Endsymbole im ↑Stemma, die nicht weiter in ↑Konstituenten aufgespaltet werden (t. Symbole), sondern selbst t. Konstituenten darstellen und zusammen t. Kette oder Endkette bilden, welche aus Kategorialsymbolen wie Art, N, V, Pron besteht; manchmal werden auch die für die Kategorialsymbole eingesetzten ↑Lexeme als Endkette bezeichnet, dann stellen die durch ↑Subkategorisierung abgeleiteten komplexen Symbole eine praeterminale Kette dar.

Terminologielehre: Wissenschaftliche Darstellung des Phänomens der ↑Fachsprache bzw. Wissenschaftssprache im Unterschied zur Gemeinsprache/Standardsprache (↑Sprache); Theorie zweck- und funktionsgebundener Subsysteme, die auf dem Zeichensystem einer natürlichen Sprache aufruhen, dabei aber Entwicklungstendenz in Richtung auf formalisierte Sprache aufweisen (z. B. Sprache der formalen Logik, der Mathematik, Technik, Wirtschaft); im Unterschied zur polyfunktionalen natürlichen Gemeinsprache mit ihrer Unbestimmtheit und Mehrdeutigkeit von Wörtern und Wendungen (je nach ↑Kontext verschiedene Bedeutung) sind die begrifflichen Inhalte der monofunktionalen Fachsprache als Konstrukte wissenschaftlichen Denkens präziser und von größerer Abstraktheit in Bezug auf außersprachl. Wirklichkeit.

Terminus technicus ↑Internationalismus.

Text, der (lat. textum = Gewebe): 1. Verbindung mehrerer aufeinander folgender (Reihenfolge nicht beliebig vertauschbar), einen Sinnzusammenhang konstituierender Sätze zu einer größeren gesprochenen oder geschriebenen sprachl. Einheit (im Unterschied zur bloßen Reihe isolierter Einzelsätze); kohärente (↑Textkohärenz) Menge von Sätzen; als natürliche Form zusammenhängender Äußerung Grundeinheit sprachl. Kommunikation; artikuliertes (niedergeschriebenes) ↑Textem; z. B.: T. mit inhaltlich benachbarten Wörtern, mit Pron. und Konj. als ↑Konnektoren: *Der Professor begann mit dem Vortrag. Zuerst grenzte er sein Thema ein. Dann nannte er Beispiele für dessen Aktualität. Dabei sprach er mit ruhiger, klarer Stimme, so daß wir Zuhörer ihn alle gut verstehen konnten.*;

dagegen Reihe von Sätzen (mit z. T. gleichen Lexemen), ohne daß ein T. entsteht: *Herr Dr. Müller ist Professor an der hiesigen Hochschule. Das Thema des Aufsatzes muß noch eingegrenzt werden. Geh ihm mit gutem Beispiel voran! Er sprach mit ruhiger, klarer Stimme. Kinder sind stets dankbare Zuhörer. Das verstehe ich nicht.* ↑ auch Transphrastik.

2. Thematisch geordnete Äußerungsmenge (von unterschiedlicher Quantität) als sprachl. Bestandteil eines Kommunikationsaktes, mit erkennbarer kommunikativer Funktion (illokutiv und perlokutiv; ↑Sprechakt); mündliche oder schriftliche Redeeinheit zwischen zwei Kommunikationspausen; z. B.: Alarmruf *Feuer!*; Einkaufszettel, Fahrplan, Speisekarte in der Hand des Benutzers.

Textanweisung ↑Anweisungsstruktur.

Textbasis: Inhaltliche Struktur, die einem ↑Text zugrundeliegt; Gefüge aus ↑Propositionen, die sich z. T. überlagern.

Textem, das (lat. textum = Gewebe): Ergebnis des sprachl. Kodierungsvorgangs (Umsetzung von Sprechervorstellungen; ↑kodieren) noch vor Realisierung in der Äußerung: noch nicht artikulierte sprachl. Strukturen.

Textfortschritt ↑thematische Progression.

Textgrammatik: Grenzen des ↑Satzes überschreitende oder vom ↑Text als der höheren sprachl. Einheit ausgehende ↑Grammatik.

Textkohärenz, die (lat. cohaerere = zusammenhängen): Inhaltliche Verknüpfung, Verflechtung der ↑Konstituenten eines ↑Textes, seiner einzelnen ↑Prädikationen zu in sich geschlossener sprachl. Einheit; Grundmuster für Relation zwischen Sätzen, deren Abfolge und lexikalische Realisierung;

Verbindungstypen zweier aufeinander folgender Sätze (nach ISENBERG):

a) Thematisierung nicht-neuer Gegenstände: *Mittags erreichte er das Dorf. Der Ort gefiel ihm.*;
b) Kausalanknüpfung: *Die Heizung funktioniert nicht. Der Öltank ist leer.*;
c) Motivanknüpfung: *Fritz ist in die Kneipe gegangen. Er will ein Bier trinken.*;
d) Diagnostische Interpretation: *Es friert. Auf den Pfützen bildet sich eine dünne Eisschicht.*;
e) Spezifizierung: *In der Schillerstraße hat es einen Unfall gegeben. Ein VW hat eine Fußgängerin auf dem Zebrastreifen erfaßt.*;
f) Metasprachliche Einordnung: *In vier Wochen soll Hochzeit sein. Das hat mir Elses Mutter selbst gesagt.*;
g) Temporalanknüpfung: *Um 7 Uhr gab es Frühstück. Danach verließ ich das Haus.*;
h) Anknüpfung von Voraussetzungen: *Karl erhält vom Postboten einen Brief. Jemand hat ihm geschrieben.*;
i) Adversative Kontrastierung: *Heute scheint die Sonne. Gestern dagegen hat es den ganzen Tag geregnet.*;
k) Frage-Antwort-Korrespondenz: *Was hast du heute abend vor? Wir könnten mit Erich Skat spielen.*;
l) Vergleich: *Michael ist ein guter Torwart. Ein noch besserer Torwart ist Heinz.*;
m) Korrektur von vorerwähnten Aussagen: *Ich habe Angelika das Buch geliehen. Nein, ich habe das Buch Brigitte geliehen.*

Textlinguistik: Untersuchung und Beschreibung von ↑Texten (transphrastisch von Satzsyntax zur Textsyntax übergehend [↑Transphrastik] oder aber nach pragmatisch-kommunikativer Textdefinition), der Konstitution von Texten (↑Textkohärenz, Text-↑Referenz, ↑Textphorik), der Typologie von Texten (↑Textsorte) nach ihrer jeweiligen kommunikativen Funktion; Analysen der Oberflächenstruktur von Texten und Zusammenstellungen der dort erkennbaren syntaktisch-semantischen Verknüpfungsmittel (↑Proform, ↑Pronominalisierung) oder Gliederungssignale (z.B. der Eröffnung oder des Abschlusses einer Äußerungseinheit: *nun, also, so*) steht die Forderung nach einer auf Text-↑Tiefenstrukturen aufbauenden T. gegenüber: thematische, logisch-semantische Mitteilungs- und Wirkungsabsicht des Sprechers/Schreibers steuert den Prozeß der Texterzeugung im Rahmen eines Kommunikationsaktes über Satztiefenstrukturen (‚Satzbegriffe', ↑Proposition) und Einsetzung von ↑Lexemen bis zur Überführung in die Textoberfläche.

Textphorik, die (gr. phorein/pherein = sich auf etwas beziehen): Sprachl. Bezugnahme; Verweis best. Elemente eines ↑Textes auf andere Elemente desselben Textes, mit Verweisrichtung nach rückwärts, auf den vorangegangenen ↑Kontext (Anapher) oder vorwärts auf folgenden Kontext (Katapher). ↑ auch Proform.

Text(re)produktion, die (lat. producere = hervorbringen; re- = wieder): Erzeugung (bzw. Wiederherstellung, Rekonstruktion) eines (im Gedächtnis behaltenen) ↑Textes durch Sprecher/Schreiber im Unterschied zur ↑Textrezeption durch Hörer/Leser.

Textrezeption, die (lat. recipere = empfangen): Verstehendes Aufnehmen und Verarbeiten eines ↑Textes durch Hörer/Leser im Unterschied zur ↑Textproduktion des Sprechers/Schreibers.

Textsemantik: Untersuchung und Beschreibung der ↑Bedeutung (↑Semantik) eines ↑Textes, der verständnisleitenden Textzusammenhänge, d. h. der inhaltlichen ↑Textstruktur (Verknüpfung best. Lexeminhalte nach ↑thematischer Progression; Berührung mit ↑Textgrammatik, Textsyntax) sowie der Einbettung eines Textes in eine best. ↑Kommunikationssituation und der Beziehungen zwischen Textstruktur und Situation (Berührung mit ↑Pragmatik): Wie funktioniert der Text, wie wird er in einer best. Situation verstanden? Im Unterschied zur Wortsemantik (↑Zeichen) wird in T. dem isolierten Einzelwort keine Bedeutung zuerkannt, sondern nur ↑Bedeutungspotential; Bedeutung erlangt das Wort erst durch seine Verwendung im Text (↑Monosemierung). Textinhalt wird bestimmt durch:

a) textinterne Faktoren:
   - Lexeminhalte (Bedeutungspotential) und deren Verknüpfung;
   - sprachl. ↑Kontext (vorausgehende und folgende Textteile);

b) textexterne Faktoren:
   - Situation, in die sprachl. Handeln eingebettet ist;
   - Erfahrungswissen von der Welt (↑Wirklichkeitsmodell) bei Sprecher/Schreiber und Hörer/Leser.

Textsorte: In vergleichbarer ↑Kommunikations-Situation wiederkehrender Typus eines ↑Textes, dessen Struktur und Merkmale von den Faktoren der Situation abhängig sind; z. B.: Geburtsanzeige, Gebrauchsanweisung, Predigt; je nach dominierender ↑Funktion:

a) expressiv: Ausdruck von Gefühlen, Meinungen; z. B.: Tagebuch;
b) appellativ: Absicht, das Denken, Fühlen, Handeln des Empfängers zu beeinflussen; z. B.: Verordnung;
c) referentiell: Information, Darstellung von Sachverhalten; z. B.: Protokoll;
d) ästhetisch/poetisch: sprachl. Form der Kommunikation ist entscheidendes Merkmal; z. B. Novelle.

Textstruktur: Thematische (↑Textthema), lexikalisch-semantische (↑Isotopie) und syntaktische (↑Syntax) Organisation der Einzelbestandteile eines ↑Textes zu einem inneren Beziehungsnetz (↑Textkohärenz).

Textthema: Grund-/Leitgedanke(n), an dem (denen) die sprachl. Elemente eines ↑Textes und ihre Organisation (↑Textstruktur) orientiert ist (sind) und der (die) den Textzusammenhang (↑Textkohärenz) bewirkt(en); als Kern der Textbedeutung (↑Textsemantik) durch zunehmende Verkürzung (Reduktion) der Textparaphrase (umschreibende Textwiederholung) in Form einer textsemantischen Basisstruktur oder gar eines ↑Basissatzes herauszuarbeiten (vergleichbar einer Überschrift oder einem barocken Buchtitel).

Texttheorie: Bei S. J. SCHMIDT in terminologischer Abgrenzung von einer transphrasistischen (aus ↑Syntax entstandenen, aber satzgrenzenüberschreitenden) ↑Textlinguistik die an Kommunikationswissenschaft und ↑Pragmatik orientierte Untersuchung von Texten-in-Funktion, d.h. von ↑Textproduktion und ↑Textrezeption, wobei ↑Text definiert wird als geäußerter sprachl. Bestandteil eines Kommunikationsaktes, der thematisch orientiert ist (↑Textthema) und eine erkennbare kommunikative Funktion erfüllt.

Textverarbeitung: In ↑Textlinguistik (WIENOLD) Tätigkeit des Textrezipienten, der durch folgende Teilaktivitäten aus einem „Ausgangstext" einen „Resultattext" macht:

a) Paraphrasieren (gr. paraphrasis = erklärende Umschreibung): mit anderen Worten wiedergeben, umschreiben (↑Paraphrasen);
b) Kondensieren (lat. condensare = verdichten): verkürzendes Wiedergeben;
c) Expandieren (lat. expandere = ausdehnen): erweiterndes Wiedergeben;
d) metatextuelles Beschreiben: Aussagen über den Text machen;
e) Bewerten;
f) Verallgemeinern;
g) ↑Inferenz: Vergleich des Textinhalts mit eigener Erfahrung.

Textverweis(ung): Beziehung zwischen Verweisform (↑Proform) und Bezugselement im ↑Text (meist mit identischer ↑Referenz beider Ausdrücke); wichtiges Mittel der Vertextung, d.h. der Verknüpfung sprachl. Elemente zu einem kohärenten (↑Textkohärenz) Text; zu unterscheiden sind:

a) Wiederholung: *Der Mann kam näher. Der Mann grüßte sogar.;*
b) Variation: *Helmut Schmidt reiste nach Ankara. Der deutsche Bundeskanzler…;*
c) Pronominalisierung: *Hans kommt. Er wird gleich hier sein. – Ich fahre nach Kiel. Ich habe dort zu tun.*

↑auch Wiederaufnahme.

Thema, das (gr. thema = das Gesetzte, Aufgestellte): Im Rahmen der ↑funktionalen Satzperspektive das der Mitteilung Zugrundeliegende; das, worüber gesprochen wird; die aus ↑Kommunikationssituation oder vorangegangenem ↑Kontext ableitbare, bereits bekannte Information; z. B.: *Ich weiß es nicht.*

thematische Progression, die (gr. thema = das Gesetzte, Aufgestellte; lat. progredi = fortschreiten) [auch: Textfortschritt]: Inhaltliche Gliederung eines ↑Textes als Folge und Verkettung mehrerer Themen, fortschreitender Informationszuwachs beim Aufbau eines Textes; auf Grundlage der ↑funktionalen Satzperspektive (Gliederung des Satzes in bekannte und unbekannte Information, in ↑Thema und ↑Rhema) satzgrenzenüberschreitend für linguistische Textanalyse entwickelt; nach DANEŠ 5 Haupttypen:

a) einfache lineare t. P.: Rhema des Vorgängersatzes wird Thema des Nachfolgesatzes; z. B.: *Autoren schreiben Manuskripte. Das macht manchmal keinen Spaß.*

$$
\begin{array}{lll}
T_1 \rightarrow R_1 & & \\
\quad\;\downarrow & & \\
\quad\; T_2\,(=R_1) \rightarrow R_2 & & \\
\qquad\qquad\qquad\;\downarrow & & \\
\qquad\qquad\qquad\; T_3\,(=R_2) \rightarrow R_3 & \text{usw.} &
\end{array}
$$

b) t. P. mit durchlaufendem Thema: Thema bleibt in einer Folge von Sätzen gleich; es kommt je ein neues Rhema hinzu; z. B.: *Max ist Vertreter. Er ist viel unterwegs. Er muß früh aufstehen.*

$$
\begin{array}{l}
(T_1 \rightarrow R_1) \\
\quad\;\downarrow \\
\quad\; T_2\,(=R_1) \rightarrow R_2 \\
\quad\;\downarrow \\
\quad\; T_2 \longrightarrow R_3 \\
\quad\;\downarrow \\
\quad\; T_2 \longrightarrow R_4
\end{array}
$$

c) t. P. mit abgeleitetem Thema: Themen mehrerer Sätze sind von einem übergeordneten Thema (= Hyperthema) abgeleitet; z. B.: *Hamburg ist ein Stadtstaat an der Elbe. Die Bodenfläche des Landes beträgt 746 km². Die Zahl der Einwohner beläuft sich auf 1,8 Millionen. Wirtschaftlicher Mittelpunkt ist der Hafen.*

$$
\begin{array}{ccc}
 & (T) & \\
\downarrow & \downarrow & \downarrow \\
T_1 \rightarrow R_1 & T_2 \rightarrow R_2 & T_3 \rightarrow R_3
\end{array}
$$

d) Entwicklung eines gespaltenen Rhemas: Von einem explizit oder implizit doppelten Rhema des Ausgangssatzes wird in den Nachfolgesätzen zunächst der eine, dann der andere Teil des Rhemas als Thema wieder aufgenommen; z. B.: *Karl war einerseits fleißig, andererseits aber auch verspielt. Sein Fleiß machte ihn zu einem an sich guten Schüler. Seine Verspieltheit lenkte ihn freilich vom Unterrichsgeschehen ab.*

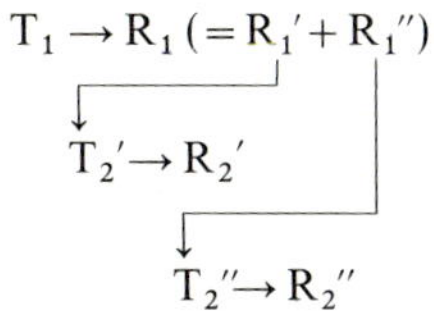

e) t. P. mit thematischem Sprung: ein Glied der thematischen Kette wird ausgelassen, ist aber aus dem Kontext leicht erschließbar; z. B.: *An den Hochschulen studieren junge Menschen. Die Studenten rauchen vielfach. (Rauchen ist gesundheitsschädlich.) Gesundheitsschäden zeigen sich oft erst sehr spät.*

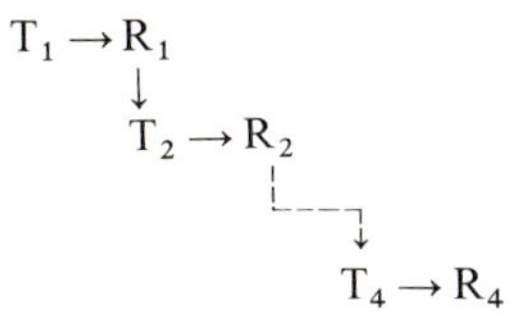

Tiefenstruktur, die: In ↑Generativer Grammatik die elementaren syntaktischen Beziehungen der ↑Konstituenten eines Satzes auf abstrakter Stufe; Konstituentenstruktur, die sich vom verstehenden Hörer aus konkreter Äußerungsform (↑Oberflächenstruktur) rekonstruieren, mit Hilfe von Konstituentenstruktur-Regeln, Subkategorisierungs-Regeln und ↑Lexikon vom kompetenten Sprecher (↑Kompetenz) bilden läßt; enthält bereits alle für den Satzinhalt wichtigen Elemente (↑Lexeme und ihre syntaktische Zuordnung; bildet also Grundlage für semantische Interpretation eines Satzes), allerdings noch nicht in die Oberflächenstruktur, die Form aktueller Rede eingebracht (↑Transformation); Beispiel 1 (s. u.): der Satz *Ich grüße den Mann mit dem Hut.* hat eine Oberflächenstruktur, die aber auf zwei T. zurückgeht; Beispiel 2: die Sätze *Das Kind schenkt der Mutter eine Blume., Der Mutter schenkt das Kind eine Blume., Eine Blume schenkt das Kind der Mutter.* und (*…, daß*) *das Kind der Mutter eine Blume schenkt.* zeigen vier Oberflächenstrukturen bei nur einer Bedeutung und einer gemeinsamen T.;

Abbildung (Strukturbäume) zu Beispiel 1 und Beispiel 2 s. nächste Seite!

Beispiel 1

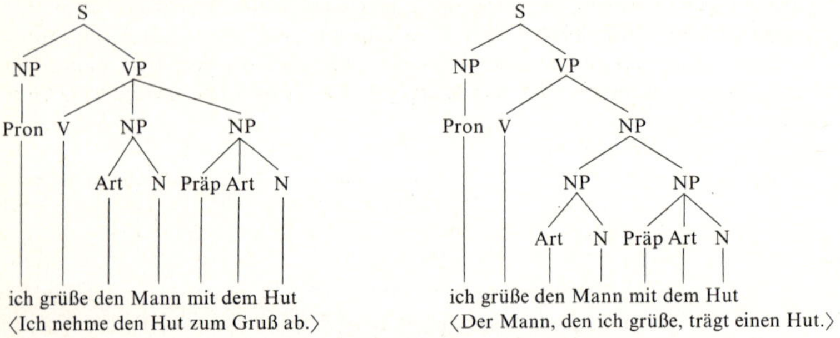

Beispiel 2

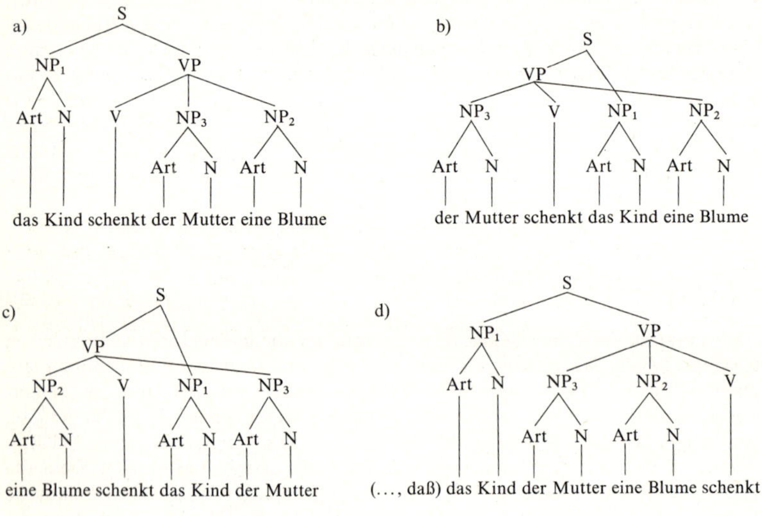

Da den 4 Sätzen mit gleicher T. auch nur ein die T. repräsentierender Strukturbaum zugeordnet werden darf, wählt man je nach Vereinbarung ↑Stemma a) (Aussagesatzstellung der häufigsten Form) oder Stemma d) (Nebensatzstellung mit finitem Verb am Ende) und leitet von dieser gemeinsamen T. alle Oberflächenstrukturen mit Hilfe von Transformationsregeln ab.

Tilgung ↑Deletion.

Tmesis, die (gr. tmesis = Schnitt, Einschnitt): Trennung zusammengehöriger Wortteile durch dazwischentretende Wörter;
a) bei Adv.: *Wohin willst du?* > *Wo willst du hin?*;
b) bei Konj.: *Obschon ich…* > *Ob ich schon wanderte im finstern Tal…*;
c) bei Verben (unfesten Zusammensetzungen): *Geld anvertrauen* > *Er vertraut ihm Geld an.*

token-type (engl. token = Zeichen; type = Typus, Muster): Unterscheidung zwischen konkretem Vorkommen, der Realisierung einer sprachl. Einheit (token) und der Abstraktion und Reduktion auf ihre wesentlichen Merkmale (type).

Topic-Comment-Strukturierung (engl. topic = Thema; comment = Stellungnahme): Kontextabhängige Satzbildung, bei der dem bereits Genannten, Ausgesagten, dem zur Zeit der Satzbildung also schon Bekannten (= topic), wie auch dem informativ Neuen (= comment) best. Positionen im Satz eingeräumt werden; entspricht dem Begriffspaar: ↑Thema – ↑Rhema.

Topikalisierung, die (gr. topos = Stelle, Platz): 1. Inhaltliche Hervorhebung eines Satzgliedes, durch Zuweisung einer betonten Position im Satz (z. B. Anfang- oder Endstellung); z. B.: *Nach links mußte er an der Straßenkreuzung abbiegen* (*nicht nach rechts*) oder durch Satzakzent (Verstärkung der Artikulation eines Satzgliedes), z. B.: *Fritz war mein Freund* (nicht Hans). – *Fritz war mein Freund* (er ist es nicht mehr). – *Fritz war mein Freund* (nicht deiner). – *Fritz war mein Freund* (nicht mein Feind).
2. Bei FILLMORE (↑Kasusgrammatik) ↑Transformation, bei der ein Kasus, eine Nominalphrase in die Subjektposition der Oberflächenstruktur gerückt wird (= primäre T.) bzw. in Objektposition; dabei können Kasusindikatoren wie z. B. Präpositionen aus der Tiefenstruktur übernommen oder getilgt werden; z. B.: *Der Elektroofen heizt das Zimmer.* – *Er heizt das Zimmer mit einem Elektroofen.*

Transferenz ↑Interferenz.

Transformation, die (lat. transformare = umwandeln): 1. In ↑Generativer Grammatik nach best. Regeln (T-Regeln) durchgeführte Operation
- zur Ableitung der ↑Oberflächenstruktur eines aktualen Satzes der Rede (abgeleiteter Strukturbaum) aus seiner ↑Tiefenstruktur (↑P-Marker);
- zur Umwandlung von ↑Syntagmen und Sätzen (sowie ihrer Strukturbäume: ↑Stemma) in andere, modifizierte Syntagmen und Sätze (Bäume), wobei ihre ↑Struktur, aber nicht ihr lexikalischer Bestand, nicht ihre Bedeutung sich verändert; z. B.: *Das Geschrei stört den Schläfer.* ⇒ *Der Schläfer wird durch das Geschrei gestört.* – *Das Geschrei, das den Schläfer stört…* – *Das den Schläfer störende Geschrei…* – *Die Störung des Schläfers durch das Geschrei…*;

Zahl und Reihenfolge ↑obligatorischer T. gibt der ↑T-Marker oder ein generalisierter ↑P-Marker an (↑ auch fakultative T.):
a) singuläre T.: Umwandlung einer einzigen Konstituentenstruktur;

b) g e n e r a l i s i e r e n d e T.: Umwandlung zweier oder mehrerer Strukturbäume in einen gemeinsamen (z. B. Satzeinbettung):

T.-Operationen: ↑Addition [auch Insertion oder Adjunktion], ↑Deletion [auch Tilgung oder Eliminierung], ↑Permutation, ↑Substitution (mit den Formen ↑Expansion und ↑Reduktion).

2. In der ↑Dependenzgrammatik Verwandlung der linearen Ordnung einer sprachl. Äußerung (wie der Sprecher sie aktualisiert) in die hierarchisch-strukturale Ordnung der gegenseitigen Abhängigkeit der Zeichen durch den Hörer, der die Äußerung verstehen will; z. B.: *Der sehr alte Mann geht am Stock.;* die lineare Zeichenkette löst der verstehende Hörer/Leser in eine syntaktische Ordnung auf, in der *geht Mann* dominiert, *Mann* seinerseits *alt* und *alt sehr*:

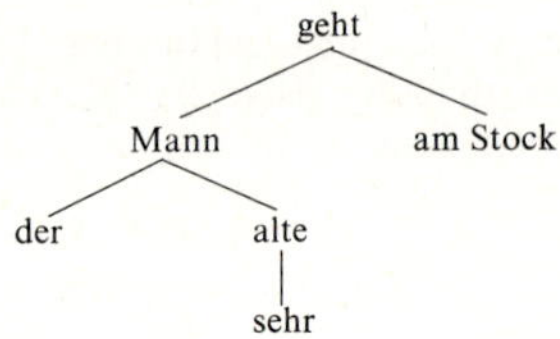

Transformationelle Grammatik [auch: Transformationsgrammatik]: Grammatik, die Regeln zur Umwandlung von Sätzen in andere Sätze enthält (↑Transformation); ↑Generative Grammatik ist eine T. G., besteht aus ↑Basis-Teil (Erzeugung der ↑Tiefenstrukturen von Sätzen mit Konstituentenstruktur-Regeln [↑I-C-Analyse], ↑Subkategorisierungs-Regeln und ↑Lexikon) und Transformationsteil (Erzeugung der ↑Oberflächenstrukturen von Sätzen aus der Tiefenstruktur mit Hilfe von ↑Transformationsregeln); außer der zentralen syntaktischen Komponente (Teiltheorie ↑Syntax) enthält Generative T. G. auch eine semantische (inhaltliche Interpretation; ↑Semantik) und eine phonologische Komponente (lautliche Interpretation; ↑Phonologie) zur vollständigen Satzbeschreibung und Satzgenerierung.

Transformationsgrammatik ↑Transformationelle Grammatik.

Transformationsregel (T-Regel): Regel zur Überführung eines Strukturbaumes (↑P-Marker) in einen anderen, zur Ableitung der Oberflächenstruktur(en) eines Satzes aus seiner Tiefenstruktur in der Generativen Transformationsgrammatik; darstellbar in Formeln mit doppelschaftigem Pfeil ⇒ (zu lesen: wird verwandelt in), links von ihm Eingabekette (= Strukturbeschreibung: SB), rechts Ausgabekette (= Strukturveränderung: SV) oder (Notation 2) untereinandergesetzt mit Durchnumerierung der Kategorialsymbole (∅ = Tilgungszeichen); z. B. Überführung eines eingebetteten Satzes *Das Hähnchen, das knusprig ist, schmeckt mir.* in ein attributives Adj.: *Das knusprige Hähnchen schmeckt mir.* auf dem Weg über die gemeinsame Tiefenstruktur.

↑P-Marker:

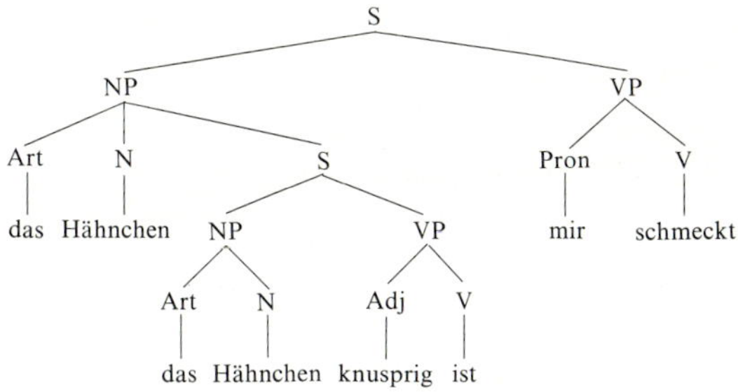

T. nach Notation 1:

$[[\text{Art} + \text{N}\ [[\text{Art} + \text{N}]_{\text{NP}} + [\text{Adj} + \text{V}]_{\text{VP}}]_{\text{S}}] \quad + [\text{Pron} + \text{V}]_{\text{VP}}]_{\text{S}}$

$\Rightarrow [[\text{Art} + \text{Adj} + \text{N}]_{\text{NP}} + [\text{Pron} + \text{V}]_{\text{VP}}]_{\text{S}}$

T. nach Notation 2 (ohne Berücksichtigung der unveränderten VP):

	das	Hähnchen	das	Hähnchen	knusprig	ist	
(SB:)	1	2	3	4	5	6	
	1	5	∅	∅	2	∅	(= SV)

Ergebnis: das knusprige Hähnchen
↑ auch Formationsregel.

transitiv (lat. transire = übergehen [auf das Obj.]) [auch: zielend]: Eigenschaft der Verben, die ein direktes Obj. (Akk.-Obj.) nach sich ziehen können, auf dieses gerichtet sind und ein persönliches Passiv bilden; z. B.: *bauen* in *Er will Straßen bauen. – Straßen werden gebaut.* Gw. ↑intransitiv.

Transkription, die (lat. transcribere = übertragen): Umschrift; Übertragung von einer Schreibweise (graphisches System) in eine andere; phonetische T.: Übertragung in eine Lautschrift.

Translation, die (lat. translatio = Übertragung): 1. Übersetzung eines Textes aus einer Ausgangs- in eine Zielsprache [auch: Sprachmittlung].
2. In ↑Dependenzgrammatik Veränderung der syntaktischen Kategorienzugehörigkeit von Wörtern, Syntagmen, Sätzen in best. Sätzen; Überführung eines sprachl. Zeichens von einer syntaktischen ↑Funktion in eine andere mit Hilfe von

↑Translativen; z.B. fungiert nach TESNIÈRE ein attributives Subst. (der Gen. ist Translativ) als Adj.-Äquivalent: es ist nähere Bestimmung eines Subst.; das Derivationssuffix -ung läßt als Wortbildungstranslativ Verben als Subst. fungieren (*er erklärt > seine Erklärung*); die Konj. *daß* transferiert als Ergänzungstranslativ Hauptsätze in Ergänzungssätze (*Du lügst. Ich glaube, daß du lügst.*); Notation bei TESNIÈRE durch Zeichen T am Knoten, Translativ auf der einen Seite, transferiertes Element auf der anderen;

a) T. 1. Grades: T. eines Wortes; z.B.: ein Subst. übernimmt bei attributiver Verwendung Funktion des gewöhnlich diese Rolle spielenden Adj. (Unterordnung unter ein Subst.):

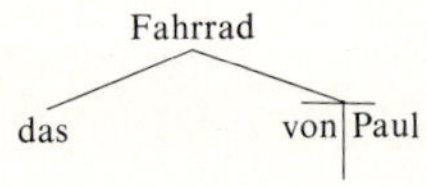

b) T. 2. Grades: T. eines Satzes; dominierendes Verb des Satzes ist nicht Ausgangsknoten im ↑Stemma; z.B.:

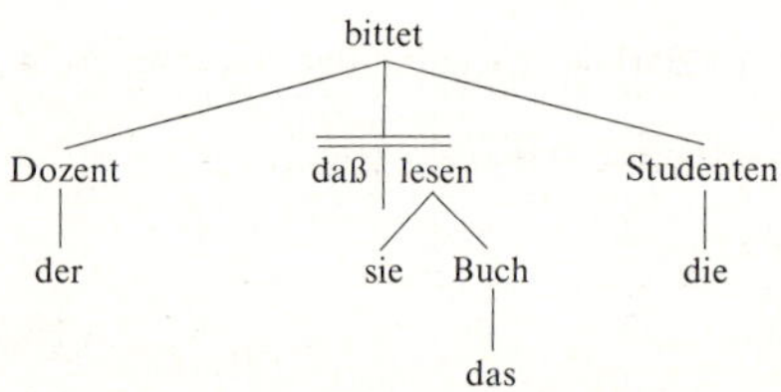

Translativ, das (lat. translatio = Übertragung): Bei TESNIÈRE Wort, das nur grammatische Funktion, keine eigene Bedeutung hat (↑ auch Synsemantikum) und (im Unterschied zu dem zwischen ↑Satzgliedern stehenden Junktiv [↑Junktion], z.B.: *der Marktplatz und die Straße*) innerhalb eines Satzgliedes steht, z.B.: *die Straße neben dem Marktplatz;* bei HERINGER ↑Plerem mit ↑innensyntaktischer Bedeutung; inhaltsarmes sprachl. Zeichen, das syntaktische Funktion eines Zeichens oder einer Zeichenfolge in best. Weise festlegt, z.B. Kasusmorphem (*Tische*), Präp. (*sich über den Chef ärgern*), Statustranslativ *zu* beim Inf. (*Bier zu holen*), Konj. bei Ergänzungssätzen (*Ich glaube, daß du lügst.*).

Transphrastik, die (lat. trans = über ... hinaus; phrasis = rednerischer Ausdruck): ↑Textlinguistik, die ↑Text als Kette von Sätzen, Verknüpfung von mehreren Sätzen zu einer größeren sprachl. Einheit definiert und eine ‚übersatzmäßige' Textgrammatik im Sinne einer um Satzverknüpfungsregeln erweiterten Satzgrammatik (Textsyntax) erstellen will; im Ggs. zu einem zweiten textlinguistischen Ansatz, in dem Text als natürliche Vorkommensweise von Sprache aufgefaßt, in seiner situativ-kommunikativen Funktion erkannt und als kleinste mündliche oder schriftliche Redeeinheit zwischen 2 Kommunikationspausen definiert wird.

Transskrition ↑Lautschrift

Trema ↑Diärese.

Trigraph ↑Digraph

Typen-Element ↑T-Element.

Übergeneralisierung: Anwendung einer beim ↑Spracherwerb erlernten Regel auf sprachl. Elemente, die anderen Regeln unterliegen: Regelentdeckung > verallgemeinernde Übertragung auf andersartige Elemente; z. B. schwache Flexion starker Verben in Kindersprache: **Mama hat geruft*.

Übername: Über den Familiennamen hinaus einer Person zusätzlich gegebener Name (↑Konkretum), z.B. Spitzname, Spottname, Schimpfname (*Helmut Schmidt-Schnauze*).

Umgangssprache: Im zwanglosen Gespräch übliche Sprachform mit tolerierten Abweichungen gegenüber der Vortrags- oder ↑Standardsprache:

a) durch größere Lässigkeit und Affektbetontheit (Freiheiten des Satzbaues, Allerweltswörter wie *machen, tun, Ding*;

b) durch stärkere Mundartfärbung (↑Mundart).

Situationsentlastete Sprache, bei der direkter Bezug auf ↑Kommunikationssituation möglich und zugleich außersprachliche Mittel der ↑Kommunikation (Mimik, Gestik) zur Verfügung stehen. ↑ auch Referenzmittel.

Umlaut: Historischer, kombinatorischer (kontextabhängiger) Lautwandel; regressive ↑Assimilation eines Vokals vor ›i‹ oder ›j‹ der Folgesilbe;

a) Primär-U.: hat im Ahd. stattgefunden; germ. kurzes ›a‹ > ahd. ›e‹ (mit einigen stellungsbedingten Ausnahmen); z. B.: ahd. *kreftig* (nhd. *kräftig*) im Vergleich mit ahd. *kraft;*

b) Sekundär-U. [auch: Rest-U.]: erst im Spätahd./Frühmhd. graphisch repräsentiert, vielleicht schon im Ahd. phonetisch realisiert; Veränderung aller übrigen nicht selbst ein ›i‹ enthaltenden Vokale; z.B.: ›u‹ > ›ü‹ in *nützlich* gegen *Nutzen*; ›o‹ > ›ö‹ in *rötlich* gegen *rot*.

Umstellprobe ↑Permutation.

Umweltreferent ↑Referent.

ungefüllte Pause ↑Pause

ungrammatisch ↑grammatisch.

unikales Morphem (lat. unicus = einzig) [auch: blockiertes Morphem]: ↑Morphem, das nur in einer einzigen Morphemkonstruktion in einer Sprache erscheint; z.B.: /him/ in *Himbeere*.

Univerbierung, die (lat. unus = ein; verbum = Wort) [auch: Kondensation]: In ↑Wortbildung Verkürzung und Verdichtung eines ↑Kompositums zu einer ↑synonymen Ableitung (↑Derivat) bei erhaltenem (verbalem) Bestimmungsmorphem; der semantische Schwerpunkt verlagert sich auf das ehemalige untergeordnete Bestimmungswort des ↑Determinativkompositums (↑semantische Kürzung); in Fachsprachen häufige Erscheinung; z.B.: *Bohrmaschine > Bohrer, Rechenanlage > Rechner, Rechenmaschine > Rechner, Sortiermaschine > Sortierer.*

Universalien, die (lat. universalis = allgemein): Allgemeinsprachl. (sämtlichen Einzelsprachen gemeinsame) Schemata, die nach CHOMSKYs Theorie (gegen den ↑Behaviorismus) dem Kind nach einer langen Evolution der Gattung Mensch als angeborene Anlagen bereits vor der ↑Spracherlernung zur Verfügung stehen;

a) substantielle U.: begrenztes Inventar sprachl. Merkmale wie z.B. semantisches Merkmal ⟨±belebt⟩;

b) formale U.: Existenz best. Grammatikregeln; z.B.: jede Sprache besitzt ↑Regeln der ↑Transformation.

unmarkiert ↑markiert.

unmittelbare Konstituente ↑Konstituente.

Unverträglichkeit ↑Kompatibilität.

Urschöpfung ↑Wortschöpfung.

Urteilssatz ↑Satz.

usuell (lat. usus = Geübtheit): Gewohnheitsmäßig, ständig in best. Weise verwendet; im Ggs. zu ↑okkasionell (= nur gelegentlich).

Uvular, der (lat. uvula = Zäpfchen): ↑Konsonant, bei dessen Bildung das Zäpfchen gegen die hintere Zunge schwingt; sogen. Halszäpfchen-R im Unterschied zum Zungenspitzen-R.

Valenz, die (lat. valere = gelten, wert sein) [bei Erben: Wertigkeit; bei Admoni: Fügungspotenz]: In ↑Dependenzgrammatik Wertigkeit der Satzkonstituenten (Admoni) oder (bei Tesnière, Brinkmann, Erben) ausschl. des Verbs (Helbig/Schenkel unterscheiden Fügungspotenz aller anderen Konstituenten von Valenz des Verbs), das als für den Satz grundlegendes Glied als (null-), ein-, zwei-, dreiwertig des Verbs), das als für den Satz grundlegendes Glied als ein-, zwei-, dreiwertig (z. T. auch vierwertig) klassifiziert wird, je nachdem, wie viele ↑Leerstellen es bei der Satzbildung um sich eröffnet, wievieler ↑Ergänzungsbestimmungen es bedarf (↑obligatorische Satzglieder = A k t a n t e n oder „Mitspieler" des Verbs); z. B.: *Es*[1.] *schneit*. – *Hans*[1.] *lacht*. – *Das Bild*[1.] *hängt an der Wand*[2.]. – *Er*[1.] *schenkt dem Freund*[2.] *ein Taschenmesser*. – *Er*[1.] *wirft ihm*[2.] *einen Schneeball*[3.] *an den Kopf*[4.]*.;* weitere Differenzierung nach Art der notwendigen Ergänzungsbestimmungen ist möglich, z. B.:

$$\textit{loben} \rightarrow N_1, \left\{ \begin{matrix} N_2 \\ NP_{\text{daß}} \end{matrix} \right\}$$

zu lesen: von den beiden Leerstellen, die *loben* eröffnet, ist eine durch ein Nomen im Nom., die andere entweder durch ein Nomen im Akk. oder durch eine Nominalphrase mit der Konj. *daß* zu füllen, z. B.: *Der Vater lobt den Sohn*. – *Der Vater lobt, daß der Sohn der Mutter geholfen hat*.
Helbig/Schenkel unterscheiden:

a) o b l i g a t o r i s c h e V./o b l i g a t o r i s c h e M i t s p i e l e r: Anzahl der strukturell notwendigen Ergänzungsbestimmungen des Verbs, z. B.: *Der Polizist verdächtigte den Passanten.;*

b) f a k u l t a t i v e V./f a k u l t a t i v e M i t s p i e l e r: nicht strukturell, aber nach situativem Ausdrucksbedürfnis des Sprechers notwendige, zahlenmäßig begrenzte Ergänzungsbestimmungen des Verbs, z. B.: *Der Polizist verdächtigte den Passanten des Diebstahls.*;

c) freie Angaben: von V. des Verbs unabhängige, zahlenmäßig nicht festgelegte Satzkonstituenten; können nach Belieben hinzugefügt und weggelassen werden; z. B.: *Vorgestern verdächtigte der Polizist in der Wilhelmstraße bei Einbruch der Dunkelheit einen Passanten.*

Schmidt unterscheidet von der syntaktisch-quantitativen V. noch eine semantisch-qualitative V.: in einer Wortbedeutung gesetzte Bedingungen für die inhaltliche Verbindung mit möglichen Kontextnachbarn; z. B. verlangt das syntaktisch ein- und zweiwertige Verb *heiraten* stets Ergänzungsbestimmungen mit dem semantischen Merkmal ⟨+menschlich⟩: *Herr Müller heiratet. – Herr Müller heiratet Fräulein Meier.*

Variante ↑Allo-.

Variation, die (lat. variatio = Verschiedenheit): In ↑Soziolinguistik untersuchte Realisierung einer Sprechhandlung in unterschiedlichen sprachl. Formulierungen, die von (hypothetischer) Grundform auf verschiedenen Ebenen abweichen; zu unterscheiden:

a) syntaktische V. (↑Syntax): *Geben Sie mit bitte zehn Brötchen!* oder *Zehn Brötchen bitte!*;
b) lexematische V. (↑Lexem): *Zehn Brötchen bitte!* oder *Zehn Semmeln bitte!*;
c) morphophonematische V. (↑Morphem, ↑Phonem): *Geben Sie mit bitte zehn Rundstücke!* oder *Gif mi mol tein Rundstück!*

velar ↑Guttural.

Veranlassungsverb [auch: Kausativum]: Von einem starken Verb abgeleitetes (↑deverbativ) schwaches Verb, das kausativ (↑Aktionsart) ein Veranlassen, Bewirken des im Grundwort genannten Geschehens oder Seins bezeichnet; z. B.: *legen* ⟨bewirken, daß etwas liegt⟩; *beugen* ⟨veranlassen/bewirken, daß jemand/etwas sich biegt⟩; *tränken* ⟨veranlassen, daß etwas trinkt⟩.

Verb, das (lat. verbum = Wort) [auch: Zeitwort]: ↑Wortart, die konjugierbar (↑Konjugation) und bes. durch Tempusangaben gekennzeichnet ist; semantisch Träger der Aussage eines Seins oder Geschehens (als Zustand oder Ereignis); prädikatbildender Aussagekern des Satzes, verlangt nach Zahl und Art (syntaktische Funktionsträger wie Subj. oder Akk.-Obj.) festgelegte Ergänzungsbestimmungen (↑Valenz); semantische Gliederung:

a) Zustands-V.: Bez. eines Seins, z. B.: *liegen, bleiben;*
b) Vorgangs-V.: Bez. eines sich an jemandem/etwas vollziehenden Geschehens, z. B.: *erfrieren, rosten, wachsen;*
c) Tätigkeits-V.: Bez. eines Geschehens mit aktivem Geschehensträger, z. B.: *lachen, spielen, wandern;*

d) Handlungs-V.: Bez. eines auf ein Obj. gerichteten Geschehens, z. B.: *tadeln, kaufen, verachten;*

e) Ereignis-V.: Bez. für Geschehen mit unpersönlichem, nur grammatischem Geschehensträger *es*, meist Witterungs-V., z. B.: *schneien, regnen, blitzen;*

↑ auch Hilfsverb, Modalverb, Funktionsverb;

syntaktische Gliederung:
- ↑transitives V.: mit Akk.-Obj. und persönlichem Passiv, z. B.: *töten;*
- ↑intransitives V.: ohne Akk.-Obj., z. B.: *lachen;*
- ↑reflexives V.: feste Verbindung mit Reflexivpron., z. B.: *sich freuen;*

morphologische Gliederung:
- im Blick auf die Wortbildung: ↑Simplex oder einfaches V. (*setzen*), Präfix-V. (*besetzen*), Partikel-V. (feste oder unfeste Zusammensetzung: *übersétzen* und *übersetzen*), Funktions-V. (*in Betrieb setzen*);
- im Blick auf die Formbildung (Flexion): starkes V., bei dem der Stammvokal im Präs. anders lautet als im Prät. (↑Ablaut), Part. II endet auf -en (z. B.: *singen, sang, gesungen*); schwaches V., bei dem im Präs. und Prät. gleicher Stammvokal vorliegt, Präteritalmorphem -(e)t, Part. II auf -(e)t (z. B.: *lache, lachte, gelacht; wende, wendete, gewendet*).

Verbalabstraktum ↑Abstraktum.

verbale Deprivation, die (engl. deprivation = Beraubung): Im Zusammenhang mit Problem der ↑Sprachbarrieren aufgestellte These, daß Kinder aus unterprivilegierten sozialen Schichten geringere sprachl. Anregung erhielten, geringere Fähigkeiten entwickelten, wohlgeformte Sätze zu bilden und zu verstehen, und so eine geringere kognitive Leistungsfähigkeit erreichten; Konsequenz in Bildungspolitik: kompensatorische Spracherziehungsprogramme schon im Vorschulalter; Gegenthese: kein unterentwickeltes, sondern separates Sprachsystem und Sprachverhalten mit äquivalenten Ausdrucksmöglichkeiten. ↑Defizit-Hypothese.

Verbalphrase, die (engl. phrase = Ausdruck): Wortgruppe im Satz, die ein Verb als Kern aufweist; Verbalteil des Satzes (VT neben VP); z. B.: *... schloß vorsichtig die Tür*. Gw. ↑Nominalphrase.

Verbzusatz: Nichtverbaler Teil einer unfesten Zusammensetzung, in der das Grundwort ein Verb ist; z. B.: *Er erkannte den Einspruch an.*

Verdeutschung: Neubildung eines Wortes aus dt. Morphemen zur Ersetzung von ↑Fremd- und Lehnwörtern (↑Entlehnung); bes. durch die barocken ↑Sprachgesellschaften (vor allem durch SCHOTTEL) propagiert; z. B.:

a) V., die sich durchgesetzt, sich neben den Fremdwörtern behauptet oder diese verdrängt haben: *Briefwechsel* für *Korrespondenz*, *Vertrag* für *Kontrakt*, *Verfasser* für *Autor*, *Dichter* für *Poet*, *Zweikampf* für *Duell*, *Wörterbuch* für *Lexikon;*

b) V., die sich nicht durchgesetzt haben: *Gesichtserker* für *Nase, Zitterweh* für *Fieber, Lusthöhle* für *Grotte, Zeugemutter* für *Natur, Tagleuchter* für *Fenster.*

Vergangenheit ↑Zeitstufe

Vergewisserungsfrage ↑Fragesatz

Vergleichende Sprachwissenschaft [auch: Komparatistische Philologie]: Bes. im 18./19. Jh. durchgeführter Vergleich mehrerer Sprachen im Hinblick auf historisch-genetische Abhängigkeiten voneinander, z.B.: Indogermanistik. ↑dagegen: Kontrastive Linguistik.

Vergleichssatz ↑Komparativsatz.

Verkettung: 1. Lineare Verbindung linguistischer Einheiten der Kategorialsymbole zu Ketten (concatenation) der Konstituentenstruktur (↑I-C-Analyse) eines Satzes (lineare Anordnung unterhalb der Knoten); Verkettungszeichen: + oder⁀; z.B.: NP + VP; NP⁀VP. ↑auch Stemma, I-C-Analyse.
2. ↑Linking.

Vernersches Gesetz: Nach dem Dänen VERNER benanntes historisches ↑Lautgesetz: Idg. p, t, k wurden in 1. Lautverschiebung nicht zu den stimmlosen Spiranten f, þ, χ, sondern zu den germ. stimmhaften Spiranten ƀ, đ, ǥ (die sich dann zu den Medien b, d, g weiterveränderten) verschoben, wenn sie in stimmhafter Umgebung standen und der Hauptton nicht auf unmittelbar vorhergehender Silbe lag; Entsprechendes gilt für den Wandel von stimmlosem zu stimmhaftem s (↑ auch Rhotazismus). ↑ auch Grammatischer Wechsel.

Verschiebeprobe ↑Permutation.

Verschlußlaut ↑Explosivum.

Verträglichkeit ↑Kompatibilität.

Verweisung: Beziehung zwischen 2 Elementen des ↑Kontextes in der ↑Textlinguistik, die einen gemeinsamen Referenzbereich haben; ↑Textphorik, ↑Proform.

Verzweigung ↑Stemma.

Verzweigungsrichtung: In ↑Dependenzgrammatik bei Abbildung einer Satzstruktur im ↑Stemma feststellbare Richtung der vom Ausgangs- und Zentralknoten dominierten Knoten und zugehörigen Kanten/Äste in hierarchischer Folge;

a) linksverzweigend, z. B.: *Für die Ausbildung dringend benötigte neue Schulen kosten Geld.*

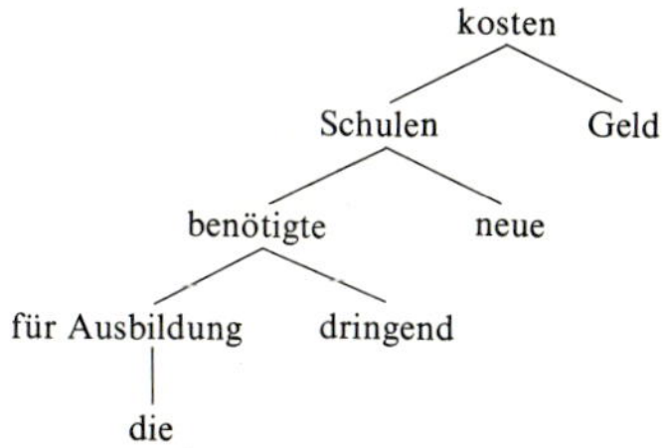

b) rechtsverzweigend, z. B.: *Schweine fressen das täglich in ihren Trog geworfene Futter.*

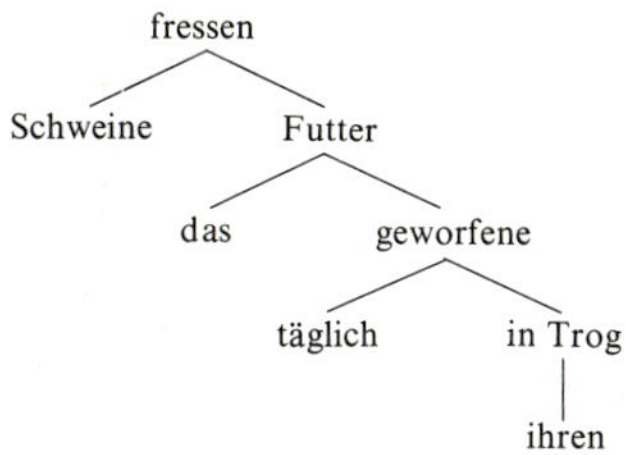

Vibrant ↑Liquid.

visuell ↑akustisch.

Vokal, der (lat. vocalis = klangvoll) [auch: Selbstlaut]: Stimmhafter (Schwingen der Stimmbänder im Kehlkopf) Laut, bei dessen Bildung die Luft ungehindert (durch Zunge, Lippen, Zähne) durch Kehlkopf und Mund streicht; artikulatorische Einteilungskriterien: Öffnungsgrad des Mundes (vgl. Verschluß bei ↑Konsonant), Stellung des höchsten Zungenteils (vorn bis hinten im Mundraum), Stellung der Lippen (gerundet bis ungerundet);

a) heller V.: höchster Punkt der Zunge vorn im Mundraum (palatal; ↑Guttural), z. B. [iː] in *Liebe*; dunkler V.: höchster Punkt der Zunge hinten im Mundraum (velar; ↑Guttural), z. B. [uː] in *Huhn*;
b) offener V.: Zunge im unteren Teil des Mundraums, z. B. [ɛː] in *Ähre* und [ɔ] in *doch*; geschlossener V.: höchster Punkt der Zunge weit oben im Mundraum, z. B. [eː] in *Ehre* und [o] in *sodann*;
c) kurzer V.: geringe Artikulationsdauer, z. B. [a] in *satt*; langer V.: große Artikulationsdauer, z. B. [aː] in *Saat*.

Vokaldreieck: Schematische Darstellung eines Teils (vollständig ↑Vokalviereck) des dt. Vokalsystems im Hinblick auf jeweilige Artikulationsstelle im Mundraum und daraus resultierende Helligkeits- und Offenheitsgrade: Extremvokale [i] (oben vorn), [u] (oben hinten), [a] (unten), [e] und [o] auf mittlerer Höhe dazwischen, Umlaute in jeweiliger Zwischenposition:

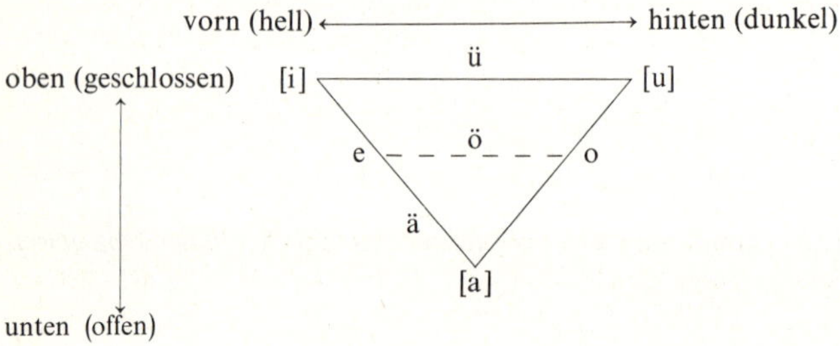

Vokalharmonie: Assimilationserscheinungen (Angleichung der verschiedenen Artikulationsstellen aneinander) beim kombinatorischen Lautwandel der Vokale in der historischen Grammatik des Dt.; am Modell des ↑Vokaldreiecks demonstrierbar (z. B. gegenseitige Annäherung der Extremvokale, ↑Umlaut als Aufhellung des ›u‹ zu ›ü‹ vor folgendem ›i‹); z. B. erscheint im Ahd. kurzes ›e‹ in der Stammsilbe des Wortes *erda* ⟨Erde⟩ vor unten artikuliertem ›a‹ der Folgesilbe; vor oben vorn artikuliertem ›i‹ der Ableitungssilbe erscheint dagegen statt ›e‹ ebenfalls weiter oben artikuliertes ›i‹ in *irdisk* ⟨irdisch⟩.

Vokalschwächung: Historischer Lautwandel vom Ahd. zum Mhd.; Abschwächung der vollen, „bunten" Vokale zu schwachem, kurzem [ə] in unbetonten Silben, bes. in Endsilben; z. B.: ahd. *skōni* > mhd. *schoene* (nhd. *schön*); *ītal* > *îtel* (nhd. *eitel*); *foramundo* > *vormunde* (*Vormund*); *jugund* > *jugent* (*Jugend*); *gidult* > *gedult* (*Geduld*); *furimugan* > *vermügen* (*vermögen*).

Vokalviereck: Schematische Darstellung der allgemeinen Vokalartikulation je nach Stellung der Zunge im Mundraum (↑ auch Vokaldreieck):

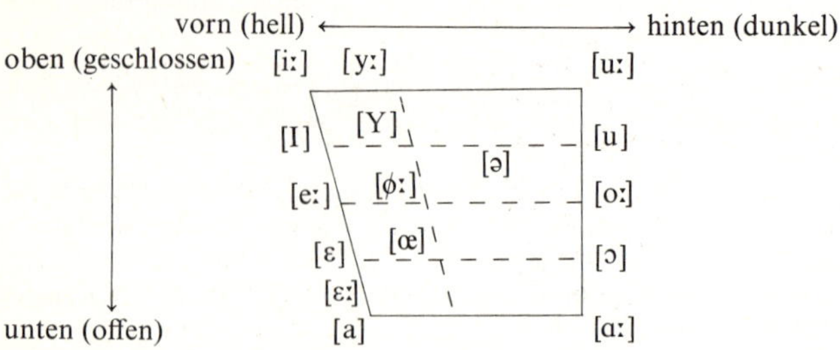

Beispiellexeme: [iː] *Tier,* [I] *Frist,* [eː] *Steg,* [ɛ] *Bett,* [ɛː] *Käse,* [a] *Mann,* [ɑː] *Name,* [ɔ] *hoffen,* [oː] *loben,* [u] *Bus,* [uː] *Ruhe,* [yː] *Rübe,* [Y] *Gürtel,* [øː] *Öl,* [œ] *zwölf,* [ə] *Tasche.*

Volksetymologie, die (gr. etymon = das Wahre; Ursprüngliche): Lautliche und inhaltliche Veränderung eines Wortes aus volkstümlichem Erklärungs-, Motivierungsbedürfnis heraus: bei fehlender Durchsichtigkeit (↑Motivation) eines Wortes (isoliertes Wort aus älterer Sprachperiode oder Fremdwort/Lehnwort) und lautlichem Anklang an andere Wörter wird sekundär ein (historisch falscher) etymologischer Zusammenhang hergestellt, neue Motivation des Wortinhalts gegeschaffen; z. B.: *Grasmücke* hat urspr. nichts mit *Mücke* zu tun, sondern gehört zum mhd. Verb *smucken* (= Intensivbildung zu mhd. *smiegen*), **grasa-smucka* ist also eigentlich „Grasschlüpfer"; *Friedhof* erst sekundär Hof des Friedens, eigentlich umzäunter Platz von ahd. *friten* = hegen; *Armbrust* ist Eindeutschung von lat. *arcuballista* = mit Bogen versehene Schleuder.

Vollverb ↑Hilfsverb.

Vorfeld ↑Achsenstellung.

Vorgang ↑Abstraktum

Vorgangssatz ↑Satz.

Vorzeitigkeit ↑Tempusgebrauch

vulgäre Stilebene ↑Stilebene

Wahrheit: Eigenschaft sprachl. ↑Aussagen (↑Prädikation), mit den außersprachl. Erscheinungen/Sachverhalten (↑Referenz) übereinzustimmen, auf die sie sich beziehen; Gw. Falschheit. In ↑Aussagenlogik werden unterschieden:

a) faktische W.: Wahrheitswert einer Gesamtaussage beruht auf Wahrheitswert ihrer Teile; z. B.: *Menschen sind Lebewesen, und Tiere sind Lebewesen.*;
b) logische W.: Wahrheitswert einer Gesamtaussage ist unabhängig von den faktischen Sachverhalten, auf die sich Teilaussagen beziehen; z. B.: *Klaus ist stark, oder Klaus ist nicht stark.* Diese Gesamtaussage ist in jedem Fall wahr.

Weglaßprobe ↑Deletion.

Weltbild der Sprache: Je besondere Prägung menschlicher Welterfahrung, Weltorientierung und Weltansicht (geistige Aneignung der Erscheinungen der außersprachl. Wirklichkeit) wie überhaupt menschlichen Denkens durch die sprachl. ↑Zwischenwelt jeder Einzelsprache; Theorie der inhaltbezogenen Sprachwissenschaft (WEISGERBER) und des Amerikaners WHORF mit seinen Thesen von der „linguistischen Relativität" (niemand kann unabhängig von seiner Sprache Natur wahrnehmen und beschreiben) und der Determination des Denkens durch die Sprache (Kausalitätsverhältnis zwischen Sprachstruktur und kognitiven Funktionen).

Weltwissen: Im ↑Gedächtnis gespeichertes, beim Verstehen von ↑Texten benötigtes Wissen, das beim Hörer/Leser durch den Text wachgerufen wird, aber weit über die textimmanente Information (↑Proposition) hinausgeht; W. organisiert Analyse und Interpretation von sprachl. ↑Informationen.

Wert (valeur): Stellenwert, Bedeutung eines sprachl. ↑Zeichens im Zeichensystem, in dem jedes Element/Wort durch die benachbarten begrenzt und bestimmt wird (↑Wortfeld).

Wertigkeit ↑Valenz.

wesenhafte Bedeutungsbeziehungen: Von PORZIG geprägte Bez. für besondere semantisch-syntaktische Relationen zwischen best. Wörtern, die nur in wenigen Kombinationen im Satz erscheinen; Typus: Verb + inneres Obj. oder Subj. (Agens, z. B.: *bellen* + *Hund*); Typus: Nomen + inneres Attr., z. B.: *Haar* + *blond.*

Widerspiegelungstheorie [auch: Abbildtheorie]: Marxistische Lehre (dialektischer Materialismus im Gegensatz zum Idealismus), nach der die objektive Realität unabhängig vom wahrnehmenden Subjekt existiert und Erkenntnis der Realität deren ideelle Abbildung und Widerspiegelung im menschlichen Bewußtsein bedeutet; konventionelle ↑Zeichen (gesellschaftlicher Aspekt der Widerspiegelung), speziell Sprachzeichen sind Mittel des sich historisch vervollkommnenden Abbildungsprozesses.

Wiederaufnahme: Mehrere Sätze als Textbestandteile verknüpfende (Vorgängersatz, Nachfolgesatz) und durch ↑Textverweisung ↑Textkohärenz sichernde Wiederholung sprachl. Ausdrücke oder ihre Variation durch ↑Proformen; mit Identität der ↑Referenz oder mit gemeinsamen ↑semantischen Merkmalen zwischen wiederaufnehmendem und wiederaufgenommenem Ausdruck:

a) Wortwiederholung, z.B.: *Häuser… große Häuser… jene Häuser;*
b) synonymische W., z.B.: *Häuser… Gebäude*;
c) Pronomen, z.B.: *Häuser… sie*;
d) lexikalische Explikation (Erläuterung) und Weiterführung, z.B.: *Haus bauen wollen… Baugenehmigung haben*;
e) Rückverweis auf Vorhergehendes, z.B.: *So beschloß er*… . .

Willkürlichkeit der Zeichen ↑arbiträr.

Wirklichkeitsmodell: Aus Erfahrungswissen und Meinungen über außersprachl. Erscheinungen und Sachverhalte bestehendes geordnetes Gefüge von Vorstellungen der Kommunikationspartner, auf das sie sich bei Produktion und Rezeption von ↑Texten beziehen (↑Referenz); Vorwissen, Auffassung davon, wie „die Welt“ beschaffen ist. Beim Textverständnis interpretiert Hörer/Leser Textaussage und eigene Vorstellungen als auf dieselbe Wirklichkeit bezogen und mißt Textaussage an dem, was er selbst schon weiß und meint; insofern kann derselbe Text von verschiedenen Menschen und zu verschiedenen Zeiten verschieden interpretiert werden.

Wörterbuch ↑Lexikon.

wörtliche Rede ↑Rede.

Wort: Kleinster selbständiger (d.h. potentiell isolierbarer) sprachl. Bedeutungsträger (↑Zeichen); als Grundeinheit beim Aufbau der Rede nach Regeln umstellbar, ersetzbar, hervorhebbar; Isolierbarkeit wird durch mögliche Pause vor und nach einem Wort angezeigt (sekundär ist orthographische Abhebung durch Getrenntschreibung).

Wortart [auch: Wortklasse]: Nach formalen (konjugierbar – deklinierbar – graduierbar – unflektierbar), inhaltlich-↑denotativen (Prozeß, Substanz, Eigenschaft, Relation), syntaktischen (nähere Bestimmung eines Subst., eines Verbs) und distributionalen Gesichtspunkten (kann in Position z.B. eines Verbs erscheinen) zusammengefaßte Wortgruppe; Einteilung des Wortbestands einer Sprache in: 1. ↑Verben (Zeit- oder Tätigkeitswörter), 2. Nomina (↑Nomen) oder Substantive (Hauptwörter), 3. ↑Adjektive (Eigenschaftswörter), 4. ↑Adverbien (Umstandswörter), 5. ↑Artikel (Geschlechtswörter), 6. Pronomina ([↑Pronomen]; Fürwörter), 7. Numeralia ([↑Numerale]; Zahlwörter), 8. ↑Präpositionen (Verhältniswörter), 9. ↑Konjunktionen (Bindewörter), 10. ↑Interjektionen (Ausrufe- oder Empfindungswörter). Wie GLINZ faßt die DUDEN-Grammatik 3 und einen Teil von 4 als Adj. („Artwort“) zusammen, 5–7 als ↑ „Begleiter und Stellvertreter des

Substantivs", 8, 9 und die Adverbien, die nicht auch adjektivisch verstanden werden können (wie z. B. *bald*), als „Partikeln".
↑ auch Funktion.

Wortbildung: Entstehung neuer Wörter durch Kombination bereits vorhandener Wörter oder ↑Morpheme (freier und gebundener), durch deren Kürzung oder Überführung in eine andere ↑Wortart.
↑ auch Morphologie.

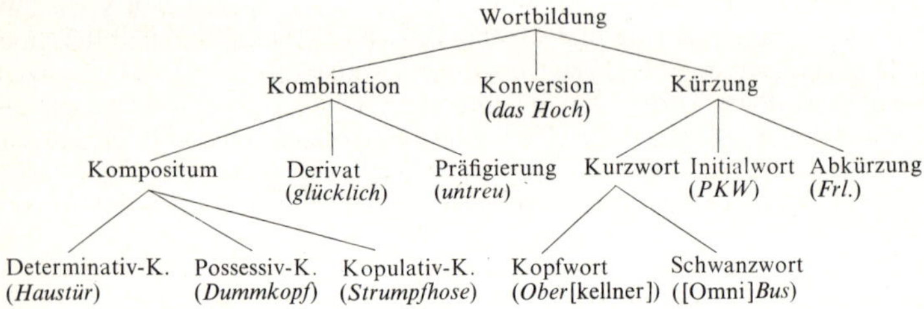

Wortfamilie [auch: Wortsippe]: Gruppe motivierter Wörter gleicher Herkunft, etymologischer Verwandtschaft (erhaltene morphologische und semantische Gemeinsamkeiten); Mittelpunkt ist gemeinsamer Wortstamm oder gemeinsame Wortwurzel; z. B.: *kommen: ankommen, verkommen, Abkommen, Abkömmling, Nachkommenschaft, herkömmlich, Übereinkommen* u. a.; lautlich etwas isoliert und deshalb eine „Tochterfamilie" um *-kunft* bildend: *Zukunft, künftig, Ankunft, Unterkunft, Auskunftei;* lautlich und inhaltlich im Laufe der Sprachentwicklung isoliert und bei synchroner Betrachtung nicht mehr zur Familie zu rechnen: *bequem* (<*beikommen*), *bequemen, Unbequemlichkeit.*

Wortfeld: Gruppe von Wörtern inhaltlicher Zusammengehörigkeit, die sich mit ihren Bedeutungen gegenseitig begrenzen und zusammen ein Inhaltsfeld, einen Sinnbezirk aufgliedern, ihn als lückenlose Decke überlagern; Einzelwortinhalt wird von seinen Feldnachbarn mit bestimmt, ergibt sich aus dem Stellenwert des Wortes im Koordinatensystem des Feldes, mehrerer Felder; da kein Wort isoliert steht, vollziehen sich auch historische Inhaltsveränderungen nicht am Einzelwort allein, sondern sie sind Verschiebungen ganzer Feldstrukturen; z. B. Feld dt. Verben für das „Aussetzen des Lebens" (nach WEISGERBER/BAUMGÄRTNER):

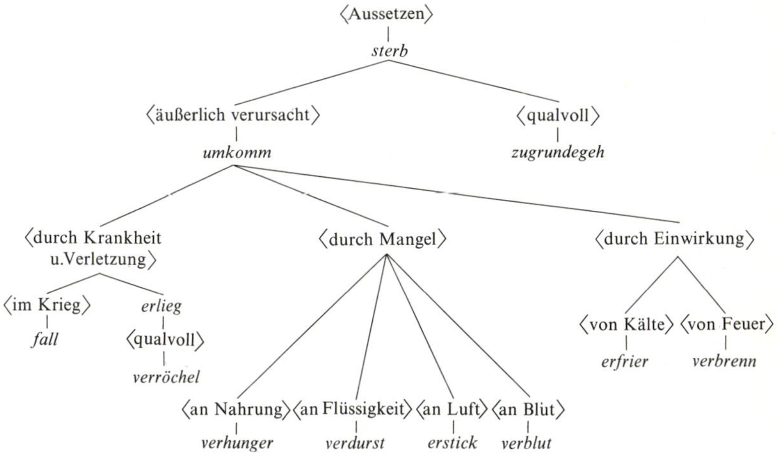

Wortform: Flektierte Form eines Wortes; seine kontextabhängige, von syntagmatischen Beziehungen geprägte Gestalt.

Wortgruppenlexem ↑Lexem.

Wortklasse ↑Wortart.

Wortkreuzung ↑Kontamination.

Wortnische: In inhaltbezogener Grammatik (WEISGERBER) Gruppe von semantisch motivierten Wörtern mit gleichem Präfix oder Suffix (gleichem Wortbildungstypus) und gemeinsamer Inhaltsausrichtung, gemeinsamem „Aufgabenbereich" beim „Worten der Welt"; z. B. gibt es unter den Subst. mit Ableitungssuffix -ling neben *Bückling, Steckling, Findling, Schädling, Kohlweißling, Frühling, Pfifferling* und vielen anderen eine inhaltlich analog ausgerichtete Gruppe, nämlich die W. der Personenbez. auf -ling: *Jüngling, Zwilling, Säugling, Liebling* u. a. und unter diesen noch eine kleinere Unternische mit abwertender Komponente: *Dichterling, Sonderling, Lüstling, Wüstling.*

Wortschatz: ↑Inventar der vorhandenen ↑Lexeme, ↑Lexikon einer Sprache oder eines Sprechers;

a) aktiver W.: Inventar der vom Sprecher/Schreiber verwendeten Lexeme, bei der Kodierung (↑kodieren) eingesetzt;

b) passiver W.: Inventar der verstandenen, vom Hörer/Leser bei der Dekodierung (↑kodieren) erkannten, aber nicht von derselben Person in Sprecherrolle verwendeten Lexeme.

Wortschöpfung [auch: „Urschöpfung"]: Bildung eines neuen, unmotivierten (↑Motivation) Wortes, ohne daß auf in der Sprache bereits vorhandene Wörter/↑Morpheme zurückgegriffen wird; Entstehungsweise eines Großteils unseres heutigen Wortbestandes in vorgeschichtlicher Frühzeit durch Konventionalisierung der Zuordnung von best. inhaltlicher Vorstellung und best. Lautvorstellung/Lautfolge. Gw. ↑Wortbildung.

Wortsippe ↑Wortfamilie.

Wortstand: In inhaltbezogener Grammatik Gruppe von motivierten Wörtern mit gemeinsamer Inhaltskomponente, gemeinsamer Inhaltsausrichtung, aber mit verschiedenen morphologischen Bildungsweisen; z. B. ↑Diminutive (Verkleinerungs- und Verniedlichungsformen) mit verschiedenen Suffixen wie *Häs-lein* ⟨kleiner Hase⟩, *Brüder-chen* ⟨kleiner Bruder⟩, *Spröß-ling* ⟨kleiner Sproß⟩; ↑deverbative Adj. als Bez. für die passivische Möglichkeit des verbalen Geschehens wie *hör-bar* ⟨kann gehört werden⟩, *glaub-haft* ⟨kann geglaubt werden⟩, *verzeih-lich* ⟨kann verziehen werden⟩.

Wortstellung: Reihenfolge der Wörter in der linearen Kette der Äußerung, des Satzes, des Syntagmas.

Wortverdoppelung ↑Iteration

Wortwertigkeit ↑Disponibilität.

Wurzel: In der historischen Sprachwissenschaft rekonstruierbares Grundmorphem als elementarer Bestandteil eines durch Wortbildung entstandenen Wortes: Wortstamm nach Abstrich stammbildender Suffixe (↑Stamm): ahd. *frag-ō-no* ⟨der Fragen⟩ und ahd. *frag-ē-nt* ⟨sie fragen) haben die Kasusendung für den Gen. Plur. *-no* und die Konjugationsendung für die 3. Pers. Plur. Indikativ Präs. *-nt*, das stammbildende Element einer Deklinationsklasse *-ō-* und das stammbildende Element einer Konjugationsklasse *-ē-*, schließlich die gemeinsame W. *frag-*; z. B.: auf idg. W. **kuerp-* ⟨sich drehen⟩, germ. **hwerf-* ist gr. *karpos* ⟨Handwurzel⟩, aber auch got. *hvairban* / ahd. *werban* / mhd. und nhd. *werben* mit der Bedeutungsentwicklung ⟨sich drehen, hin- und hergehen, sich umtun, sich bemühen um, zu gewinnen suchen⟩ zurückzuführen; wurzelverwandt sind nicht nur die Präfixbildung *erwerben* und die Ableitung *Wirbel* ⟨Drehung und dadurch entstandene kreisförmige Gestalt⟩, sondern auch *Werft* ⟨Platz, an dem man sich hin- und herwendet > Schiffsbauplatz⟩. ↑ auch Etymologie.

Wurzelbildung: Wort, das ohne stammbildendes ↑Suffix gebildet ist, nur aus ↑Wurzel und sich direkt anschließender Flexionsendung besteht;

a) Wurzelnomen wie z. B. *Nacht* (idg. Wurzel **nokt-*), bei dem nach Abfall der Flexionsendungen (im Sing.) nur die Wurzel erhalten blieb;

b) Wurzelverb wie z. B. *sein*, dessen Form *ist* auf idg. Wurzel **es-/s-* und Flexionsendung zurückgeht, während *bin, bist* ↑Kontaminations-Formen mit einer 2. Wurzel idg. **bheu-/bhu-* und mit unmittelbar antretenden Endungen sind (idg. *bh-es-mi*).

Zahlwort ↑Numerale.

Zeichen: Sinnlich wahrnehmbares ↑Signal, das aufgrund gesellschaftlicher Vereinbarung (↑arbiträr, ↑konventionell) Träger einer best. ↑Information ist, auf etwas von sich selbst Verschiedenes verweist (aliquid stat pro aliquo) und so als Mittel zwischenmenschlicher Verständigung (↑Kommunikation) dient (↑auch Semiotik); Einteilung nach PEIRCE:

a) Icon (engl. icon = Statue): Z. mit abbildender Beziehung zum Objekt seiner ↑Referenz, hat mit ihm mindestens ein Merkmal gemeinsam; z. B. die graphische Darstellung einer brennenden Zigarette als Hinweis für Raucherabteil in Eisenbahn;

b) Index (lat. index = Anzeiger) [auch: Anzeichen]: Z. mit anzeigender Beziehung zu seinem Referenzobjekt, symptomatisch wie z. B. Schmerz auf Verletzung/Krankheit, Rauch auf Feuer hinweist (Kausalbeziehung);

c) Symbol (gr. symbolos = Kennzeichen): Z. repräsentiert sein Referenzobjekt, ohne von ihm kausal hervorgebracht zu sein oder Ähnlichkeit mit ihm aufzuweisen; objektunabhängig, aber interpretantenabhängig; z. B. Verkehrsschild ⟨Vorfahrtsstraße⟩ oder Wort als Sprachzeichen.

Ein sprachl. Z. (signe) ist eine Einheit von Ausdruck (Lautung) und Inhalt (Bedeutung), nach SAUSSURE Einheit von Signifiant (Signifikant oder Signans) und Signifié (Signifikat oder Designans); Verbindung beider Seiten ist ↑arbiträr, an sich beliebig, aber durch Konvention in jeder Einzelsprache festgelegt; die vom Sprecher in der außersprachl. Wirklichkeit gemeinte Sache (chose), der außersprachl. Bezugspunkt (Verweischarakter des Z.) ist das dem Z. als Denotator entsprechende ↑Denotat (auch: ↑Referent);

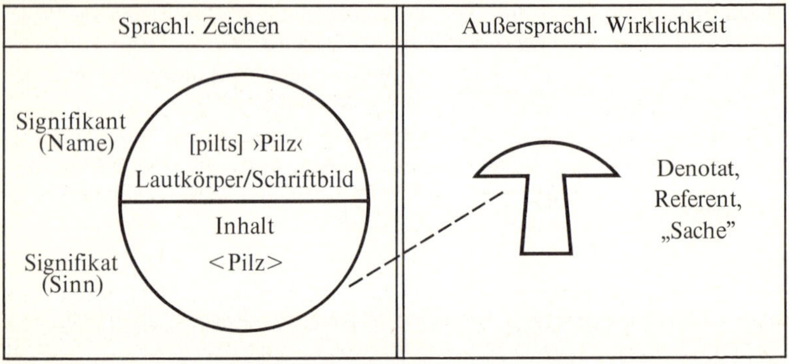

Im Ggs. zum bilateralen Z. wird das unilaterale Z. nicht als zweiseitig, sondern als einseitig betrachtet: Z. ist nur der Lautkörper, nicht auch der zugehörige Inhalt.

Zeichenmodell ↑Zeichen.

Zeichenprozeß ↑Semiose.

Zeigfeld: ↑Ich-jetzt-hier-Ursprung jeder sprecher/schreiberbezogenen Orientierung und Lokalisierung einer sprachl. Äußerung in ihrem situativen ↑Kontext; ↑deiktische Ausdrücke kennzeichnen das Z., ohne dessen genaue Kenntnis der exakte Referenzbereich einer Äußerung nicht auszumachen ist; z. B.: *Morgen gehst du von hier fort.*: Welche Person (ich – du) spricht wann (heute – morgen) und wo (hier – dort) diesen Satz?

Zeitform: Dt. Wort für ↑Tempus; nicht zu verwechseln mit ↑Zeitstufe.

Zeitstufe: Vom Standpunkt des Sprechers/Schreibers aus gesehene Position eines Seins oder Geschehens auf der Zeitachse der objektiven Realität:
a) Vergangenheit: liegt in zeitlicher Distanz zurück (Bereich der Vor-Zeit);
b) Gegenwart: spielt sich im unmittelbaren Erlebnisbereich des Sprechers/Schreibers ab;
c) Zukunft: steht in zeitlicher Distanz bevor (Bereich der Nach-Zeit);
Z. ist nicht mit Zeitform (↑Tempus) zu verwechseln.

Zero, das (franz. zéro = Null, das Nichts): Symbol für Fehlen der Repräsentation einer sprachl. Einheit in der ↑Oberflächenstruktur, die in der ↑Tiefenstruktur vorhanden ist; Notation: ∅; z. B.: *du* im Imperativ *Lauf!* (= Verbalstamm + Flexionssuffix ∅). ↑ auch Deletion.

Zukunft ↑Zeitstufe

Zusammenbildung: Sonderform der Wortbildung (bei HENZEN; FLEISCHER dagegen rechnet die Beispiele zu den Ableitungen); Konstruktion nach Art einer Ableitung (↑Derivation), bei der das ↑Suffix aber nicht an ein freies ↑Morphem oder eine Zusammensetzung, sondern an eine nur syntaktisch verbundene Wortgruppe angefügt wird; z.B.: *Gesetzgebung* < *Gesetz(e) geben* + *-ung*; *Grundsteinlegung* < *Grundstein legen* + *-ung*; *diesjährig* < *dies Jahr* + *-ig*.

zusammengesetzter Satz: Satz, der im Unterschied zum ↑einfachen Satz andere Sätze (= Teilsätze des Gesamtsatzes) als ↑Konstituenten enthält; ↑Satzreihe oder ↑Satzgefüge; z.B.: *Der Wecker, der mich morgens weckt, versagte, und ich verpaßte den Bus.*

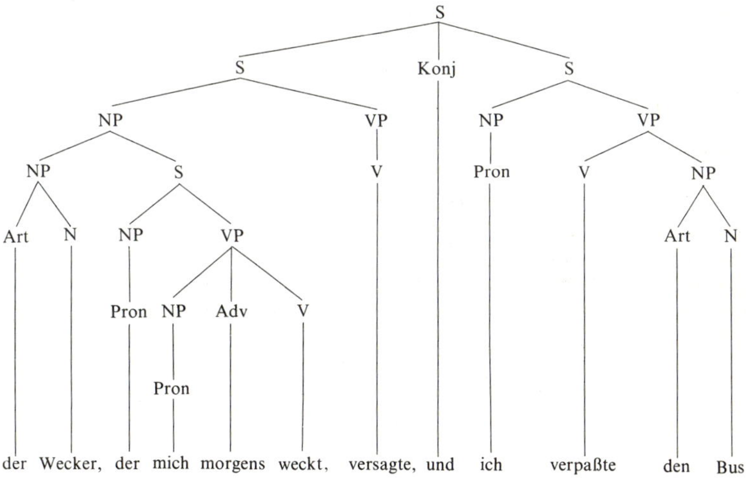

↑ auch komplexer Satz.

Zusammenrückung: Sonderform der Wortbildung; Verschmelzung einer syntaktisch verbundenen Wortgruppe zu einem Wort, ohne daß die letztere ↑Konstituente (wie beim ↑Kompositum) ↑Wortart und ↑Genus des Gesamtwortes bestimmt; z.B.: *das Vaterunser, der Dreikäsehoch.*

Zusammensetzung ↑Komposition.

Zusammenziehung: In ↑Syntax ↑Satz, in dem sich mehrere ↑Satzglieder gemeinsam auf ein anderes beziehen, z.B. mehrere ↑Subjekte ein ↑Prädikat gemeinsam haben (*Er besuchte diese Schule, seine Schwester eine andere.*).

Zustand ↑Abstraktum

Zuwendgröße ↑Größe.

Zweitsprache ↑Bilinguismus

Zwillingsformel: Feste, formelhaft verwendete Wortverbindung aus 2 Wörtern, die durch *und* oder *oder* verbunden (zusätzlich oft mit Stab- oder Endreim) zu einer Gesamtbedeutung verschmolzen sind;

a) komplexive Z.: gegenseitige Ergänzung der Teile; z. B.: (*mit*) *Mann und Maus* = ⟨mit allen Lebewesen⟩, (*mit*) *Haut und Haar* = ⟨restlos⟩; mhd. *man unde wîp* = ⟨alle Menschen⟩;

b) (partiell) synonyme Z.: starke inhaltliche Überschneidung der Teile; z. B.: *Kind und Kegel* (= uneheliches Kind); *Art und Weise; schalten und walten;*

c) antonyme Z.: die Teile bilden inhaltlich einen Ggs.; z. B.: *tun und lassen; groß und klein; tot oder lebendig.*

Zwischenwelt: Nach Weisgerber (↑inhaltbezogene Sprachwissenschaft) durch die Sprachinhalte der Muttersprache (und die in ihnen tradierten überindividuellen Sehweisen, Wertungen, Orientierungen der Sprachgemeinschaft) konstituierte Zwischenschicht, in der allein sich der Sprecher die Erscheinungen der außersprachl. Wirklichkeit geistig zueigen machen kann („Worten der Welt"), die sich zwischen ihn und die vorgegebene „Außenwelt" schiebt; Sprache ist keine direkte Widerspiegelung der Natur, sondern sie vermittelt durch Wortinhalte eine best. Gliederung der Welt mit gewissen Unterscheidungen, Zusammenfassungen, Hervorhebungen, Wertungen, die in einer anderen Sprache anders aussieht; sie vermittelt muttersprachl. ↑Weltbild der Sprache.

Literaturverzeichnis

ADMONI, W. G.: Der deutsche Sprachbau. München 1970³.

AGRICOLA, E./W. FLEISCHER/H. PROTZE (Hg.): Kleine Enzyklopädie. Die deutsche Sprache. 2 Bde., Leipzig 1969 und 1970.

AGRICOLA, E.: Semantische Relationen im Text und im System. Halle (Saale) 1975.

ALTHAUS, P. / HENNE, H. / WIEGAND, H.-E. (Hg.): Lexikon der Germanistischen Linguistik. Tübingen 1980².

AUSTIN, J. L.: Theorie der Sprechakte. Stuttgart 1972.

BECHERT, J./D. CLÉMENT/W. THÜMMEL/K. H. WAGNER: Einführung in die generative Transformationsgrammatik. Ein Lehrbuch. München 1970. (Linguistische Reihe, 2).

BEISBART, O./DOBNIG-JÜLCH, E./EROMS, H.-W./KOSS, G.: Textlinguistik und ihre Didaktik. Donauwörth 1976.

BERNSTEIN, B.: Sozio-kulturelle Determinanten des Lernens. In: Soziologie der Schule 5, (1968), S. 52–79.

BLOOMFIELD, L.: Language. New York 1933.

BREKLE, H. F.: Semantik. München 1972.

BRINKMANN, H.: Die deutsche Sprache. Gestalt und Leistung. Düsseldorf 1971².

BÜHLER, K.: Sprachtheorie. Die Darstellungsfunktion der Sprache. Jena 1934.

BÜNTING, K.-D.: Einführung in die Linguistik. Frankfurt/M. 1971.

CHOMSKY, A. N.: Syntactic Structures. Den Haag 1957. (Janua Linguarum, 4).

–: Aspects of the Theory of Syntax. Cambridge (Mass.) 1965. – deutsch: Aspekte der Syntax-Theorie. Frankfurt/M. 1969. (Suhrkamp-Theorie, 2).

COSERIU, E.: Einführung in die Transformationelle Grammatik. Vorlesung S. S. 1968, Univ. Tübingen. Autorisierte Nachschrift. Tübingen 1970.

–: Einführung in die strukturelle Betrachtung des Wortschatzes. Tübingen 1970.

–: Textlinguistik. Eine Einführung. Tübingen 1981².

DANEŠ, F. (Hg.): Papers on functional sentence perspective. Prag 1974.

– /Viehweger, D. (Hg.): Probleme der Textgrammatik I u. II. Berlin 1976f. (= studia grammatica XI u. XVIII).

DE BEAUGRANDE, R.-A./DRESSLER, W.: Einführung in die Textlinguistik. Tübingen 1981.

DRACH, E.: Grundgedanken der deutschen Satzlehre. Frankfurt/M. 1937.

DRESSLER, W.: Einführung in die Textlinguistik. Tübingen 1971.

– (Hg.): Textlinguistik. Darmstadt 1978.

DUDEN. GRAMMATIK der deutschen Gegenwartssprache ↑ GREBE.

ECO, U.: Einführung in die Semiotik. München 1973.

ENGELKAMP, J.: Psycholinguistik. München 1974.

ERBEN, J.: Abriß der deutschen Grammatik. Berlin 1967[10].

–: Deutsche Grammatik. Ein Leitfaden. Frankfurt/M. 1968 (Fischer Bücherei, 904).

ERDMANN, K. O.: Die Bedeutung des Wortes. Aufsätze aus dem Grenzgebiet der Sprachpsychologie und Logik. Leipzig 1925[4].

FILLMORE, C. J.: Kasustheorie. Frankfurt/M. 1971.

FLEISCHER, W.: Wortbildung der deutschen Gegenwartssprache. Leipzig 1969.

FOURQUET, J.: L'ordre des éléments de la phrase en germanique ancien. Straßburg 1938.

FRIES, CH. C.: The Structure of English. New York 1952 / London 1963.

FUNKKOLLEG SPRACHE. Eine Einführung in die moderne Linguistik. 2 Bde., Frankfurt/M. 1973.

GLEASON, H. A.: An Introduction to Descriptive Linguistics. New York 1963.

GLINZ, H.: Die innere Form des Deutschen. Bern 1968[5]. (Bibliotheca Germanica, 4).

–: Deutsche Grammatik. 3 Bde., Frankfurt/M. 1972.

GREBE, P. (Hg.): Duden. Grammatik der deutschen Gegenwartssprache. Mannheim 1966[2]. (Der Große Duden, 4).

GREIMAS, A. J.: Strukturale Semantik. Braunschweig 1970.

GRIMM, H./ENGELKAMP, J.: Sprachpsychologie. Handbuch und Lexikon der Psycholinguistik. Berlin 1981.

GRIMM, J.: Geschichte der deutschen Sprache. Leipzig 1880.

–: Deutsche Grammatik. Teil I. Gütersloh 1893.

GÜLICH, E./RAIBLE, W. (Hg.): Linguistische Textmodelle. München 1977.

HABERMAS, J.: Einführende Bemerkungen zu einer Theorie der kommunikativen Kompetenz. 1970 vervielfältigt. Zitiert nach WUNDERLICH.

HARRIS, Z. S.: Methods in Structural Linguistics. Chicago 1951.

–: Co-occurence and Transformation in Linguistic Structure. In: Language 33 (1957), S. 283–340.

HARWEG, R.: Pronomina und Textkonstitution. München 1968. (Beihefte zu Poetica, 2).

HAYAKAWA, S. I.: Semantik. Sprache im Denken und Handeln. 2. Aufl. Darmstadt o. J.

HEESCHEN, G.: Grundfragen der Linguistik. Stuttgart 1972.

HELBIG, G.: Geschichte der neueren Sprachwissenschaft. Unter dem besonderen Aspekt der Grammatik-Theorie. München 1971.

–, W. SCHENKEL: Wörterbuch zur Valenz und Distribution deutscher Verben. Leipzig 1969.

HENZEN, W.: Deutsche Wortbildung. Tübingen 1957[2].

HERINGER, H.-J.: Theorie der deutschen Syntax. München 1970. (Linguistische Reihe, 1).

– u. a.: Einführung in die praktische Semantik. Stuttgart 1977.

HJELMSLEV, L.: Omkring sprogteoriens grundlaeggelse. Kopenhagen 1943. Dann als: Prolegomena to a Theory of Language. Baltimore 1953.

HOCKET, C. F.: A Course in Modern Linguistics. London 1958.
HÖRMANN, H.: Psychologie der Sprache. Berlin 1970.
HOFFMANN, J.: Die Welt der Begriffe. (Ost-)Berlin 1986.
HUMBOLDT, W.: Über die Verschiedenheiten des menschlichen Sprachbaus. In: Werke in 5 Bänden. Darmstadt 1963. Bd. 3.
HUNDSNURSCHER, F.: Neuere Methoden der Semantik. Eine Einführung anhand deutscher Beispiele. Tübingen 1970. (Germanistische Arbeitshefte, 2).

ISENBERG, H.: Überlegungen zur Texttheorie. In: Literaturwissenschaft und Linguistik 1 (1971), S. 155–172.

JUNG, W.: Grammatik der deutschen Sprache. Leipzig 1967[2].

KAINZ, F.: Psychologie der Sprache. Stuttgart 1965.
KALLMEYER, W. u. a.: Lektürekolleg zur Textlinguistik. 2 Bde. Frankfurt/M. 1974.
KATZ, J. J./J. A. FODOR: The Structure of a Semantic Theory. In: Language 39 (1963), S. 170–210.
KLEIN, W. / WUNDERLICH, D. (Hg.): Aspekte der Soziolinguistik. Frankfurt/M. 1972.

LAMB, S. M.: Outline of Stratificational Grammar. Washington D. C. 1966.
LEONT'EV, A. H.: Sprache – Sprechen – Sprechtätigkeit. Stuttgart 1971.
LEUNINGER, H. / MILLER, M. H. / MÜLLER, F.: Psycholinguistik. Ein Forschungsbericht. Frankfurt/M. 1972.
LEWANDOWSKI, TH.: Linguistisches Wörterbuch. 3 Bde., Heidelberg 1973–75.
LYONS, J.: Introduction to Theoretical Linguistics. Cambridge 1968. deutsch als: Einführung in die moderne Linguistik. München 1971.
–: Semantik. Bände I und II. München 1980 und 1983.

MAAS, U. / WUNDERLICH, D.: Pragmatik und sprachliches Handeln. Frankfurt/M. 1972[2].
MARTINET, A.: Éléments de Linguistique Générale. Paris 1960. deutsch als: Grundzüge der Allgemeinen Sprachwissenschaft. Stuttgart 1963. (Urban-Bücher, 69).
– (Hg.): Linguistik. Ein Handbuch. Stuttgart 1973.
MEIER, G. F.: Noematische Analyse als Voraussetzung für die Ausschaltung der Polysemie. In: Zeichen und System der Sprache. Bd. 3. Berlin 1966. S. 117ff.
MORRIS, CH. W. Grundlagen der Zeichentheorie. München 1972.
–: Zeichen, Sprache und Verhalten. Düsseldorf 1973.

NIDA, E. A.: Morphology. A Descriptive Analysis of Words. Ann Arbor (Mich.) 1949[2].
NIEPOLD, W.: Sprache und soziale Schicht. Berlin 1971.

OERTER, R.: Moderne Entwicklungspsychologie. Donauwörth 1969[5].
OEVERMANN, U.: Sprache und soziale Herkunft. Frankfurt/M. 1972.
OKSAAR, E.: Spracherwerb im Vorschulalter. Einführung in die Pädalinguistik. Stuttgart, Berlin, Köln, Mainz 1977.
OTTO, E.: Stand und Aufgabe der allgemeinen Sprachwissenschaft. Berlin 1954.

PAUL, H.: Prinzipien der Sprachgeschichte. Halle 1898.
PEIRCE, CH. S.: Über Zeichen. Stuttgart 1965.

PIKE, K. L.: Language in Relation to a Unified Theory of the Structure of Human Behavior. Den Haag 1967². (Janua Linguarum, Series Maior, 24).

POLENZ, P. v.: Funktionsverben im heutigen Deutsch. Sprache in der rationalisierten Welt. Düsseldorf 1963. (Beihefte zur Zeitschrift Wirkendes Wort, 5).

PORZIG, W.: Wesenhafte Bedeutungsbeziehungen. In: PBB 58 (1934), S. 70–97.

–: Das Wunder der Sprache. Probleme, Methoden und Ergebnisse der modernen Sprachwissenschaft. München 1950.

RIESER, H./WIENOLD, G.: Vorüberlegungen zur Rolle des Konzepts der Textverarbeitung beim Aufbau einer empirischen Sprachtheorie. Vorlage für das Kolloquium „Die Rolle der Grammatik in der nicht-automatisierten Textverarbeitung" am Zentrum für interdisziplinäre Forschung der Universität Bielefeld, 1974.

SAPIR, E.: Die Sprache. München 1961.

SAUSSURE, F. DE: Cours de linguistique générale. Hg. von C. BALLY und A. SECHEHAYE. Paris 1916. deutsch als: Grundfragen der allgemeinen Sprachwissenschaft. Berlin 1967².

SCHAUMJAN, S.: Strukturelle Linguistik. München 1972.

SCHLIEBEN-LANGE, B.: Soziolinguistik. Eine Einführung. Stuttgart 1973.

SCHMIDT, S. J.: Bedeutung und Begriff. Zur Fundierung einer sprachphilosophischen Semantik. Braunschweig 1969. (Wissenschaftstheorie. Wissenschaft und Philosophie, 3).

–: Texttheorie. München 1976².

SCHMIDT, W.: Grundfragen der deutschen Grammatik. Berlin 1965.

SEARLE, J. R.: Sprechakte. Frankfurt/M. 1971.

SOWINSKI, B.: Germanistik. Teil I, Sprachwissenschaft. Köln 1970.

–: Textlinguistik. Eine Einführung. Stuttgart, Berlin, Köln, Mainz 1983.

STEMPEL, W. D.: Beiträge zur Textlinguistik. München 1972.

STÖTZEL, G.: Ausdrucksseite und Inhaltsseite der Sprache. München 1970.

TESNIÈRE, L.: Éléments de Syntaxe Structurale. Paris 1959.

TRIER, J.: Der deutsche Wortschatz im Sinnbezirk des Verstandes. Die Geschichte eines sprachlichen Feldes. I. Von den Anfängen bis zum Beginn des 13. Jahrhunderts. Heidelberg 1931.

TRUBETZKOY, N. S.: Grundzüge der Phonologie. Prag 1933.

ULLMANN, ST.: The Principles of Semantics. Oxford 1957². deutsch als: Grundzüge der Semantik. Die Bedeutung in sprachwissenschaftlicher Sicht. Berlin 1967.

ULRICH, W.: Semantische Untersuchungen zum Wortschatz des Kirchenliedes im 16. Jahrhundert. Hamburg/Lübeck 1967.

–: Das Bild als Sprech- und Schreibimpuls. Frankfurt/M. 1976.

–: Linguistik für den Deutschunterricht. Braunschweig 1987³.

–: Wörterbuch. Grundbegriffe des Deutschunterrichts. Kiel 1979.

–: Der Witz im Deutschunterricht. Braunschweig 1980.

VATER, H.: Das System der Artikelformen im gegenwärtigen Deutsch. Tübingen 1963.

WANDRUSZKA, M.: Interlinguistik. München 1971.

WATZLAWICK, P. / BEAVON, J. H. / JACKSON, D. D.: Menschliche Kommunikation. Bern 1972[3].

WEINREICH, U.: Explorations in Semantic Theory. In: Current Trends in Linguistics, III. Den Haag 1966. deutsch als: Erkundungen zur Theorie der Semantik. Tübingen 1970. (Konzepte der Sprach- und Literaturwissenschaft, 4).

WEINRICH, H.: Textlinguistik. Zur Syntax des Artikels in der deutschen Sprache. In: Jahrbuch für Internationale Germanistik (1969). S. 61–74.

WEISGERBER, L.: Vom Weltbild der deutschen Sprache. Düsseldorf 1950.

–: Grundzüge der inhaltbezogenen Grammatik. Düsseldorf 1963.

–: Die vier Stufen in der Erforschung der Sprachen. Düsseldorf 1963[3].

–: Die geistige Seite der Sprache und ihre Erforschung. Düsseldorf 1971.

WELTE, W.: Moderne Linguistik. Terminologie/Bibliographie. 2 Bde., München 1974.

WERNER, O.: Einführung in die strukturelle Beschreibung des Deutschen, Teil I. Tübingen 1970. (Germanistische Arbeitshefte, 1).

WHORF, B. L.: Language, Thought and Reality. Selected Papers. New York 1956. deutsch als: Sprache, Denken und Wirklichkeit. Beiträge zur Metalinguistik und Sprachphilosophie. Hamburg 1963. (rowohlts deutsche enzyklopädie, 174).

WITTGENSTEIN, L.: Tractatus logico-philosophicus. Logisch-philosophische Abhandlung. Frankfurt/M. 1969[6].

WOTJAK, G.: Untersuchungen zur Struktur der Bedeutung. Berlin 1971. (Sammlung Akademie-Verlag, 10).

WUNDERLICH, D.: Die Rolle der Pragmatik in der Linguistik. In: Der Deutschunterricht 22 (1970), H. 4, S. 5–41.

– (Hg.): Linguistische Pragmatik. Frankfurt/M. 1972.

–: Grundlagen der Linguistik. Reinbek 1973.

–: Arbeitsbuch Semantik. Königstein/Ts. 1980.

WYGOTSKY, L. S.: Denken und Sprechen. Frankfurt/M. 1964.

ZIERER, E.: The theory of graphs in linguistics. Den Haag 1970.

• **Verrätselte Parabel:** z. B. die Parabeln KAFKAS, die nicht in einer Lehre enden, sondern in einem Paradoxon gipfeln, das rätselhaft bleibt, daher vieldeutig und esoterisch ist, visionäre Schau einer Realität der Träume:

> „Es war sehr früh am Morgen, die Straßen rein und leer, ich ging zum Bahnhof. Als ich eine Turmuhr mit meiner Uhr verglich, sah ich, daß es schon viel später war, als ich geglaubt hatte, ich mußte mich sehr beeilen, der Schrecken über die Entdeckung ließ mich im Weg unsicher werden, ich kannte mich in dieser Stadt noch nicht sehr gut aus, glücklicherweise war ein Schutzmann in der Nähe, ich lief zu ihm und fragte ihn atemlos nach dem Weg. Er lächelte und sagte: ‚Von mir willst du den Weg erfahren?' ‚Ja', sagte ich, ‚da ich ihn selbst nicht finden kann.' ‚Gibs auf, gibs auf', sagte er und wandte sich mit einem großen Schwunge ab, so wie Leute, die mit ihrem Lachen allein sein wollen."

• **Absurde Parabel** (oder *Anti-Parabel*): vorwiegend dram. verwirklicht im absurden Theater, z. B. bei BECKETT: Endspiel; PINTER: Der Hausmeister; IONESCO: Jacob oder der Gehorsam; HILDESHEIMER: Die Verspätung. — Absurde Parabel beansprucht, die Welt selbst zu sein in ihrer ganzen Absurdität; ist nicht transparent auf einen Hintergrund hin wie die verrätselte Parabel, sondern bleibt absolutes Rätsel, letztlich stumme Gebärde, Pantomime (BECKETT: „Spiel ohne Worte").

4.1.2.3 Satirische Formen

Schreibung „Satyre" ist falsch, die damit angedeutete Herleitung von gr. sạtyros abwegig. Sprachl. Herkunft vielmehr von lat. sạtira; abgeleitet von urspr. sạtura (satt, fruchtbar, voll) und lanx (Schüssel) = eine mit allerlei Früchten angefüllte Schale, daher ein Gemisch, Allerlei, Mischgedicht; im lit. Sinne Formen, die verspotten, tadeln, höhnen, anprangern, lächerlich machen.

4.1.2.3.1 Satire

Satire kommt in allen Formen (Prosa, Spruch, Strophenform) und Gattungen vor: von Anekdote, Fabel, Parabel, Schwank, Erzählung bis zu satirischem Roman oder Spiel (Komödie, Lustspiel, Schwank, Posse, Burleske). Satire dient der **Zeitkritik,** ist immer Richterin, hält einer in Sitten und Anschauungen auf Abwege geratenen Zeit den scharfgeschliffenen Spiegel vor.

Im 16. Jahrhundert vorwiegend *Spießbürgersatire* in Schwank-Slgg. (z. B. „Schildbürger" und „Lalebuch", → 4.1.3.1.4). *Im 17. Jahrhundert* Waffe gegen die „Ausländerei" in Sprache (Sprachvermengung) und Sitten (à-la-mode-Wesen: Kleider- und Titelsucht). *Bspe:* MOSCHEROSCH: Wunderli-

3.8.1 Vorbarock (1575—1620)

Raum für Zusätze

3.8.1.1 Anfänge neulateinischer Ordensdramatik

Ordensdrama = zusammenfassende Bez. für die Dramatik der *katholischen* Orden, bes. die der Jesuiten (Gründung der Gesellschaft Jesu [lat. Societas Jesu, abgekürzt S.J.] durch *Ignatius von Loyola* 1534), im schwächeren Maße die der Benediktiner.

Nur diesem Ordensdrama gelang in Dtld. (um den Preis der Fremdsprachigkeit) bruchloser Übergang vom 16. zum 17. Jh., herausgefordert vom protestantischen Kampfdrama um die Mitte des 16. Jhs. (→2.10.2.3), initiiert von der *Gegenreformation*. Bereits während des *Tridentinischen Konzils* (Beginn in Trient 1545, Abschluß 1564; Ziel: Wiederherstellung kirchlicher Einheit und Erneuerung der katholischen Kirche) nutzten die *Jesuiten* auch das Theater zum Instrument ihrer „propaganda fidei" (lat. = Ausbreitung des Glaubens).

Anfänge in **3 Bahnen:** *Schuldramatik — Umzugsspiele — originale dramatische Produktion.*

3.8.1.1.1 Schuldramatik

Übernahm zunächst erfolgreiche Stücke des lat. Schuldramas aus 1. H. des 16. Jhs.; Aufführungen in öffentlichen wie in schuleigenen Räumen (Jesuitenschulen). Bevorzugt wurden Dramen der ndl. Humanisten, so z. B. GNAPHAEUS' „Acolastus", ISCHYRIUS' „Homulus", MACROPEDIUS' „Hecastus" (→2.10.2.2.1), sowie des flämischen Franziskaners LEVIN BRECHT „**Euripus**, sive de inanitate rerum omnium" (Euripus oder Über die Leere aller irdischen Dinge), entst. 1548, Dr. 1549 in Löwen; weithin wirkende Jesuiten-Aufführung dieses Stückes 1555 in Wien. — Aus der Vorrede der Buchausgabe (Köln 1555):

„Ut juventus caeca plerumque et lubrica inconstantiam suam, vanitatem, foeditatem velut in speculo diligenter inspiciat, in spectam agnoscat et horreat."	[O daß doch die manchmal blinde und schwankende Jugend ihre Unbeständigkeit, Eitelkeit und Abscheulichkeit sorgfältig wie in einem Spiegel beschauen und das Beschaute erkennen und verabscheuen möge.]

Alle diese Dramen behandeln das Thema des an die Welt „verlorenen" Sohnes; aber in zunehmendem Maße wurde der harmonisierende Schluß des Humanistendramas aufgegeben zugunsten der „barocken" Lösung: Verdammung des der Vanitas der Welt erliegenden Menschen zur Hölle.

3.8.1.1.2 Umzugsspiele

Akzent lag stärker auf dem Mimisch-Theatralischen als auf dem dramatischen Wort. „Umzug" und „Umzüge" bezeichnen eine Freilicht-Großraum-Inszenierungsform an einem Ort (wobei für An- und Abmarsch auch angrenzende Straßen benutzt wurden) mit vorwiegend optischen Mitteln.

Raum für Zusätze

5.5.4.6.5 Sonett

Zu Beginn des 19. Jhs. setzte eine wahre Flut von Sonett-Dichtungen in Dtld. ein. Die Bemühungen der Romantiker um diese Form (→hierzu auch 5.5.3.7.6) gipfelten in den umfassenden Überss. und schließlich eigenen Sonett-Schöpfungen von A.W. SCHLEGEL. Er gehört neben RÜCKERT, PLATEN und W. v. HUMBOLDT zu den bedeutendsten Sonettisten der Romantik.

*

A.W. SCHLEGEL

„meistert das Porträtsonett, das Liebessonett, das Sonett ethischen, ästhetischen, philosophischen Inhalts. Er stellt die Gattung, die er zu so vielen geistigen und künstlerischen Zwecken braucht, in den metaphysischen Prozeß der Selbstanschauung des Geistes, die wie er sagt, durch die Philosophie gesteigert, in die Poesie übergeht.“ *(Mönch, 229)*

Zu SCHLEGELS Gedicht „Das Sonett“ (→Bd. IIa, 3.1.1) bemerkt *Mönch (230):*

„Schlegel weist auf die wesentlichen Strukturmerkmale des Sonetts hin: Strophengliederung, Reimanordnung und Metrik … Seiner Betrachtung legt er gleichsam eine Idealform zugrunde, wie sie sich ihm aus der Masse der romanischen und germanischen Sonettdichtung darbietet. Dabei deutet er an, daß die Form nicht immer einheitlich war. Wie differenziert sie sich aber in Wirklichkeit darstellt, läßt sich erst heute erkennen, wo wir, 150 Jahre nach Schlegels Sonett-Ästhetik, die Weltverhältnisse dieser lyrischen Gattung in ihrer Kompliziertheit übersehen können.“

RÜCKERT, dessen Lyrik gekennzeichnet ist durch das Nebeneinander von nüchtern-verstandesmäßiger Sprachkunst und biedermeierlicher Betulichkeit (→auch 5.5.4.5.4.2), benutzt die strenge Sonett-Form für seinen Zyklus *„Geharnischte Sonette“* (1812/13), seinen Beitrag zu den Freiheitskriegen (denen in den Jahren 1848–66 über 1000 weitere politische Gedichte folgten!):

Was schmiedst du, Schmied? „Wir schmieden Ketten, Ketten!“
Ach, in die Ketten seid ihr selbst geschlagen.
Was pflügst du, Bau'r? „Das Feld soll Früchte tragen!“
Ja, für den Feind die Saat, für dich die Kletten.

Was zielst du, Schütze? „Tod dem Hirsch, dem fetten.“
Gleich Hirsch und Reh wird man euch selber jagen.
Was strickst du, Fischer? „Netz dem Fisch, dem zagen.“
Aus eurem Todesnetz, wer kann euch retten?

Was wiegest du, schlaflose Mutter? „Knaben.“
Ja, daß sie wachsen und dem Vaterlande,
Im Dienst des Feindes, Wunden schlagen sollen.

Was schreibest, Dichter, du? „In Glutbuchstaben
Einschreib' ich mein' und meines Volkes Schande,
Das seine Freiheit nicht darf denken wollen.“

Medienkritik ↑Medieneinsatz.

Medienkunde/Medienerziehung: zunächst interdisziplinäre, fächerübergreifende Aufgabe der Schule; aber auch *Teil des DU,* der einen mündigen, angemessenen Umgang mit Medien, speziell Massenmedien (Bild, Zeitung, Zeitschrift, Rundfunk, Film, Fernsehen, Comics, Flugblätter, Schallplatte, Kassette), als Mittel der ↑Kommunikation anstrebt.
Statt des Kampfes der 50er Jahre dieses Jhs. gegen „Schmutz und Schund" in den Medien (Bewahrungspädagogik) wird heute einerseits durch ideologie-kritische Analyse (↑Ideologiekritik) der Bedingungen von Produktion und Vertrieb/Verteilung (Aufklärung über gesellschaftl. Funktion der „Kulturindustrie", die Verfügungsgewalt über Rundfunk und Fernsehen), bes. aber der in den Medien verwendeten Verhaltensmuster, Klischees, Darstellungsmittel und der von ihnen ausgehenden manipulativen Wirkung (↑Manipulation) entgegengearbeitet (Erziehung im rechten Gebrauch der Medien, z. B. Aufnehmen und Verarbeiten von Informationen aus der Presse, vergleichende Zeitungslektüre, gezielte Programmauswahl) sowie auch Einsicht in eigenes Fehlverhalten vermittelt (z. B. einseitige Lektüre). Andererseits wird durch aktive Arbeit der Schüler (eigene Produktion) deren Fähigkeit zu kommunikativem Handeln gefördert: Aufzeichnung von Sprachsituationen und sprachl. Verhaltensweisen in Bild und Ton (z. B. bei ↑Rollenspiel und Simulationsspiel); ihre Reproduktion und kritische Analyse; Herstellung von Plakaten, Flugblättern, Schulzeitungen, Tonbandaufzeichnungen, Filmen; Umsetzung von Aussagen eines Mediums in die eines anderen; Medienmischung (z. B. Versprachlichung eines Bildwitzes durch Sprech- oder Gedankenblasen; Vertonung von Stummfilmszenen).

Medienverbund ↑Medieneinsatz.

Mehrdeutigkeit ↑Kurzgeschichte.

Merksatz ↑Regel.

Metakommunikation (gr. meta = über; lat. communicare = sich besprechen): Verständigung über Sprache als Objekt, meist mit Hilfe einer *Metasprache* (Sprache über Sprache) als Mittel der Verständigung; Reden über sprachl. ↑Zeichen, Regeln, Verständigungsprozesse.

Im DU ist standardsprachl. M. wichtiges Mittel, um Gelingen alltäglicher Verständigungsprozesse abzusichern (z. B.: *Verstehst du mich? – Wie meinst du das? – Da hast du mich mißverstanden.)*, und als solche ist sie in Übungen zur ↑mündlichen Kommunikation zu analysieren und zu trainieren. Fachterminologische M. prägt den ganzen Grammatikunterr. und die Analyse kommunikativen Verhaltens im Unterr. (↑Reflexion über Sprache); z. B.: *Was bedeutet der Satz? – Welche Sprecherabsicht ist aus dem Text abzulesen? – Welche Funktionen erfüllt der Konjunktiv im Deutschen?*

Metapher (gr. metapherein = anderswohin tragen, übertragen): übertragener, bildlicher Ausdruck (Wort, Wortgruppe oder Satz), dessen im Sprachsystem festgelegte Be-